国家出版基金项目

◎ 中国现代文化世家丛书（第二辑）

主　编　詹福瑞　党圣元　张鸿声
执行主编　骆玉安

缤纷满地落花红
——项城袁氏家族文化评传

张永久　著

郑州大学出版社

图书在版编目(CIP)数据

缤纷满地落花红:项城袁氏家族文化评传/张永久著.—郑州:郑州大学出版社,2015.9

(中国现代文化世家.第2辑)
ISBN 978-7-5645-2450-0

Ⅰ.①缤⋯　Ⅱ.①张⋯　Ⅲ.①家庭-文化研究-项城市　Ⅳ.①K820.9

中国版本图书馆 CIP 数据核字(2015)第 177351 号

郑州大学出版社出版发行
郑州市大学路40号　　　　　　　邮政编码:450052
出版人:张功员　　　　　　　　　发行电话:0371-66966070
全国新华书店经销
河南省瑞光印务股份有限印制
开本:710 mm×1 010 mm　1/16
印张:16.5
字数:246 千字
版次:2015 年 9 月第 1 版　　　　印次:2015 年 9 月第 1 次印刷
书号:ISBN 978-7-5645-2450-0　　定价:46.00 元

本书如有印装质量问题,请向本社调换

中国现代文化世家丛书
编辑委员会名单

◎

主　　编：詹福瑞　党圣元　张鸿声
执行主编：骆玉安
成　　员：(以姓氏笔画为序)
　　　　　马　达　王同毅　王莉娟
　　　　　王振羽　王　锋　孔庆茂
　　　　　叶　新　冯保善　刘士林
　　　　　刘成纪　刘运来　苏克勤
　　　　　李风宇　李道魁　吴　昕
　　　　　何晓红　沈卫威　张志林
　　　　　张鸿声　张　霞　赵金钟
　　　　　骆玉安　凌　青　党圣元
　　　　　徐　栩　黄　轶　詹福瑞
主编助理：丁玉红　侯晓莉

·代总序·
跨越时空的文脉

◎

在中华民族五千年的文明史上,"家"与"国"总是作为一个不可分割的社会有机体相伴而存。历史的长河滚滚向前,更迭不已的朝代衍生的名门望族难计其数。这些显赫家族中的一部分在繁衍存续中以文化为纽带,形成独特的群体,成为文化世家。这些文化世家及其杰出人才为华夏文化的传承与发展发挥过巨大的示范作用,在一定程度上影响着中国历史与文化发展的进程。如,齐鲁大地上以孔子肇始的孔氏世家,享誉儒林两千余年,堪称"中国第一文化世家";义宁的陈氏家族以陈宝箴、陈三立、陈寅恪而负盛名;杭州钱塘的钱氏家族,因千余年来文风昌盛、人才辈出而被誉为江南望族;安徽桐城方氏家族,自明末至今一直享誉文坛,有"中国近世三百年第一文化世家"之称。

改革开放以后,特别是20世纪90年代以降,中国进入新的文化复兴时期,国人比以往任何时代都更加重视科技、教育和文化,也更加珍视人才。事实表明,代表先进文化最高水平的社会群体,正是那些位居学术最高领域的专家、学者等文化精英。中国现代转型以来,那些文化、思想领域的领军人物,对推动社会变革和学术创新等方面贡献巨大。研究发现,这些专家、学者和精英人物,大都出身于文化世家,有着良好的家庭文化背景和丰厚的学养。文化世家所呈现的人才辈出的现象,成为中国现代史上一道亮丽的景观。

在我国文化典籍中,"世家"一词早有所见,其注解也多有不同。《孟子·滕文公下》中出现"仲子,齐之世家也"①之说;《史记》以"世家"记述王侯诸国大事,有《世家》30篇;欧阳修所撰《新五代史》,沿用司马迁《史记》的体例,书中也开举《列国世家》10篇。我国古代王侯开国,子孙世代承袭,所以称世家。后来,人们将世代显贵、以某种专业世代相承的家族或大家泛称为世家。《现代汉语词典》对"世家"有如下3种解释:"封建社会中门第高,世代做大官的人家""《史记》中诸侯的传记,按着诸侯世代编排""指以某种专长世代相承的家族"。②

根据研究和多方因素理解,"世家"当指有特殊职业或专长、社会地位显赫,或代表某一领域、阶层特色并世代传承的家族。考虑到文化的特殊性,文化世家则是文化在家庭、家族中长期积淀,并经过多代人不断赓续、传承而形成的特有文化现象,是以家风、家训、家教等文化单元为标志,以家族杰出人物群体为代表的世代相传的家族体系。

现代文化世家则是源自19世纪末,成长于20世纪初,繁盛于20世纪中期并延续至今的,以家族文化传承为基本特色的不同家族的集成。中国现代文化世家总是以家族的一个或多个、能够影响或引领某一时代或某一领域发展的杰出人物为代表,进而形成一个具有浓郁的家族特色、对社会产生广泛而重要影响的群体。

中国现代文化世家的兴起和成长大致在19世纪末、20世纪初至今100年左右的时间。历史地看,20世纪以来的中国文化留给我们许多值得深思的空间。1840至1949年这段充满屈辱的历史,国人经受的痛苦是空前绝后的;然而,这一时期的中国却呈现出文化多姿、人才辈出的局面,所谓"国破山河在,家脉代代传"。这是中国根亲文化的魅力和生命力之所在。

---

① 《孟子》,北京:中华书局,2006年第1版,第142页。
② 《现代汉语词典》,北京:商务印书馆,2012年第6版,第1185页。

实际上,中国现代文化世家的家族脉络根须还可以上溯至300多年前的明末清初时期。那时,中国开始出现资本主义萌芽。商业资本的发达不仅带来经济繁荣和人口大量流动,也促使人们思想的开放和转变。封建的小农经济依然占统治地位,人们在获取有限的物质满足后,在精神上也有了更加新异的追求。特别是到了清朝末年和民国年间,西方列强的入侵和洋务运动的助推,让许多有钱人家对家族的振兴和子女的抚养有了颠覆性的认识。尽管"学而优则仕"的思想根深蒂固,但富家子弟求学读书并非单一的科举及第。由于视野的开阔,富裕人家往往不惜重金聘请名师对子女进行一对一的培养,或让年幼的子女体面地进入私塾,或挤进洋人的教堂,甚至远渡重洋,为的是让子孙后代冲出家门,获取更加宽阔的人生发展空间,去施展抱负,光宗耀祖。这样,官富子弟不仅躲避了战乱的袭扰,更能浸染异域文化,从而成就了大批人才。

晚清至民国时期,中国经历了前所未有的动荡局势。一方面,清廷的腐败无能引起民众造反;另一方面,外族入侵加剧了中国的贫弱。社会贫富悬殊,阶层急剧分化。当时的局面是,寻常百姓不仅生活窘迫,甚至生死难测;富豪家族生活安逸,甚至花天酒地,更可破财消灾,让自己的子弟躲避人祸,享受现代优质教育。即使是割据一方的军阀,也往往处心积虑地让自己的亲属弃武从文,期望发迹于文化世家。时局动荡,社会倒退,却难以遏制文化的萌动与繁荣。而乱世时期的富家子弟往往不乏有志之士,他们倾心文化功名,客观上造就了家族文化的繁荣,使文化世家风起云涌。

从人才学的角度进行考察,文化世家的整体成长往往又伴随国运兴衰而行,其历程也往往变幻纷呈,瑰丽多姿。中国的历史就是这么怪异,有时越是动荡不安,文化越是奇异多姿。春秋战国时期是这样,三国两晋南北朝时期是如此,近代的清末民国时期也概莫能外。

20世纪初,中国最后一个封建皇帝被赶出宫廷,伴随频仍的天灾和人祸(战乱和政治腐败),裹挟中西文化泥沙的巨浪席卷中国大地,中国彻底沦为半殖民地半封建社会。民国时期虽时局动荡,军阀混战,但文化却一直未能断裂,反而出现极度繁荣的景观。这一时期,军阀的利益、地盘纷争不断,文化的发展空间相对宽松;军阀的粗野庸俗,反而衬托出文化的精细高雅与尊贵,追求风雅成为时尚,文人地位也随之攀升,这在客观上促进了人才成长和文化繁荣的局面。现有史料足以证明,即使在1928年那样战火纷飞的动荡年月,成立伊始的国民政府"中央研究院"仍然做着遴选院士的长远计划,并终于在20年后的1948年成功地评选出中国首届81名院士。首届院士不乏文化世家子弟,如梁思成、梁思永兄弟,冯友兰、冯景兰兄弟等。这一现象值得我们研究和探讨。

1949年中华人民共和国的成立,标志着一个新时代的到来。由于时局稳定,加上国家恢复生产和经济建设都亟需大批各行各业的人才,许多流亡于海外的专业人才(多为旧时代文化世家子弟)纷纷回国。他们在参加新中国建设的同时,因为其卓越成就和高尚品德,成为科技文化领域的典范,从而使家族文化成为优化社会环境的重要因素,促进了家族文化繁荣时期的来临。随着时局的动荡变迁,特别是"十年动乱",许多家庭遭遇灾难,甚至出现家族内部政治斗争,相互陷害,亲情无存、文化割裂;加上中国计划生育政策的实施,家庭结构的变化,家族文化遭遇内外夹击,影响了家族文化的繁荣与发展。时至今日,已经难以见到中国传统家庭四世同堂、子孙满院的格局,而文化的一度断裂,也从根本上影响了文化世家的发展,我们也很难见到20世纪中期那样的文化世家了!

沉舟侧畔千帆过,病树前头万木春。20世纪90年代至今,随着科教兴国战略的实施,中国对科技和人才的重视程度前所未有,迎来了科技发展和人才成长的最佳机遇。同时,随着时局的稳定,和谐社会的发展,人们在享受现代科技带来的现代化便捷生活的同时,也渴望回归自然,怀念旧日民族文化传统。从20世纪乡土文学受到热捧,到同乡会、同学会、恳亲会、姓氏寻根、家谱赓续等活动,无不带有浓郁的中华民族传统文化色彩,同时也为家族文化的凝练创造了良好的氛围。中国家族文化在和谐发展的当世焕发出勃勃生机。

随着人类社会的不断进步,家族文化必然也会有新的发展,虽然嫡亲家族还需等待时日,而松散的家族联系必然也能够成就新兴的文化世家,成为新的人才成长的独特环境。况且,随着国家计划生育政策的调整和综合国力的不断增强,人们生活水平的不断提高,和谐社会的健康发展,新时期中国文化世家也必然会以新的形态呈现并在人才成长链中发挥出榜样和示范的作用。

中国现代文化世家根植于中华民族的肥沃土壤,深受民族文化浸润,有着鲜明的特色。

中国现代文化世家中的家族文化根基源自中华民族传统文化。我们选入的所有现代文化世家,都弥漫着中华民族的文化氛围。不管是新会的梁氏家族,还是无锡的钱氏家族,或者是唐河的冯氏家族、湘乡的曾氏家族、义宁的陈氏家族,他们首先是以中国传统文化为主要特征的书香门第。这些家族的杰出人物不仅有着良好的家风和深厚的家学渊源,而且其中的杰出代表人物从私塾开始多有大师引路,并大都出国留学,深受异域文化的影响,可谓学贯中西,所以在他们身上总能闪现出新异文化的光芒,通透着文化的锐气。如东至周氏家族中的周一良,在其出生的次日,母亲萧琬即患急病猝然离开人世,幸被父亲周叔弢的德国朋友、牧师卫礼贤抱回家让夫人用牛奶喂养了一年才送还周家,再由周一良的三姑母(旧式的文化女性,孀居而又无子女)扶养。周叔弢对儿子煞费苦心,不惜重金请来名宿大儒坐馆家塾。周一良的老师如张悫、毓康、温肃、唐兰等,或为当世鸿儒,或是文化名流,或与"大清天子同学少年"(陈寅恪语),而且还有外籍教师教学外语,使其通晓英、德、日等国语言,后来他成为中国著名的历史学家。又如,义宁的陈氏家族中,陈寅恪是中国现代最负盛名的诗人之一,还是中国现代历史学家、古典文学研究家、语言学家,被称为"清华百年历史上四大哲人"之一。其父陈三立是著名诗人,"清末四公子"之一;其祖父陈宝箴曾任湖南巡抚。因陈寅恪身出名门而又学识过人,在清华任教时被称作"公子的公子,教授之教授"。

综观中国现代文化世家展示的家族文化,有着明显的世代传承特色。每一个家庭中的杰出人物都不是单打独斗的,而是呈现出群英荟萃、相映生辉的局面(这一点在梁启超的子女中展示得更加明显)。他们或是科举精英,或是乱世怪才,有人甚至当上了皇帝的老师(翁同龢曾是同治、光绪两代帝师)。这些家族成员文化层次极高,职业新潮,特色明显。比如东至周氏家族中的周馥为一品监生,周学海为两榜进士的良医,周学熙曾任民国时期的财政大员,周明夔(叔迦)为佛学大师,周绍良是著名的红学家、敦煌学家、佛学家、收藏家和文物鉴赏家,周一良是著名的历史学家。又如新会梁氏家族中的梁启超自然是国学大师,他的子女梁思顺、梁思成、梁思永、梁思忠、梁思庄、梁思达、梁思懿、梁思宁、梁思礼等,也都成为当世英才。再如唐河冯氏家族的冯沅君、冯友兰、冯景兰、冯宗璞分别在文学、哲学、史学、地质学等方面成就卓著。这些代表人物堪称时代精英,他们从事的职业、徜徉的领域都留下了时代光辉;他们的成果都能够荣登当世的最高境界。他们身上的人文精神也成为时代楷模,激励了一代甚至数代人在人生的道路上健康成长,并在后人的追捧中不断发展、完善。

中国现代文化世家中的家族动辄几十甚至几百年的家族史,在当地声名显赫,德高望重,也大多恭行自律,家教严谨,讲究门风,形成独特的家训。如无锡钱氏家族的"姓钱但不爱钱",常熟翁氏家族的"读书""为善",湘乡曾氏家族的"耕读传家"等。中国现代文化世家以姓氏血缘为纽带,各个家族都有自己严格的宗祠家谱,家族特色明显;重视独特文化的凝练和世代延续,在传承中注重创新。如湘乡的曾氏家族能够在继承中兴名将遗风的同时,不仅人才辈出,还使良好的家风得以传承和创新。家族文化的兴衰与家族精英关系密切,一个家族的文化兴盛与衰落往往都离不开精英人物引领潮头、发扬光大。

中国现代文化世家的兴盛年代处于晚清、民国向现代转型时期,许多世家穿插了家学深厚、贤良德高的优秀女性。旧式中国社会,虽说女性的地位总体不高,但人们往往又把家风的树立、门户的筑垒寄望于良家女子,所谓"妻贤夫祸少,子孝父心宽"。这些家族中的女性不仅践行家族文化,而且以卓越的成就承担起家族文化的传承与创新。那时,相对稳定的大家庭模式和女性主内的家庭管理方式,客观上给女性施展管理才能提供了平台。殷实的家境使妇女可以免于生计所迫,让她们安心在家操持家务,教育孩子;有些女性从幼年即经受先进文化的熏陶,接受良好教育,成为女中豪杰。同时,女性受到的良好教育形成更加浓郁的文化氛围,并通过生活中悉心关心幼年家庭成员,以其无微不至的人文关怀、女性崇高的品德和良好的言行举止,影响家族成员健康成长。

在家庭成员成长过程中,女性发挥作用最典型的当属曾氏家族中曾国藩次子曾纪鸿之妻郭筠(字诵芳)。郭筠一岁即由父亲郭沛霖(曾国藩好友)做主许配曾家,12岁不幸丧父,幼年已成曾家女主人。因忙于家务无暇读书,直到和曾纪鸿完婚郭筠才有饱读诗书的机会。更为不幸的是,郭筠34岁又丧夫成寡。令人钦佩的是,郭筠持家教子有方,成为曾家富厚堂拿得起放得下的第一夫人。在富厚堂,曾家子孙几十口人都听她的号令！郭筠写有《曾富厚堂日程》,并有以自己的艺芳馆书斋名目、王闿运作序而传世的《艺芳馆诗存》。郭筠晚年立有6条"家训",策勉男女儿孙谋求自强自立,同时不要求年幼女性缠足,不赞成八股文章,也不愿孙辈去考秀才,却要他们学外国文字,接受新式教育。① 正是曾家有了这位贤惠的郭夫人,使得曾氏家族能够在曾国藩等长辈虽过世经年仍然呈现一派繁荣昌盛的景象,并且这种景象在传承曾国藩治家精神的同时,又有新的、与时俱进的历史性转变。

中国现代文化世家开放的文化心态使得家族文化深受异域文化侵染,形成文化锐度,易于人才的脱颖而出。由于其时间跨度正处于中国社会的转型时期,时局的动荡、中西文化的碰撞,彻底颠覆了国人一贯的保守矜持、故步自封的性格,生存的需要逼迫他们在被动了解西方文化(其实早期更应该是科学和宗教文化)的同时,审视中国传统文化。他们发挥了自己的聪明才智,溅出奇异的光华,形成高锐度的思想和科学成果。这样,这些家族的子弟往往能够在同一时代、同一群体中或特立独行,或鹤立鸡群,或脱颖而出。

中国现代文化世家的精神动力来自兼容并蓄的开放心态和中西贯通的文化精神,这种精神催生人才的花丛枝繁叶茂;同时,其宽阔的文化视野形成兼容并蓄的文化发展路径,从而使得家族文化总能跟上时代的步伐,文化生命力强健。经济实力的增强往往能够带动精神境界的进一步提高,国家是这样,民族是这样,家庭也同样如此。成长于跨世纪的中国现代文化世家,由于世代显赫,随着经济、政治地位的提高和家族影响力的增强,其文化心态也逐步开阔。其家族代表不仅对中国传统文化批判、

---

① 岳南:《南渡北归. 南渡下》,长沙:湖南文艺出版社,2013年第1版,第521~522页。

审视和合理吸纳,也同时关注西方文化,做到兼容并蓄;同时,新的事物、新的思想也成为他们的关注对象。所以他们总能成为时代的弄潮儿,紧跟时代步伐,在守成的同时不乏创新,使家族文化具有极强的生命力。现代文化世家群体彰显的中国家族文化,是中国现代文化的主要组成部分。其涵盖的勤奋进取、艰苦奋斗、自强不息、爱国爱家、亲情友谊等人类先进文化的重要因素,将贯通时空,成为民族富强、家庭兴旺、个人成才的重要动力。

"中国现代文化世家丛书"已列入国家出版基金项目。根据策划者的总体目标,这套丛书要汇集20~30个在中国现代史上文化渊源比较深厚、影响力巨大的家族。这是一项内容丰富、任务艰巨的工程。为兼顾学术高度,丛书所选作者大都在各自承担家族传主的研究方面积累有丰富的史料和扎实的学术功底,具有较强的书稿撰写和文化品位把握能力。在承担丛书任务时,他们对前人已有的研究成果认真梳理,并多有创新。这些,都为丛书的品牌形成打下了坚实的基础。

"中国现代文化世家丛书"将影响中国现代历史进程的文化世家集中整理并大规模展示,以史学和传记文学的视角进行研究,意义重大。以家庭作为社会细胞进行文化解剖,以大量鲜活的中国现代杰出人物群体和翔实的史料展示跨世纪文化环境,表现健康向上、和谐进步的优秀文化,必将丰富和创新社会主义先进文化内容,对整个社会产生积极的影响。以展示影响中国历史的文化家族及其杰出人物群体为追求目标,不仅对国人产生示范效应,在世界范围内也会引起关注,从而丰富国际文化内涵,具有更加长远的文化战略意义。以时代、家族、人物作为研究、建设和传播中国文化的方法和路径,不仅创新了文化研究和文化传播的方法,也为民族文化的传承与创新提供了参考依据。深刻挖掘家族文化的伦理内涵、凝练和传承家族文化中的传统文化、通过家族文化与现代文化的冲突与融会,能够全新缔造中国人文精神,丰富国学内涵,推动民族文化复兴。

文化世家中的家族文化是中华民族优秀传统文化的重要组成部分,它源自中国传统文化,又富于创新,是民族文化传承创新的重要典范。从目前关注的这些文化世家看,其之所以能够在所处时代世代显赫,最重要的原因是这些家族沉淀了最精华的民族文化,吸收了最富于生命力的民族精神;同时,这些家族往往又能够冲破中国传统文化藩篱,吸收异域文化精华,其家庭成员往往能够进取守成,跨世系、跨时代延续发展。可以毫不夸张地说,中国现代文化世家的存在和发展,最典型地体现了中国文化的传承与创新。

中国现代文化世家展示的人才群体及其依存的文化形态,是国家和谐文化建设的重要载体。文化世家在历史上的成长和发展,曾经为中国社会的和谐稳定以至崛起发挥重要作用,也是传统文化中不可或缺的构成要素。这些家族中优秀人物的荣辱沉浮以及家族的兴衰变迁,从一个侧面展示中国近代社会发展的轨迹,透视了中国知识分子忧国忧民的心路历程。我们完全可以通过中国现代文化世家的发展史去了解中国社会生态发展演变的梗概和脉络。

家庭教育、家族文化传承及其凝成的文化环境等对培养和造就杰出人才的重要作用,传承和创新民族文化,在更广阔视野下探寻优秀文化对人才的影响,都是当今不可忽视的文化命题。"中国现代文化世家丛书"首次以家族文化的形式作为切入点,系统挖掘中国传统文化和世界先进文化碰撞产生的独特文化,探究在这一背景下的中国家族文化及其对人才成长、家族兴起、国家富强的影响,推动我国学界对中国现代家族文化的重视和研究,其学术意义非同寻常。

党和国家领导人高度重视包括中国优秀传统文化在内的先进文化建设,确定了文化大发展大繁荣的宏伟目标,肯定了家族文化等优秀传统文化在"文化强国"战略中的基础性地位,倡导传承与创新文化。2013年9月26日,习近平总书记在会见第四届全国道德模范及提名奖获得者时说:"中华文明源远流长,蕴育了中华民族的宝贵精神品格,培育了中国人民的崇高价值追求。自强不息、厚德载物的思想,支撑着中华民族生生不息、薪火相传,今天依然是我们推进改革开放和社会主义现代化建设的强大精神力量。"2015年2月17日,中共中央、国务院在人民大会堂举行春节团拜会,习近平同志发表重要讲话,他明确指出:"中华民族自古以来就重视家庭、重视亲情。家庭是社会的基本细胞,是人生的第一所学校。不论时代发生多大变化,不论生活格局发生多大变化,我们都要重视家庭建设,注重家庭、注重家教、注重家风,紧密结合培育和弘扬社会主义核心价值观,发扬光大中华民族传统家庭美德,促进家庭和睦,促进亲人相亲相爱,促进下一代健康成长,促进老年人老有所养,使千千万万个家庭成为国家发展、民族进步、社会和谐的重要基点。"党的十八大报告中明确指出,"文化是民族的血脉,是人民的精神家园。全面建成小康社会,实现中华民族伟大复兴,必须推动社会主义文化大发展大繁荣,兴起社会主义文化建设新高潮,提高国家文化软实力,发挥文化引领风尚、教育人民、服务社会、推动发展的作用"。中共中央十七届六中全会通过的《中共中央关于深化文化体制改革推动社会主义文化大发展大繁荣若干重大问题的决定》也特别强调:"优秀传统文化凝聚着中华民族自强不息的精神追求和历久弥新的精神财富,是发展社会主义先进文化的深厚基础,是建设中华民族共有精神家园的重要支撑。"

  我们试图通过"中国现代文化世家丛书"的出版,并通过遴选出来的在中国现当代具有代表性的文化家族群体,挖掘中华民族传统文化中的精髓,展现中国文化在近代社会的传承与发展,厘清中国传统文化血液流淌和分布的脉络,进而为当下的文化大繁荣大发展提供有益的借鉴和参考,为实现中华民族复兴的梦想发挥积极作用。

骆玉安
2013年10月一稿,2015年8月修改于郑州

目录

引言 ………………………………………… 001

第一章 从秦波村到袁寨
- 中原沃壤的耕读世家 ………… 004
- 一品大员袁甲三 ……………… 010
- 满门俊秀,兰桂腾芳 ………… 013
- 铁牌家谱背后的故事 ………… 019
- 族谱上没有名字的人 ………… 022
- 沧桑烟雨中的袁寨 …………… 027

第二章 黄金年代的爱与恨
- 大江滚滚向东去,寸心郁郁何时开 ………… 031
- 义结金兰江湖行 ……………… 035
- 迷茫的青春期 ………………… 040
- 小钦差也能做大文章 ………… 047

第三章 清末新政第一人
- 小站练兵缔造中国新军 …… 055
- 在山东巡抚任上 ……………… 061
- 历史迷雾中的真相 …………… 066
- 也曾是立宪急先锋 …………… 071

第四章 洹上私乘
- 瑟瑟肃杀图,惶惶逃亡路 …… 075
- 大难中筑起的安乐窝 ………… 078
- 这个渔翁不逍遥 ……………… 083
- 远逝的风景留下满目惨淡 …… 088
- 风水是一门玄学 ……………… 094

第五章
袁门家风及儿女们的婚事

袁家班底小盘点 …………… 097
满汉通婚开禁后袁家的几桩
　婚姻 …………………… 101
政治联姻：官网中的穿针
　引线 …………………… 104
盘根错节的政治联姻 ……… 114
袁门家风与生活习俗 ……… 125

第六章
传说中的老六门

大哥大哥你好吗
　——长门袁世昌 ………… 132
嫡出的儿子大过天
　——二门袁世敦 ………… 134
小曲一阙《哥俩好》
　——三门袁世廉 ………… 137
匆匆并非烟云
　——五门袁世辅 ………… 139
真隐士自风流
　——六门袁世彤 ………… 141

第七章
一言难尽袁克定

在历练中成长 ……………… 147
袁大公子挖了个巨坑 ……… 154
最难消遣是黄昏 …………… 158

第八章
风尘游子断肠人

名士出自王公贵族之家 …… 163
十二红楼成小住 …………… 165
忍对无边风月，如此江山 … 170
倚栏看，落红缤纷 ………… 173
四海之内皆兄弟 …………… 178

第九章
劫后余生，家风依然

　　每过空堂泪满襟 ………… 181
　　苦甜参半的追忆 ………… 185
　　清风拂心，诗文传承 …… 190

第十章
袁家的金山银山

　　民国实业界的一颗新星 …… 197
　　读书明理，百业皆本 ……… 200
　　说说袁家财产 …………… 204

第十一章
随风飘荡的种子

　　含泪忍辱出国门 ………… 209
　　两颗行星的相遇 ………… 212
　　大西洋彼岸的事业与家庭 … 217
　　为了袁家的荣誉 ………… 220

第十二章
融入大江大海的水珠

　　家族记忆已成图腾 ……… 224
　　人生漫漫坎坷路 ………… 226
　　袁氏后裔中的革命者 …… 229
　　一百年了，仍难跨过这道坎
　　　………………………… 232

结篇
项城袁氏家族文化的启示

　　深深扎根于中原文化沃壤 … 237
　　治家严，重视家规与家风 … 238
　　务实与创新相结合，传统与现代相结合 …… 239
　　品质传家，薪火相传 …… 240

参考书目 ………………………… 242

引言 斯人已远去，大河日夜流

◎

1916年6月6日凌晨6时，袁世凯在中南海居所病故。

袁世凯之死固然与他身患的尿毒症感染有关，也与他洪宪称帝后遭遇的种种厄运而急火攻心不无关系。按照袁氏家族的惯常说法，家族中男性的寿命超不过60岁。袁世凯称帝，原因诸多，其中之一就是要解除这道家族魔咒。殊不知家族魔咒非但没有解除，反而将他本人推向了万劫不复的深渊，袁氏家族也从此步入到一条幽暗而曲折的运行轨迹。

袁世凯生于1859年，字慰廷（也作慰亭），号容庵。他出生时，项城袁氏家族正处在第一个上升期。袁氏家族原来属于农耕家族，经过袁世凯的祖父以及父亲那两辈人的奋斗开拓，到袁世凯这一辈，已经成为在中原一带声名显赫的官宦大家族。祖父袁树三曾署陈留县训导兼教谕；叔祖父袁甲三官至钦差大臣漕运总督；生父袁保中没做官在老家主持家政；嗣父袁保庆官至盐法道；叔父袁保恒官至刑部侍郎；另一位叔父袁保龄历官直隶候补道。到清朝咸丰年间，项城袁氏一门有十三人受封，其中有六人食一品俸禄，三人食二品俸禄，可谓风光一时，荣耀至极。

少年时代的袁世凯是一个顽童，他生性好动不好静，喜欢骑马、武术、斗鸡玩狗。嗣父袁保庆去世后，叔父袁保恒、袁保龄担心15岁的袁世凯学业荒废，将他带到京城，专门聘请了三位老师严加管束。在京城苦读的五年，是袁世凯一生中读书最用功的五年，为他后来建功立业打下了扎实的基础。在两个叔父的督导下，袁世凯每天清晨鸡鸣就起床晨读，深夜才熄灯就寝，经过严格调教和痛苦磨砺，他的人生志向高远了许多。

光绪二年（1876年）和光绪五年（1879年），袁世凯两次在陈州参加科举考试，均是铩羽而归，他一气之下烧掉了过去的全部诗文，发誓不再考科举。随后前往山东投奔嗣父袁保庆的密友吴长庆，不久被提拔为庆军营务处帮办，随军进入朝鲜，屡立奇功，从此踏入仕途。

从朝鲜回国后，袁世凯开始在天津小站练兵，一生的基业就此筑成。

袁世凯的一生经历数次起伏。戊戌变法时期，他被卷入一个疯狂的旋涡之中，虽然幸运逃脱，告密者的帽子却戴到了他头上，终身蒙受污垢；两宫病逝后，摄政王载沣监国，考虑到袁的势力与声威已大大威胁到皇权，差点闹到动枪的地步，最后以足疾为由勒令袁世凯回籍养病。

宣统三年（1911年），辛亥革命爆发，南方各省纷纷宣布独立。北洋新军成为清廷唯一可以抗衡革命的武装力量，清廷再度起用袁世凯，先任他为湖广总督，旋即任命为内阁总理大臣。袁世凯在退隐政坛三年后重新回到了政治舞台，当时有个说法叫"非袁不可"，可见袁世凯深远的影响力。

施行洪宪帝制是袁世凯一生中的关键一步，但无论怎么看，这一步都走得无比失误。正是这至关重要的一步改写了中国历史，也将袁世凯以及袁氏家族送入到万劫不复的深渊。对这件事情，历史上从来都是一边倒的骂声一片。不过骂声归骂声，骂过之后需要心平气和地进行分析研究，对洪宪帝制之始末进行探讨，对事件发生时的国情背景进行解剖，才能比较准确地把握历史的脉络。

不管怎么说，袁世凯都是近代中国历史上极为重要的一个人物，他的名字已经成为谁都绕不开的一个话题，凡论及中国近代史都不可能不提到他。

在晚清政坛中，袁世凯始终是个脚踏实地的政治家，中国近代的许多重大改革都与他关系密切,如创建新军、废除科举、兴办教育、开埠通商等。然而袁世凯的一生,又正处于中国变革转型期的初始。虽然两千年帝王专制的最后一个封建王朝曾终结在他手上,历史的航船驶入了新的海域,但是袁世凯却像迷雾中的船长,终于还是没能引领那只航船驶向正确的航道。

百年历史,转瞬即逝。我们如今在说袁世凯是个悲剧人物的同时,又不能不认真思考这个悲剧人物所赖以生存的土壤和环境。他出生的那个年代是中国近代史的开端,也是中国社会步入变革转型期的痛苦开端。因此袁世凯一生中所走的每一步都可以理解为艰难的探索之旅,其中透露出的诸多困惑与迷茫,正是这一百年来中国人需要面对的困惑与迷茫。

再过一年,袁世凯去世就一百年了。斯人已远去,大河日夜流,历史不断翻开新的一页。本书试图侧重于从袁世凯家族文化的渊源入手,分析解剖袁世凯及其后裔生存的土壤。家族文化是中国传统文化的一个重要组成部分,家是社会的基础,是社会的一种组织形式,中国社会正是在以家庭为单位的基础之上建立起来的。有人说,天下就是以家的形式结合而成的。这句话不无道理。也正因为如此,今天我们通过项城袁氏这个特殊家族的百年历史来了解中国人的生存环境,这就有了另一种现实的意义。

第一章 从秦波村到袁寨

◎

中原沃壤的耕读世家

在中国古人的想象中,很久以前,天地混沌一团,像个大鸡蛋,盘古蜷缩在"鸡蛋"中间。过了一万八千年,天和地分开了,轻而清的阳气上升为天,重而浊的阴气下沉为地。盘古站立在天地中间,长成了顶天立地的巨人,天每日升高一丈,地每日增厚一丈,盘古也每日长大一丈。又过了一万八千年,天升得非常高了,地沉得非常深了,盘古也长得非常硕大壮实了。

——就这样,开天辟地,出现了人间。

天地既开,世界既成,人类来到山河大地上生活,构建人类生活的秩序。

在东方中国,人们构建生活秩序最重要的方式,是家族文化无疑。

日本学者稻叶君山认为,家族文化是中华民族的唯一壁障,其坚固性比万里长城有过之而无不及。

走遍山山水水,文化传家的痕迹如今仍然无处不在。窗扇上精细地镌刻着渔樵耕读的图画,门楣上张贴着"耕读传家久,诗书济世长"的对联,墙壁上关于"耕读传家"的格言比比皆是。如果静下来驻足倾听,可以听到一个个既心酸又动人的家族故事,关于祖先们如何悬梁刺股、如何挑灯夜读、如何名扬京城、如何光宗耀祖……那些故事已经流传了不知多少代,而且还将流传下去。

世代相传的文化家族,如繁星般缀满了山河大地,编织出一张中国文化源流的版图;又如来自千山万壑的涓涓细流,汇聚成中华文化的大河,源远流长,生生不息。

本书将要讲述的河南项城袁氏世家,就是中华大地上千百个文化家族中的一个。

19世纪中叶是河南项城袁氏家族的第一次崛起。以袁甲三为代表的一代名臣名将声震中原大地,宛如天空中升起的新星一般璀璨夺目。袁保恒、袁保龄、袁保庆、袁保中……晚清政坛上这些声名显赫的名字,都出自河南项城袁氏家族。而根据史志记载,当时的河南项城是一个交通闭塞、土地贫瘠的小县城,生活条件恶劣,每当夏季大雨滂沱之时,蜿蜒流过的沙颍河就会泛滥成灾,老百姓生活惨遭涂毒。这里的经济文化也十分落后,"城中仅有二三十家店铺"。

贫瘠落后的一个小县城里竟能陡然间升起璀璨夺目的群星,着实让人感到意外。然而,综合考察项城袁氏家族成长的人文地理背景,一切又都在情理之中。

中原大地是一片具有深厚历史文化底蕴的土地,无论是有着三千多年历史的殷墟安阳,还是十三朝帝都洛阳,或者是七朝古都的开封,都书写着这片土地的厚重与神奇。中原地域辽阔,人口众多,地方特色浓郁,民风民俗千姿百态、丰富多彩。这些习俗积淀了中原大地的风土人情和文化生态,在浸润一方百姓心灵的同时,也演绎着中原地带古老而又独特的文化魅力。

如果不是袁世凯,这个家族会像许多中原耕读世家一样,保持世代耕读、勤勉持家的名门望族形象,千秋万代为人称颂。人们会将项城袁氏家族文化的传承方式当作古人诗意栖居的一个范例——豪门望族的子弟们上马打仗下马读书的浪漫场景，很容易引领现代人的内心皈依宁静和自然。

因为袁世凯，这个家族变得奇异而特殊，始终像是笼罩在云山雾海中的神秘景致，给人留下扑朔迷离之感。

因为袁世凯，这个家族被送上时代大潮之顶峰，连袁世凯老家项城的人们也跟着沾光。有民谣云："会说项城话，戴花挂刀骑洋马。"虽说民谣有夸张成分，袁世凯铁腕当国并没有徇私情提拔几个项城老乡，但是项城人当年在皇城根下的风光体面仍是有口皆碑的。

也是因为袁世凯，这个家族被埋入谷底深渊。民国史上那些如雷贯耳的名字，在历史书上只是概念和符号，而在这个家族成员的私人记忆库里却是一个个形象鲜明的人。历史上某个时刻的"雪泥鸿爪"，在他们的讲述中存活下来，像一只只蝴蝶标本，枯萎了却依然残留美丽；也像一块块浮雕，凝固成永恒的瞬间，生动得似乎触手可及。

社会中的每一个人都不是独立的，身上不可避免会留下家族文化的投影。友善和谐的家庭环境，严格有效的家庭教育，以及勤劳俭朴、勇毅刚强、知书达理、同舟共济等耕读文化的基本元素，都是奠定一个人将来处事待物、为人治学的重要根基。一个人的器识和格局，从本质上说，首先必定是来自于他的家庭。

那么，诞生了一代枭雄袁世凯的河南项城袁氏家族，又有一个什么样的家族文化背景呢？

据项城袁氏族谱记载，袁氏的始迁祖是袁持衡，从汝南郡迁徙而来。袁持衡只有一个独生子，名叫袁膺举，是个读书的种子。他有两个儿子，名字都取得相当雅致，一个叫袁抱月，一个叫袁步月。人生最遗憾的事莫过于诗意的抒情往往扛不过世俗的捶打。抱月、步月两兄弟长大成人后，遭逢一场百年难遇的大水灾，袁抱月跟随他人逃难去了南方，从此杳如黄鹤，断了音信；袁步月带着妻子和两个儿子袁学诗和袁学礼，迁移到永丰南13华里的秦波村，临时安顿下来。

家族史料上这样描述当年的情景：秦波村人烟稀少，周边十几里地没有村落，且地势低洼、杂草丛生。袁氏一家就在这里垦荒种粮。农闲之时,父子三人到野外蒿草中捡取野鸭蛋补食用不足,生活十分艰难拮据。

就这样又过了半个世纪,当年跟随父亲去野外蒿草中捡野鸭蛋的孩子也成了爷爷,而且其中的一个爷爷(袁学诗)老死了。送葬那天,儿孙们扶榇出殡,一路上走走歇歇,往南行至秦波村与袁阁村交界处时,抬灵柩的绳子突然断了,棺木重重地落在地上,唢呐和锣鼓声戛然而止,送葬的队伍安静下来,族人们被眼前的一幕惊呆了。他们从四面围拢来,有的站着,有的蹲着,仔细琢磨棺木落地所隐含的各种寓意。最后还是由家族中的老者一锤定音:学诗留恋这里的风光呢!

家庭老者的这句话,改变了项城袁氏家族后来的走向。

儿孙们在袁阁村找了块空地,就地挖坑,埋葬好棺木。当时季节是冬天,北风萧瑟,草木变衰而摇落,枯树枝上的乌鸦怪叫一声飞远了。人们举目所触的景色皆是冷清凄楚,然而在冬季的萧瑟沉静之中,大地在悄然孕育着来年的春天。

时光如漏斗中流逝的沙子,不知不觉又过了若干年。每年清明节、鬼节以及元宵节前后,袁学诗的子孙后代都要来焚香祭祖。后来,为了方便祭祀,他们索性举家从秦波村迁移到袁阁村,在这里修建陵园和祠堂,袁氏家族世系繁衍生息的传奇故事,从袁阁村开始了新的延伸。

河南项城袁阁村袁氏陵园,袁家后人正在修缮坟墓

袁阁村是项城袁氏家族的发祥地,袁氏家族的祠堂和祖坟都在这里。

经过几代人的勤奋努力,到袁持衡的第八代孙袁志恭,袁家终于开始发迹,成了方圆百里较为有名的"殷实富户",有了自己的田地。最早的项城袁氏族谱就是由袁志恭主持编修的。

袁志恭的儿子名叫袁九芝,其生活的年代大致在乾隆年间。袁氏家境好转,也便加大了家庭教育的投入。一旦金榜题名,万千功名利禄尽入囊中,对于穷苦人家来说,读书是唯一可选择的正道。对于殷实富户袁持衡来说,也同样如此。就这样,袁九芝一边以开办蒙馆教书授学为立身之本,一边苦读四书五经预备科举考试。遗憾的是,袁九芝学业平平,始终未能考取功名。他将可望而不可即的荣耀,全部寄托到了袁家的下一代身上。

袁九芝的下一代名叫袁耀东。子承父业,袁耀东刚刚长大成人就当起了蒙馆里的教书先生。据地方文史资料介绍,袁氏父子塾师在方圆百里口碑甚好,乡亲们普遍认为那是特别有学问的两代人,纷纷将各家子弟送来就读。以至于淮宁富户郭如珽也慕名而来。郭如珽前来袁阁村并不是为家族子弟求学,而是上门提亲——在乡亲们好评如潮的议论声中,郭如珽要将最小的女儿郭氏许配给青年塾师袁耀东。

因为年代久远,这个郭氏的真实姓名如今已不可考,但她绝对是项城袁氏家族的一个功勋人物。郭氏出身富裕人家,知书识礼,虽说在娘家是个锦衣玉食的千金小姐,但是嫁给袁耀东后,处处节俭克制,是方圆数十里人见人夸的好媳妇。无奈命运不济,嫁过来不久,公爹袁九芝一病不起,没过多少日子就归天了。袁家有人背地里嘀咕,认为是郭氏带来了霉运。郭氏受了委屈没多言语,只是背后偷偷抹眼泪。袁耀东是个有胆识的男人,决定搬出来另立门户。好在郭氏是个有教养的好女子,身上并没有富家女那种懒散习气,相反,贫寒的处境更是激起了她要帮助这个家族出人头地的决心。

郭氏是个心性很高的女子,自从嫁到袁家后,她将全部希望都寄托到丈夫袁耀东的身上。除了承担家务外,还一门心思帮助丈夫参加科举考试。中国古代,这类故事层出不穷,却大都淹没在浩如烟海的方志笔记中了。

谁知道袁耀东到了40岁光景,不仅科举考试未中,反倒因用功过度,不幸染上了痨病。当时痨病是不治之症,郭氏每天看着丈夫在书桌前佝偻着身躯咯血的情景,心如刀绞。为了治愈丈夫的病,她经常出入于典当铺和中药铺之间,当掉从娘家带来的金银首饰,抓来一副副中草药,杀了还在下蛋的老母鸡,炖了鸡汤端到丈夫跟前伺候。可是袁耀东的身体继续一天天消瘦,痨病到了晚期无药可救,终于还是离开了人世。

袁耀东留下四个儿子,分别是袁树三、袁甲三、袁凤三、袁重三。此后郭氏既养子又教子,她是个性格坚韧的人,又能吃苦耐劳,家教严厉得近乎苛刻。在郭氏的悉心培植下,袁氏家族"三"字辈的一代个个都有出息,其中次子袁甲三还高中进士,官至漕运总督,被皇帝赏戴花翎、穿黄马褂。

项城袁氏家族的发迹正是从"三"字辈开始的。除袁甲三外,袁树三(袁世凯的祖父)担任过陈留县训导兼教谕;袁凤三捐官得了禹州训导头衔,后来平定捻乱有功,赏五品衔;袁重三善于理财,在他的经营下,袁氏家族迅速成为项城首富。更加难得的是,"三"字辈之后的"保"字辈也人才辈出,袁树三之子袁保中、袁保庆、袁甲三之子袁保恒等,都是晚清政坛上声名显达的人物,到咸丰年间,袁家一门有十三人受封,其中有六人食一品俸禄,三人食二品俸禄,可谓风光一时。随着政治地位上升,袁氏家族经济地位也相应提升,短短几十年,袁家由一个殷实富户跃成为中原一带闻名遐迩的豪门望族。

在项城袁氏家族的第一次崛起中,郭老夫人厥功至伟。在她含辛茹苦的操持下,家境逐年好转,袁甲三考中进士后,袁氏家族更是吉星高照,儿孙们当官的当官,赚钱的赚钱,做学问的做学问,不管袁家人在外头做什么,所有兄弟都是一门心思牵挂着项城袁氏大家族。这个传统一直影响了几代人,直到袁世凯这一辈的早期,袁家子孙们仍然像群星围绕太阳转似的,整个家族都以郭老夫人为中心运转。

这是后话,下面的章节会述及,这里按下不表。

一品大员袁甲三

小时候袁甲三并不是特别聪明,但他有个既慈爱又严厉的母亲,教子宽严相济、张弛有度。在母亲郭氏竭尽全力的调教下,袁甲三虽然一连参加了九次乡试均与举人头衔擦肩而过,但他毫不气馁,反而愈挫愈勇,终于在道光十五年(1835年)考中进士,授官礼部主事。

这是袁甲三仕途的第一步,也是袁氏家族发迹的开端。

在袁甲三担任礼部主事期间,担任礼部左侍郎的曾国藩是他的顶头上司。这两个汉人出身的官员气味相投,成日一起研讨程朱理学,结下了深厚的私人情谊。后来太平天国起事,曾国藩被推到了风口浪尖,组建湘军追击太平军,成了支撑清王朝的栋梁之材。袁甲三在官场上有了这么一个过硬的后台,他的发达之路就指日可待了。

袁甲三的仕途顺畅,与太平天国的兴起有重大关联。太平军兴起之后,那些由暮气沉沉、贪鄙庸懦的八旗子弟组成的绿营兵根本不堪一击,纷纷望风而逃。既然正规的军事机构和军事力量不能打仗,地方团练应运而生,迅速形成一支能够左右战争局势的重要武装力量。这一时期,曾国藩、李鸿章、胡林翼、左宗棠、江忠源等文职官员纷纷走出书斋,返回乡里筹办团练武装,成为一个个地方武装的著名首领。

清廷一品大员袁甲三

袁甲三接到曾国藩的信后,迅速行动,连夜向皇帝写了奏折,主动请缨杀敌。他的愿望很快得以实现。道光三十年(1850年),袁甲三调任江南道监察御史兵科给事中,从此开始了他的戎马生涯。

咸丰三年(1853年),袁甲三奉朝廷之命,前往皖北帮办团练,防剿捻军。在此之前,负责皖北团练的是周天爵。周是山东东阿人,当过知县,洪秀全、杨秀清起事之初,周天爵任广西巡抚,率军对太平天国进行围剿。他是个出了名的酷吏,为官刚烈暴戾。据李伯元《南亭笔记》中说,他在担任湖广总督时定下了几条严酷的规矩:做讼师者,砍手指;行盗窃者,挖眼睛;抽鸦片烟者,剪嘴唇;等等。周天爵还独创了无数刑具,有逍遥桥、太平凳、安乐床、英雄架等,名称听起来很文雅,受刑者的滋味却是生不如死。

这么一个难相处的老官僚,却和袁甲三关系融洽。究其原因,是因为他们之间的相同点太多。周天爵辞去地方行政职务、专心办理防剿事务时,已是80多岁高龄,在任上没干多久就病死于军营。朝廷一纸诏书,任命袁甲三接手周天爵的职位,担当皖北团练的主办官员。袁甲三乘势出击,很快掌控了这支原属于周天爵的以练勇、壮勇、旧捻为主要武装力量的队伍,后来又在多次征战中不断招募兵勇,充实扩大队伍。

在对捻军的防剿事务上,袁甲三确实有一套办法。大概也正因如此,久而久之,他渐渐显露出权力膨胀、尾大不掉的端倪。他经常越俎建言,指手画脚地教训地方官应如何与捻军作战。有时甚至连皇帝下发的诏令也婉拒执行。对这一切,早有皇帝的耳目奏报上去了。咸丰皇帝于是派出了钦差大臣和春、安徽巡抚福济,借以削弱袁甲三的势力,且毫不客气地在奏章中批道:袁甲三遇事应与和春、福济妥商具奏。

袁甲三自恃剿灭捻乱劳苦功高,他并没有把皇帝安插的两个钉子放在眼里,依然我行我素、恣意张扬。不久,和春与福济联名上了一道奏折,弹劾袁甲三粉饰军情、擅截饷银、冒销肥己。咸丰皇帝看过后,愤然在奏折上批了几个字:交部严加议处,来京候旨。

虽说袁甲三治军严厉,爱对地方官指手画脚,但是他个性鲜明、敢于任事,每打完一次仗,他都要给上级写报告,请求奖励那些带领练勇杀敌立功的族党邑绅,对于捐助粮饷和钱财的富绅大户,也多次请求"优叙官职,以资激励"。因此,安徽的老百姓对他赞誉有加。当袁甲三遭到弹劾、赴京候旨时,成百上千的老百姓跪在路边哭泣拦阻,以至于道路堵塞、车马难行。

安徽怀远县有个乡民叫胡文忠,听到袁甲三遭贬的消息后,气愤难耐,要上京城申诉。这个人家境并不富裕,为了凑足路费,竟卖掉了自己的亲女儿,徒步走到京城,擂响了都察院门前的大鼓,泣血喊冤,大放悲声。都察院的官员们被这个场面震住了,面面相觑,不知该如何处理。胡文忠见无人接他的状纸，索性一头朝朱红的墙壁上撞去，当场气绝身亡。

咸丰六年（1856年），清廷再次起用袁甲三。接到圣旨，他迅速率领乡勇三千余人，随同当时的河南巡抚英桂开赴前线。沉沦之后的再度出山，也极大鼓舞了袁氏家族子弟们的士气，袁甲三的长子袁保恒、次子袁保龄、侄子袁保庆（袁树三之子）等均投身军营，同袁甲三一起转战皖北豫南。

袁甲三一生军功卓著，声名显赫，看上去很风光，实际上也满腹委屈。他先后两次遭弹劾，被免职罢官，不仅凄凉地坐在冷板凳上，还随时有遭受牢狱之灾的可能，内心的痛苦与寂寞难与人言。

袁甲三第二次遭弹劾是在咸丰八年（1858年），弹劾他的人叫胜保。

胜保在官场上声名狼藉，清廷派他督师皖北，所过州县非索馈千金或数百金不能过境。且侵占军饷也很有名，当时的军饷多靠各省支援，称为"协饷"，实际上"协饷"的多寡迟速，要看封疆大吏与钦差大臣之间的私人交情。胜保骄恣狂妄，与各省督抚的关系并不和睦，所以"协饷"经常不能按时收到。胜保与袁甲三最初的过节，也是因为"协饷"迟迟不到这个原因。胜保尤其臭名昭著的是好色。凡行军打仗所到之处，看到有姿色的女子，都要带回军营玩弄取乐。他的随军侍妾有30余人，每逢队伍行军，抬美妾眷属的轿子都有几十乘，招摇过市，毫不避忌。据说其中最为美丽迷人的一个宠妾，是太平军英王陈玉成的妻子，被胜保占为己有。

胜保弹劾袁甲三的原因是淮南失守。真正要说起来，淮南失守与胜保耽溺于女色、没有把心思用在战事上有关。然而在给皇帝的奏折中，胜保却把责任全部推到了袁甲三的头上，一口咬定袁甲三不能与他合力抗击捻乱，拖延时间，贻误战机，致使淮南落入捻军之手。

皇帝接到胜保的奏折，召袁甲三进京陈述。

经历了官场上的几次跌落，袁甲三心生苍凉，从内心里感受到汉人要想在清廷做官实属不易。面对咸丰皇帝的十余次召对，袁甲三慷慨陈词，详细奏明了皖北豫南的军事情况。在最后的几次召对中，他有些意志消沉，痛哭流涕地讲起了家中高龄的老母亲，希望咸丰能答应他解除兵权、回籍养亲的请求。

咸丰十一年(1861年),咸丰皇帝病逝,同治皇帝继位。新皇帝登上龙椅,嘉奖天下,颁赏袁甲三御冠一顶、青狐皮袍一件、金表一只、玉扳指一个,袁甲三感动得流下了眼泪,他对身边的几个儿子和侄子说,皇恩浩荡,无边无涯,唯有鞠躬尽瘁才能报答天恩。

同治二年(1863年),袁甲三疽疣发作于背部,备受折磨和煎熬,终病逝于陈州防所,时年57岁。在生命的最后时刻,他强忍疼痛,撑起身子披衣而坐,在病榻上与旧属将士商量防剿捻军事宜。看着他额头上渗出的黄豆粒大小的汗珠,在场的将士无不动容。

正是靠这种坚忍,他带领袁代家庭子弟攀跃到了一个新高度。如果说袁家数代人的宦途生涯是一场攀缘接力,那么袁甲三无疑是第一棒的领跑者。此后袁世凯接过接力棒,在叔祖父袁甲三开创的平台上再攀高峰。

袁甲三之死,当时在清廷朝野轰动极大,同治皇帝赐谥号"端敏",厚葬于淮阳城西小孟楼村,并在他曾率兵作战过的淮阳、陈州、淮安等地专门设立祭祀的祠堂,前来为他送行的人成千上万。

满门俊秀,兰桂腾芳

如果细心探究的话,一个家族的兴衰,必定有其自身运行的规律。

项城袁氏家族的第一轮崛起,以郭老夫人为中心,包括她的几个儿子和孙子。袁甲三前面已有叙述,此处说说她的另外几个儿子。

大儿子袁树三是袁世凯的亲祖父,年轻时异常用功,人也聪明,曾经以优异成绩考取县学,并破例成为享受困难补助金的"廪生"。长子的地位,决定了他必须得比其他兄弟多承担一份家庭的责任和义务。郭老夫人虽然精明强干,但毕竟是个女人,家庭遇到大事,往往要同长子商量。翅膀上系了包袱就难以飞高,也许正因为此,袁树三的科举之路并不顺畅。后来他在陈留县署理训导,兼涉教谕事宜,相当于今天的县教育局局长。

袁树三性格温润,为人谦逊,言谈举止进退有度,是袁家兄弟的楷模,也是袁家兄弟的一面旗帜。袁树三的妻子王氏,是个通情达理的贤内助,孝敬婆婆,侍候丈夫,养育子女,样样为乡邻们称道。袁家几个兄弟从小都以大哥袁树三为榜样,对他十分敬重。《项城袁氏族谱》中有这么一则记载:有一次,袁树三偶感风寒,卧床不起,请来乡医捏脉吃药,久久不见好转。家里人听说四十里外有棵神树,烧香许愿十分灵验,几个弟媳妇提着祭品,专程前往神树处烧香跪拜,没过几天,袁树三的病果真神奇地好了。

三儿子袁凤三,年轻时也走过科举考试之路。几次没有考中,不免有些灰心,于是,袁家人决定走捐纳之途,用银子为他买了顶乌纱帽。据地方史志载,当时捐官银两不够,两个嫂嫂王氏(袁树三之妻)、陈氏(袁甲三之妻)当即表示全力支持,从私房嫁妆盒里取出钗钏等物品,拿到典当铺去换钱。袁凤三捐纳后得了个禹州训导的官衔。太平天国兴起,袁凤三以平定捻乱守城有功,获赏五品衔,以知县候选,但只是个挂空衔的官,一直没有补缺。

四儿子袁重三也曾参加过科举考试,几次应试不中遂打消了这一念头,就在项城老家当起了乡绅。虽然袁重三没有出外做官,却也是个相当重要的人物,提起项城袁氏发家史,功劳簿上无论如何也要有他一笔。

袁重三十分有经济头脑,尤其善于治家理财。三个兄长离家在外做官期间,他是支撑整个家族的重要支柱。袁重三的理财办法有多种:三个兄长按月寄回的帮衬家用的银两,他都收拢来集中管理,平时尽量节省,拿去购买土地田亩,然后租给附近农户耕种,到了年底稳收租金。除此之外,袁重三还在项城县城开了几家典当铺,偶尔也放放高利贷。袁重三手上好像有根魔杖,凡是与财富有关的家务,经过他那根魔杖一点,银两便滚滚而来。短短十几年时间,项城袁家就有了天翻地覆的变化。

精明强干的袁重三如果活在现代,一定是个综合素质优秀的复合型人才。袁氏家族男女老少几十口人,他能管理得井井有条。这种大家族的日常管理需要高超的管理技巧,看过《红楼梦》的读者自然知晓。如果说袁甲三是项城袁氏家族最初一轮崛起的"发动机",那么袁重三则是这轮崛起的内部掌舵人。若干年以来,袁重三都是影响袁氏家族的一个重要人物。在袁世凯身上,依稀能看见他这个爷爷的影子。比如袁世凯的大方豪爽、疏财仗义、视金钱如粪土等特征,都会让人联想起他的四爷爷袁重三。

项城袁氏家族,"三"字辈之下是"保"字辈。

袁树三娶妻王氏,生子袁保中、袁保庆。

先说袁保中。他是袁世凯的亲生父亲,在项城袁氏家族中是长门长孙,地位非同一般。袁保中少年时曾经参加过两次科举考试,未中,一生没有入仕做官,仅以附贡生资格捐过同知。

袁甲三、袁保恒、袁保龄、袁保庆等人在外地做官时,项城袁氏家族已搬迁至袁寨。家族里有几十口人,加上男女佣人和雇工,人口过百,主持家务的人就是袁保中。地方不安宁时,他要召集乡民办团练、筑寨堡,保护乡里。遇到兵荒马乱,逃难的人投奔袁寨,他都会开门接纳。

在日常生活中,袁保中十分注重培养大族家风。无论是以孝为首的家庭伦常,还是清俭廉洁的持家之风,或者是督促子弟读书育人,诸多方面他都颇用心。他要求家族子弟"在乡则睦族里,在官则笃忠义"。有一次,他接到弟弟袁保庆的一封信,信上说京城风传一句话:项城官难做。袁保中读信后十分警醒,专门为家族拟定了五条家规,张贴在袁寨的寨门口:

(一)袁家人不准干涉政令,无论谁家官事,吾家一概不管。

(二)万不可用人持名片、拜帖,到衙门为他人说情。

(三)袁家上下人等,不准对本地官员和官府评长论短。

(四)足额向官府缴纳税银,不得拖欠。

(五)按官府指令完成袁府应承担的差役。

五条家规,白纸黑字写得清清楚楚,如板上钉钉,袁家人谁也不得违反。正是在袁保中制定的严格家规的约束下,从咸丰年间到民国初年的几十年里,袁氏族人从未给本族为官者添乱子,与地方官府及周边四邻也能和睦相处,相安无事。不得不说袁保中治家有方,在其中起了重要的作用。

有一件事,最能说明袁保中的克己为家。

袁保中的同胞弟弟袁保庆膝下无子——其实也并非无子,袁保庆的原配夫人牛氏先后生下了两个儿子,却都不幸早夭,牛氏伤心欲绝,郁郁寡欢,此后再也没有生育。为繁衍后代,袁保庆续纳了小妾王氏、陈氏,可是两个美妾生下了三个女儿后,再也没有了动静。一晃袁保庆到了40岁,官运财运样样通畅,就是人丁不旺。牛氏给袁保庆出了个主意,要将袁保中家的老四袁世凯过继为子。袁保庆去向郭老夫人请示,郭老夫人满口赞成,她一心希望袁氏家族每一门都兴旺发达。袁保庆又去找哥哥袁保中商量,话一出口,袁保中就十分豪爽地答应了下来。挑了个吉日,把过继的仪式从简办了。从此之后,袁世凯便跟随在他嗣父袁保庆身边,过起了轻裘肥马、锦衣玉食的公子哥儿生活。

袁保庆是袁树三的次子。他幼时,袁氏家境窘迫,全家八口人,父辈兄弟四人都在读书,全靠祖母郭老夫人独力支撑,苦心经营,勉强能维持生计。叔父袁甲三考中进士后,官职不断升迁,袁家的光景才逐渐好转。

年少时,袁保庆与堂弟袁保恒一起受读于叔父袁甲三。袁甲三管教严格,经常硬逼他俩背书。袁甲三进京城做官后,他俩又到邻村继续读书。袁保庆性格内向,常爱独自思考,对老师所授内容颇能融会贯通。

年龄渐长,正值袁甲三统领团练防剿捻军时期,袁甲三担心他们荒废学业,召入军中,特聘睢州著名塾师吕新伍、汤潜庵为他们授课,同时又让他们参与军事行动,在战争实践中增长才干。

咸丰十年(1860年),顺天府丞毛昶熙督办河南团练,奏请袁保庆帮办,专门负责训练。此后袁保庆多次参与防剿捻军的战斗,屡屡建功,被清廷嘉奖四品衔并赏戴花翎。

同治四年(1865年),河南巡抚张之万保举袁保庆为道员,留河南补用,浙江巡抚马新贻也力保他留浙江补用。但都未被吏部批准,却被旨封为知府,发山东补用为济南府道台。

同治七年(1868年),升任两江总督的马新贻再次荐举袁保庆赴江苏办江防,终获军机处议准,钦封江宁盐法道,掌管全省食盐的生产、销售、运输事项,衙门设在南京。这是个肥差,袁保庆走马上任,带着正室妻子和新纳的小妾金氏,以及过继来的嗣子袁世凯——这一年袁世凯9岁。

在江宁盐法道任上,袁保庆恪尽职守,昼夜操劳。同治十二年(1873

年)6月,袁保庆病故于任所,年48岁。14岁的袁世凯和养母牛氏扶柩返乡,从江苏南京到河南项城,一路上长途跋涉,风雨无阻。夏天本来是个热情浪漫的季节,可是在少年袁世凯看来,眼前景致形同秋天,美艳中透出一股凄凉。

袁保庆留下了一本书,书名为《自乂琐言》,采用语录体形式详述为官之道。书中有许多警句常为袁世凯所引用,如:"官不负民,民断不负官。""为官者,不责己而责民,动辄百姓难缠,醉语耳!""人言官场如戏场,然善于做戏者,于忠孝节义之事能做得情景毕见,使闻者动心,睹者流涕。官场如无此好角色,无此好做工,岂不为伶人所窃笑乎?""古今将兵,必先以恩结之,而后加以威,乃无怨也。不然则叛离随之。"

这部书对袁世凯的一生影响深远。袁世凯从小熟读《自乂琐言》,日后袁世凯在练兵、维新、干实业、办外交乃至颠覆清朝等诸多方面的所作所为,都能看出这部书对他潜移默化的影响。

袁保恒是袁甲三的长子,也是袁氏家族中一个举足轻重的人物。

道光三十年(1850年),袁保恒考中进士,成为家族里第二个中进士的人,这一年他才25岁。太平天国起事,他离职跟随父亲袁甲三从军,开始了他的军旅生涯。因为平捻的战功,咸丰七年(1857年)被封侍读学士衔,赐顶戴花翎。次年又被加封伊勒图巴图鲁封号,这个满语封号的意思是"勇士"。这之后袁保恒在宦海中几经升迁沉浮,先是在李鸿章麾下差遣任用,后来随左宗棠赴陕西,担任帮办,专管西征粮草,功绩卓著,赢得赞扬声一片。

据说,袁保恒之所以深得左宗棠赏识,是因为一件国宝。随左宗棠西征途中,有个偶然的机会,袁保恒听说了一则传闻,陕西岐山有个破落的大户人家想卖掉一尊大盂鼎,因无人识货无法出手。袁保恒兴致盎然,专程秘密前往,以七百两白银的价格买下那尊大盂鼎。这事后来传到了左宗棠耳中,他围着大盂鼎足足看了两个时辰,连声称赞袁保恒慧眼识宝,独占大运。袁保恒便来了个顺水推舟:"所有的好运气都是左大人带来的,当初买下这件宝贝,原本就想送给大人。"左宗棠并不谦让,当场笑纳。

除了这则有行贿嫌疑的传闻外,有关袁保恒的负面史料并不多。史料中说，袁保恒为人耿直磊落，遇事敢于直言，在颠顶衰颓的清朝官场中，算得上一个口碑不错的好官。大概正是因为这个缘故，袁保恒像一颗冉冉升起的政治新星，光绪元年(1875年)入京任吏部侍郎、刑部侍郎等职，成为正二品朝廷大员，也是袁氏家族中功名仅次于其父袁甲三的二号人物。

同治十三年(1874年)，袁保恒回籍探亲，协同堂兄袁保中编修《项城袁氏族谱》，并将族谱翻砂铸成铁牌，镶嵌在袁阁村袁氏家祠里。就是在这一次，他离开项城时，将侄子袁世凯带在了身边。

光绪四年(1878年)，袁保恒奉旨赴河南赈灾。赈灾事务繁重，袁保恒经常食宿无定，身心日渐憔悴。这年4月，豫东一带普降春雨，袁保恒欣喜若狂，吩咐属下备轿，准备前往灾区巡视春种情况。谁知尚未成行，就不幸染上霍乱，患病三日后溘然长逝。清廷追念他的功德，谥"文诚"。

袁保恒的弟弟袁保龄，曾任清廷内阁中书侍读。因编纂《穆宗毅皇帝实录》有功，赏戴花翎，官衔升为四品。光绪四年，他又因赈灾有功，升为道员，加三品衔。光绪七年(1881年)，清廷调其至天津，委办北洋海防营务。次年，袁保龄受李鸿章委派，出任旅顺港坞工程总办。袁保龄到达旅顺口后，立即开始全面工作。经过五十余天的考察，他将前任在位时聘用的四百余冗员全部裁撤，尽其所能理顺了工程局内部的各种关系，与地方政府和驻军建立起了理解和信任，各项工程逐步走上正轨。

某日，海上突然狂风大作，倾盆大雨劈头盖脸打来。有人来报，旅顺东港港口大坝中段陡然下陷了数十余丈，整个大坝随时有崩塌的危险。袁保龄顶风冒雨疾速跑到出事地点，指挥民工用土堆，用秫秸挡，筑成一道长墙，成功保护了大坝。

袁保龄在旅顺的四五年间，修炮台、固大坝、建工厂、造码头、办医院、开设电报局……终于完成了旅顺建港的第一期工程。李鸿章巡视旅顺，看到海防营务的建设成果，对袁保龄尤为赞赏，夸赞道："旅顺炮台营垒坚固可守，全赖保龄督饬之力。"

遗憾的是，由于过度操劳，积劳成疾，袁保龄于光绪十五年(1889年)病逝于旅顺防地，时年48岁。

袁保恒、袁保龄兄弟给袁氏家族带来的最大收获,恐怕是将15岁的袁世凯从项城带到北京读书。据地方史料载,同治十三年袁保恒回乡探亲,得知刚死了嗣父的袁世凯无人管教,成天在外斗鸡玩狗,恐其荒废学业,遂将他带到了京城。袁保龄对少年袁世凯的评价是"资分不高而浮动非常"。于是专门聘请了三位老师教导,教作诗的是周文溥,教写字的是张星炳,教八股文的是谢廷萱。袁保恒、袁保龄俩兄弟有空也参与侄子的教育。他们对袁世凯的教育十分严格,将袁世凯住宿的房间安排在老师宿舍的隔壁,好让老师监督他晚上用功。在袁保恒、袁保龄俩兄弟的精心调教下,袁世凯的学业有了明显进步。

在京城苦读的五年,是袁世凯一生中读书最用功的五年,也为他的一生打下了扎实的基础。过去史书上说袁世凯是个纨绔子弟,只会骑马习武,其实不然。从同治十三年到光绪三年(1877年),袁世凯在两个叔父的督导下,在京城刻苦读书,每天清晨鸡鸣就起床晨读,深夜才熄灯就寝,经过严格调教和痛苦磨砺,他读书的兴趣比以前浓厚了,人生志向也高远了许多。

铁牌家谱背后的故事

项城袁氏家族有一块铁牌家谱,闻名遐迩。这块铁牌家谱在中国乃至全世界都堪称独一无二,是项城袁氏的镇族之宝,早先镶嵌在袁氏家祠的墙壁上。铁牌家谱重约一吨,高90厘米,厚5厘米,宽2.8米,文字工笔楷体,四周铭刻"回"字形几何花纹,民间称为"富贵不断头",是一种吉祥的纹饰,寓意诸事太平、绵长、恒久。

铁牌家谱毁于1958年"大炼钢铁"运动,如今已不复存在。但是铁牌家谱背后的故事,袁家人仍然谙熟于心,民间也在流传。

铁牌家谱诞生于项城袁氏家族的第一次鼎盛时期。

同治十三年,项城袁家郭老夫人100岁生日,对于袁家来说是一件大事。袁耀东死时,郭老夫人才36岁,她以极大的毅力督责儿子们读书上进,科举成名,经过近二十年的光阴,袁氏家族开始进入鼎盛期。袁氏兄弟、父子、叔侄内外齐心,使家族取得了长足的发展,形成了一个人丁兴旺、四世同堂、上下五十余口人的大家族。

而维系这个大家族的精神核心，在外是袁甲三，在内是郭老夫人。

郭老夫人百岁寿诞时，袁甲三已病逝，袁家在外做官的人物中，最高官衔者是获一品顶戴的袁保恒，他成了袁氏家族新的顶梁柱。

上一年，袁保恒刚刚随左宗棠的西征军平定了宁夏马化龙部的回民起义，以后勤保障之功，被清廷授予一品顶戴。在西北军营中，袁保恒接到了家乡项城的家信，向左宗棠请了假，兴冲冲直奔回故里省亲。启程时是十二月的天气，西北边塞滴水成冰，沿途萧瑟的景色和刺骨的风，让他有步步惊心的感觉。一路车马劳顿赶回项城，季节已到二月上旬，农历腊月廿三，中原人过小年。远远听见鞭炮噼里啪啦，炸碎了一地纸屑，充满神秘色彩的祭灶仪式开始了。

衣锦还乡的袁保恒给这一年的袁阁村带来了前所未有的热闹气氛。腊月廿三当天晚上，远远近近的袁家人举着火把而来，司仪派人给大家分发糕点、油饼、麦芽糖、豆腐汤……几个壮汉不停地敲锣打鼓，整整闹了个通宵。

袁保恒这次回乡，除了给祖母郭老夫人操办百岁喜宴外，还做了这么几件事：一是将袁门子弟袁世凯、袁世廉送到北京读书；二是计议分家（未成，半年后各房兄弟才正式分家）；三是带头捐了一百两银子倡修家庙；四是和当地县令一起整顿项城书院；五是募捐银两筹备修撰《项城县志》。

铸造铁牌家谱，是修建袁氏家庙计划中的一部分。袁保恒特意从河北泊头（我国三大铸造基地之一，另外两地是广东佛山和江苏无锡）请来了远近闻名的锻铸巧匠翻砂铸造。

项城袁氏家族向权力和荣誉的顶峰冲刺共有两次，这两次冲刺袁氏家族都崛起了。第一次的代表人物是袁甲三、袁保恒父子，第二次的代表人物是袁世凯。而天下无双的袁氏铁牌家谱，则是袁家第一次冲刺以及崛起时期的最佳见证物。

袁保恒此次返乡，在项城一共待了三个月。所办的几件实事，件件都与家族运脉息息相关。做完了这些事，他长出了一口气，心中才稍有安顿的感觉。返回西北途中，路过华山，他上山去谒金天宫，为老祖母祈福增寿。站在华山峰顶上，一派壮丽的景色尽收眼底，袁保恒想起一路上看见旱灾的种种惨象，心中泛起一阵酸楚。他又添了一炷香，为饱受旱灾侵蚀的河南、陕西两地祈雨，为百姓苍生祀神祝福。

袁保恒回到西北未及一年，就被调回北京，任户部侍郎（财政部副部长）。从西北至京城的途中，他再次路过华山，想起了上一年在华山金天宫祈祷的事，两件事似乎都还灵验：百岁高龄的老祖母郭老夫人仍健在，河南、陕西的旱情也有所减缓。于是，在华山的山崖边，就着山势，他刻下了一通碑文，全文七十九字，内容如下：

> 项城袁保恒督栈关中，同治癸酉关陇底定，奉命归里，为大母称百岁觞。还经西岳，历五峰，谒金天宫，为大母祈寿，为河陕祈雨。光绪乙亥奉还朝之命，大母康强，河陕汝仍岁灵澍，顺应摩厓，勒石以彰。命休。

袁保恒回北京两年后，被清廷派回河南帮办赈灾事务。不久死于河南开封赈务公所。

袁保恒留下的华山摩崖石刻，如今仍依稀可见。摩崖石刻旁野草丛生，见证着历史的沧桑和温情。然而镶嵌在项城袁氏家祠墙壁上的那块铁牌家谱，却杳然不见踪迹。铁牌家谱未能见证后来的历史，那段历史只存留在了乡民们的记忆中。

1958年，政府号召大办钢铁，小土炉星罗棋布，火光冲天。人们疯狂地搜寻废铜旧铁，袁家祖墓群的铁栏杆拆除了，家祠里镶嵌的金属饰品砸毁了，厨灶上多余的铁锅端出来了，甚至还正用着的铜脸盆、铜汤钵、搪瓷茶杯、挂蚊帐的铜钩子等等物什，也一股脑儿全都被搜寻出来，送进了怪兽一样蹲伏在路边的小土炉中。

袁家人最揪心的还是那块铁牌家谱。袁世凯洪宪称帝失败后，袁家人集体成了政府和国民的公敌，即便不惹任何事，也摆脱不掉厄运的阴影，何况要隐藏一块如此硕大的铁牌家谱？眼看劫数难逃，袁家人谁也拿不出个办法。强顶硬扛肯定行不通，如果悄悄拖走隐藏起来，则将会有更大的灾祸降临。

自从1951年袁氏家庙因年久失修颓败坍塌后,铁牌家谱就被移放到了白玉阁。一个漆黑的夜晚,隐隐约约有个人影朝村头白玉阁方向走去。那个人推开阁楼大门,点亮拎在手上的马灯,他拿出腋下夹着的一叠宣纸,用水喷湿,小心贴放到铁牌上,拿一把小毛刷子轻轻敲打……

他叫袁家俊,是项城袁氏家族的第十五世孙。恐怕连他自己也没有想到,当天夜晚他的举动将在袁氏家史上留下浓墨重彩的一笔。袁家俊那天夜晚拓印的袁氏铁牌家谱,后来成了袁氏家史中的珍稀文献。20世纪70年代末,袁家俊年事已高,将那一叠家谱拓片传给了侄子袁启领。如今袁启领依然保存着那一叠家谱拓片,他珍藏在箱子底,不轻易拿出来,只有贵客到来时才小心翼翼地取出,平摊在农家院子里。每张纸片都是同样大小,约莫一尺见方,一张张拼接起来,占满了整个院子。

族谱上没有名字的人

过去漫长的岁月,女性不能载入族谱,要记也是附庸式记入,只记姓,不记名。如郭姓女子嫁入袁家,族谱上,在她丈夫姓名旁批注小字:袁郭氏。还有一种情况,家族中的女儿出嫁后,也不写名字,只记姓。如袁家女儿嫁入杨家,族谱上批注的小字是:杨袁氏。

中国传统家庭讲父权,女性处于从属地位。一个女孩在家庭中的地位从小就低于男孩。女孩子长到七八岁,就不能再跟男孩子一起玩了,她们要学会安静娴雅,学会女红刺绣,读《烈女传》和《女训》,出嫁了,还要忍受公婆的刁难、辱骂甚至鞭挞。

那些在族谱上没有名字的女性,在艰苦卓绝的环境中往往比男性更能吃苦耐劳。她们忍辱负重的故事很少为外界所知,只是在家族内部流传,被子孙后代围着火塘追忆。那些女性若有人能熬到出头的一天,成为大家族中至高无上的老祖母,儿孙们又在外做了大官,就会风光无限,成为整个大家族的信仰中心和精神堡垒。

这里来讲述一下与袁世凯幼时成长经历有关的几个女子。

5岁左右光景,袁世凯过继给嗣父袁保庆。如前所述,袁保庆的原配妻子牛氏生了两个儿子不幸早夭,此后再也无子,但她先前还生有两个女儿,就是袁世凯的两个姐姐。为了生儿子,袁保庆纳妾王氏、陈氏,两个小妾没给袁保庆带来儿子,却一连生下三个女儿,这是袁世凯的三个妹妹。

以前看《红楼梦》,总是感叹贾宝玉成天生活在女儿国,很难看见一个男子的身影。一部袁氏家族史,幼时的公子哥儿袁世凯也是如此。两个姐姐三个妹妹,加上嗣父的原配夫人,续纳的小妾、姨太太以及为数众多的丫鬟、女佣,二三十个女性成天包围着他,袁世凯就是在这么一个粉脂堆里长大的。

袁世凯大姐早年嫁给了河南商城一户姓杨的世家,丈夫名叫杨寿岩,说起来也曾是豪门显贵,祖父考中过进士,官至礼部右侍郎、吏部左侍郎。然而到了杨寿岩这一辈,家道已经衰落,处境并不比一般殷实富绅强多少。可悲的是心高气傲的丈夫并没有清醒地认识自己的现实处境,反而要强撑家族的那点颜面,摆阔装出浪荡公子的派头,而且还是个抽鸦片烟的"瘾君子"。千金散尽不复来,银子花光了便拿老婆出气,经常佯装酒疯撒泼。这样的日子没过多久,大姐又不幸染上痨症,郁闷身亡了。

二姐名叫袁让,是袁家有名的节妇孝女。她的孝女名声是用两节指头换来的。袁让14岁时,母亲牛氏得了一场大病,久医不愈,袁让拿起菜刀,截下自己的两节小指,放入药罐中熬汤敬奉母亲。从此她的孝行传遍四方,闻者无不叹异。

袁让的婚事也颇奇特。父亲袁保庆年轻时参与抗剿捻军,曾在河南毛家当过幕僚。河南毛家当时也是赫赫有名的豪门望族,毛氏家族中的毛昶熙、毛亮熙兄弟都是进士出身,毛昶熙还曾担任过兵部尚书,名声不在袁甲三之下。袁保庆在毛家充任幕僚期间,和毛家兄弟商定了结为儿女亲家的事情:将袁家二女许配给毛亮熙家的大公子。

这本来是一桩圆满的婚姻,不料一场变故将其变成了悲剧。

有一天,父亲袁保庆回到家里,和每次回家不同,这一次父亲神色异样,目光躲闪,二姐袁让隐约觉得父亲有什么难言之事瞒着她,她偏又是位敏感且极聪颖的女子,她终于弄清楚了,原来自己那位还未成亲的夫君在京城病逝了。得知确切消息后,袁让一个人躲在树林中大哭了一场,再回家时她咬紧牙关,不愿多说一句话,成了个沉默寡言的人。终于父亲袁保庆把她叫到厢房里,征求她的意见,袁让斩钉截铁地回答:"活是他毛家的人,死是他毛家的鬼。"袁保庆见女儿矢志守节,默然点了点头。

袁保庆一生受程朱理学影响深重,认为女子守节事大,这关系到家族的脸面和荣耀。据说他有个外甥女幼寡守节,袁保庆一方面表示同情,另一方面又在谈话中对她讲,倘若能以身殉夫,那就更好,可以为其请求旌表。作为父亲,他的这些观念毫无疑问也影响了儿女们的人生观。

经过袁家与毛家双方商议,决定让袁让抱着未婚夫的木头牌位到婆家成婚。具体的过程细节颇为烦琐:第一天过礼,毛家送衣冠服装等物给袁家;第二天袁家将女儿的日用器皿和被褥帘帐等物送到毛家;第三天毛家派遣执事、绿轿、官衔牌到袁家,锣鼓家什一应俱全,但不能敲打奏乐,新娘子装束停当,上轿抬到毛家,抱着未婚夫的木头牌位举行婚礼,入室稍作休息,换上补服朝珠,拜见双亲尊长;第四天穿元青服;第五天回门;第六天回婆家,守孝三年。

就在双方家庭已将所有细节都商议好时,却有人甩来一记横锤,说"不"的人是毛氏家族的老祖母——毛家名义上的掌舵人。她认为孙子已逝,毛家伤心至极,新过门的未亡人不能沾染任何喜庆的色彩,不能敲锣打鼓,不能放鞭炮,不能穿戴凤冠霞帔,等等。于是双方家庭只好再议。偏偏这个时候又遇到同治皇帝驾崩,国丧期间不能搞喜庆活动。次日,毛家派出一乘蓝轿,两名女佣,将袁让悄悄接了过来。袁让黑衣白裙,坐着小轿直奔庙宇,在停放她夫君的棺材前哭祭一番,一桩人生大事就这么匆匆结束了。这年袁让17岁,此后终身未再嫁,从女人的角度看,她的一生既可怜又可悲。但是在当时的人们看来,袁让堪称一个了不起的节妇,在冷清凄凉中举行那个婚礼时,她的心中也许还会荡漾起一丝虚无缥缈的崇高感吧。

但二姐袁让的灾难还没有结束。光绪八年(1882年)毛昶熙因病去世,婆家最后的顶梁柱也垮掉了。从此毛家迅速败落,像秋风中飘零的黄叶,只给人们留下世事无常的感叹。袁让本是个心性极高的女子,但也只能眼睁睁地看着家境衰败。后来,她收养了一个女儿,又过继了一个嗣子,带着简单的行装回到袁家帮助操持家务。

长期的生活压抑使她的性格扭曲,显得孤傲乖张。回到娘家后,她断了所有念想,把全部希望都寄托在了弟弟袁世凯身上,严厉督促他用功学习。后来袁世凯长大了,无论是出门求学、从军还是做官,二姐都全力以赴地支持。袁世凯对这个命途多舛的二姐也非常尊敬,袁世凯写的许多家书,收信人都是二姐。他担任直隶总督时,曾将二姐接到天津一起居住,又对孙儿们说:"你们二姑奶奶这辈子真不容易,不知吃了多少苦头!"每当二姐袁让心情不畅发脾气时,袁世凯都不忘叮嘱身边的人不要顶撞:"连我都让她一头呢。"在袁家中流传着这么一句话:"四大人怕二姑奶奶。"

袁让活了55岁,民国初年,死于河南彰德袁世凯的养寿园中。那个时候,她多年来一直寄予厚望的弟弟终于有了出息,当上了民国第一任大总统。她是在一种无限风光的体面中慢慢闭上眼睛的。

项城袁氏家族中,那位连名字都没有留下的郭氏是个神一样的存在。老太太活了一百岁,一生堪称传奇,她身上具备传统中国女性的诸多优点:勤劳、勇敢、坚韧、吃苦耐劳、敢作敢为、善持家……

郭老太太活到了九十多岁还能够穿针引线,缝补衣裳,观者无不称奇。郭老太太生于乾隆四十三年(1778年),卒于光绪元年(1875年),按照中国的传统计岁方法,她活了整整一百岁,历经乾隆、道光、嘉庆、咸丰、同治五朝,从36岁丧夫守寡,到百岁儿孙绕膝。

自从袁甲三考中进士,袁家犹如熬过严冬看见了原野上绽放的第一朵金色的迎春花。这之后袁氏家族进入丰收的黄金时期,喜报纷飞,捷报频传,除了一门两进士外,还有两个举人、四个贡生、八个知县以上级别的官员。无数羡慕的眼光纷纷投向中原这个新崛起的显贵之家,郭老太太也因此赢得了人们的尊崇和敬重。咸丰、同治两朝,朝廷曾经四次给她赏赐御书匾额、紫檀、玉如意、江南丝缎衣料等物件,赐寿一次。到同治年间,项城袁家已是一个近百人的庞大家庭,郭老太太不仅有了儿子、孙子、曾孙,连曾孙都有了后代。提起项城五世同堂的袁家,方圆数百里范围内没有人不伸大拇指夸赞的。

盛极而衰,生活的打击常常在人们猝不及防时遽然而至。道光二十四年(1844年),大儿子袁树三病逝,年仅44岁,白发人送黑发人,郭老太太扶棺恸哭,大放悲声。同治九年(1870年),袁家最为荣耀的金字招牌和经济来源的主要提供者袁甲三病逝,加速了这个庞大家族的崩溃。这之后死神成了袁家的常客,隔几年跑来光顾一下,儿子袁凤三、袁重三先后去世,"保"字辈的孙子袁保庆、袁保中也相继走了,接二连三的灾难一次次侵袭,郭老太太起初还能坚强地挺着,后来似乎变得麻木了。到了晚年,她沉湎于佛陀的一片乐土中一心向善,经常伴着木鱼声声度过绵绵长夜。

在项城袁氏故里,至今仍流传着郭老太太乐善好施的故事。家族兴旺发达以后,每年她都要施舍棉衣数百件,施粥施药数次。咸丰六年(1856年),项城发生了一场百年不遇的灾荒,郭老太太令家人将族中无法举火的五十多户人家逐一登记,按月发放粮食、衣物,使他们不会受冻挨饿;又令袁保庆在南北村庄开设粥场,散发大米面粉,每天数千人排队,每人一盂,从冬天直到次年春夏之交,没有一天中断,使无数村民保住了性命。这样的例子在郭老太太的一生中有很多,在乡民们心目中,晚年的她已经渐渐褪去了女强人的光环,转化成一个仁厚的大善人。

郭老太太生命的最后几年,家族的颓势仍在延续,败象已露。

在京城做官的袁保恒、袁保龄对潜伏在庞大家族内部的危机看得极真切。当时的真实情况是:近百口人居住袁寨,却没有相应的财政支撑,经济来源基本上依靠袁保恒、袁保龄做官积攒的银两,原来家中还有个理财高手袁重三,袁重三病逝后,接任他主持家政的是袁保中,虽说此人勤勉正派,在投资理财上却没有什么天赋,袁氏家族的家境每况愈下,日见窘迫。更糟糕的是,袁家多年的显赫已经宠坏了一些后代,有的吸食鸦片成瘾成了不可救药的败家子,还有的嗜赌、有的爱嫖、有的逃学,没几个争气的。

权衡利弊,只有分家一条路可走。初定的分家方案是:效仿古代计口授田之制,将家中所有田地物产分为十二股,确保"保"字辈十个兄弟每人一股,剩余两股,作为郭老太太余年的供给和宗族公用。袁保恒、袁保龄二人还高姿态地将他们名下的两股自愿献出,交给郭老太太享用。分家方案酝酿成熟了,却长时间没有人敢对郭老太太提出来,少年时代记忆中残留的对老祖母的一丝惧怕,使这个大家族又延续了几年。直到同治十三年(1874年),这个分家方案才得以实施。

次年,郭老太太寿终正寝。

在清乾隆至同治的八十多年间,项城袁氏家族完成了从第一次崛起到没落的大循环。绚烂至极后归于平淡,这个家族暂时沉寂了,但是并没有就此沉沦,它在漫长的岁月中等待,在沉寂中积蓄力量。

沧桑烟雨中的袁寨

袁寨村位于项城城区东南17公里,整个村落建在旧居宅基之上,如今村子里住的大多是当年袁氏家族佣人雇工的后代。全村二百多户千余口人,有30多个姓氏,据说姓袁的只有一户,而且还不是项城袁氏家族的直系后代。

走进袁寨,心中免不了有种沧桑感。

在一个不起眼的角落里,有幢两层楼的小洋房。袁氏后裔告诉我,那幢小洋房就是袁世凯出生的地方。

河南项城袁寨,袁世凯当年就出生在这幢楼房里

这是一幢典型的地主庄园式的晚清建筑物,墙壁和门窗经过重新粉刷,到处飘散着刺鼻的油漆味儿。整个袁寨,数这幢楼房保存得最完好。沿着台阶拾级而上,轻轻推开两扇微掩的朱红大门,耐人寻味的静寂中暗藏着肃穆。楼房空空如也,仅摆放了几件中原地方常见的生活小物件,一

眼就能看出是民间仿品，显得不太真实。倒是墙壁上悬挂的那些旧照片，影影绰绰透露出了袁世凯时代里曾经存活过的人物、事件和生活场景。

袁世凯出生时，正是袁氏大家族的鼎盛时期。

袁寨当年的风光，如今已成为遥远的传说。少年时生活在项城、与袁家世交并有姻亲关系的当代作家蒋敬生，曾写文章回忆他儿时见到的袁寨："进了袁寨西寨门，首先看到的是路边坐北朝南的一座大府门。这府门要比北京清代王府的府门气派得多，光那门前的两头大石狮子，曾经粉饰，虽颜色已渐褪，但也比项城县衙门的守门石狮子大得多得多，守卫着出厦长廊、朱漆大门、威武煊赫的'六王府'"。

蒋敬生先生笔下的情景为20世纪30年代末，那时袁寨已经衰败没落。文章中所提及的"六王府"，是袁世凯六弟袁世彤的府邸，也只能算作袁寨宏大建筑群中的一个组成部分。瘦死的骆驼比马大，即便是断井颓垣，在少年蒋敬生的印象中也是美轮美奂的人间仙境："……穿宅过院，也不知道有多少门，什么月洞门、廊厦的鹿顶门等，圆方美形不一，花木遮掩，迂环曲折，要是初来乍到，只几绕就会迷路，比电影《红楼梦》中的房舍也不会逊色。"

最初修筑袁寨是在袁甲三发迹后的清咸丰年间。起因于一个传说：袁家有个奇怪的现象，男子普遍寿命短，很难活过60岁。于是袁家从山东重金请来风水先生掐指细算，说是袁家阴宅（袁阁村祖坟群）乃龙凤之地，日后必定出大人物。只不过阳宅（袁寨）阴气太重，克袁家男子寿命，破除的方法是"迁宅分居"。

就这样，袁甲三举家迁往淮阳陈州府；袁凤三一家迁往河南禹州；袁重三一家仍留住旧址袁阁村；只有袁树三一家搬到了新修的袁寨。也就是说，生活在袁寨的袁氏后人，是袁树三这一脉的子孙。

袁寨占地270亩，先后建成各式楼房248间，有三道护寨河，六座碉堡，还有高十米、厚两尺多、周长近两公里的护寨石墙。寨子内，院落幽曲相连，青瓦红砖，炫目耀眼。屋脊上有狮、虎、豹、马、猴等砖雕，四角挑檐高耸，饰有龙纹兽尖，直指苍穹。寨子当年是防捻军的，所以寨墙每隔一丈多就有一垛口，可以用来观察寨外动静。袁家派30多名卫兵轮流站岗放哨,昼夜不歇。兵荒马乱的岁月,周围十里八村的乡亲们经常跑到袁寨里来避难。

还有这么一个故事,颇能说明袁寨当年的风光和显赫。

说是袁寨原来有一座祠堂,飞檐翘角的亭阁上挂着四只风铃,每当起风时,一串串清脆的音符就会像小鸟似的四处纷飞,天地之间似乎都弥漫了金嗓子般响亮的铃声,恍若仙乐。最为奇特的是,风铃声竟能传到十几里外的另一个村子,且声大如雷,震得整个村子山摇地动,农家灶房里的锅碗瓢盆叮咚蹦跳。这太离奇了,像是马尔克斯笔下的小说细节,充满了拉美魔幻文学的神秘色彩。我摇头微笑,脸上的表情自然是不相信。但讲述者煞有介事辩白道:这事儿,附近几个村的老人们都知道,不信你随便去问问,准会有人讲给你听。

民间总是藏匿着若干秘闻,大自然的神奇魔力谁能说得清呢?从那以后,风铃的传说便成了我心头搁置的一个存疑,我依稀看到时光旋涡中的袁寨色彩斑斓、光怪陆离,在黑暗深处散发着幽幽微光。

看过《红楼梦》的人应该熟悉大家族的生活场景。不同的是,《红楼梦》所叙述的是一个封建大家族风雨飘摇的末世景象,而此时生活在袁寨的袁氏家族犹如朝阳沐露,上升抛物线即将到达辉煌的顶端。另外一点是,袁甲三靠显赫军功起家,因此,笼罩这个大家族的除了迎来送往、杯光箸影之外,还笼罩着一丝浓郁的军事色彩。

这一点,从袁世凯出生时的取名可以验证。

清咸丰九年(1859年)农历八月二十,袁世凯诞生,刚好在安徽与捻军作战的袁甲三打了个大胜仗,俘获捻军首领顾大陇,派专使骑快马到袁寨报捷。袁寨喜上添喜,给新生婴儿取名世凯,"世"是辈分,"凯"是高奏凯歌之意。及至稍长,又取字"慰廷",意思是打胜仗、得贵子都足以告慰朝廷。

关于袁世凯的童年时代,袁寨有个人人都会讲的故事:袁世凯4岁那年捻军进攻袁寨,15岁以上男青年全都拿起火枪登上寨墙,鸣枪放炮,抵御捻军。袁世凯猛地挣开奶娘的手,跟着众人登上寨墙,看见被击溃的捻军作鸟兽散四处逃窜,他拍掌大笑,面无惧色。

故事有夸张的成分,却十分传神。初生牛犊不怕虎,是袁世凯整个少年以及青年时代的真实生活写照。

袁寨的鼎盛时期无疑是袁世凯就任"中华民国"第一任正式大总统之时。此后袁寨开始走下坡路,耀眼的光环一圈圈剥落。1915年,袁世凯称帝,举国一片骂声,一直延续至今。袁寨风光不再,一度被指认为罪恶渊薮——传说中的魔鬼城。

袁世凯时代的中国,到处都是专制的土壤,岂能长出民主之树？将一切都归罪于袁世凯,实在太粗暴简单了,并且于事无补。袁世凯病死后,袁寨也跟着衰败,那个曾经无限风光的中原寨子,如今已和豫东南平原上其他普通村庄没有多大区别了。

如今漫步在重新整修过的袁寨,空气中飘荡着油漆的味道,目光所触之处都是新粉刷过的墙壁门窗。但是表面的热闹繁华掩饰不了它的颓败与萧索,回望历史深处,万千感慨,一句话梗在了喉咙里:如今的袁寨仅剩下一个空架子。抬起头来,看见几个老人坐在一棵大树下抽烟闲谈,西斜的阳光拉长了他们的影子,看上去有种"白头宫女在,闲坐说玄宗"的感觉。

第二章 黄金年代的爱与恨

◎

大江滚滚向东去，寸心郁郁何时开

光绪三十一年（1905年）九月二日，注定会是中国历史上具有划时代意义的特殊日子。这一天，清廷发出谕旨："自丙午科为始，所有乡会试一律停止，各省岁、科考试，亦即停考。"中国历史上延续了一千多年的科举考试制度，终于寿终正寝了。

美国学者吉尔伯特·罗兹曼在其主编的《中国的现代化》一书中指出："科举制在中国传统社会结构中居于中心的地位，是维系儒家意识形态和儒家价值体系的正统地位的根本手段。科举制在1905年废止，从而使这一年成为新旧中国的分水岭。它标志着一个时代的结束和另一个时代的开始，其划时代的重要性甚至超过辛亥革命。就其现实的和象征性的意义而言，科举革废代表着中国已和过去一刀两断，这种转折大致相当于1861年沙俄废奴和1869年日本明治维新后不久的废藩。"

对废除科举制度的意义和重要性，罗兹曼的评价是客观公允的。

科举制在中国存在了一千多年，它经历了一个创立、发展、消亡的过程。进入明清以后,科举制已成为一种僵化呆板、毫无生机的模式,其弊端为越来越多的士子所认识,废除科举制的呼声越来越强烈。

进入晚清以后,一批有影响的督抚大员纷纷上奏清廷,呼吁废科举、兴学堂,走新式教育的救国之路。这些督抚大员,包括袁世凯、张之洞、周馥、岑春煊、赵尔巽、端方等人。其中,重要的代表性人物是袁世凯。

袁世凯主张废除科举制的态度非常坚决。据统计,袁世凯所上奏折中涉及科举制废止和兴办学堂的不下十篇。在这些奏折中,袁世凯力陈科举制的弊端,宣扬兴办新式学堂的重要性,并提出了废除科举制的具体办法。

在袁世凯等督抚大员的合力推动下,慈禧太后终于松了口,接受了立即停止科举考试的意见。清朝的人才录用制度从根本上得到了改革,这在当时的中国是件十分了不起的大事。

袁世凯为什么如此痛恨科举制?这恐怕不是简单几句话能够说得清的。

在袁世凯的成长道路上,袁保庆是第一个对他产生重大影响的人。

袁世凯5岁时,过继给袁保庆为子。当时袁保庆正在仕途上努力攀登,接到一纸调令,以知府身份发往山东补用。袁保庆收拾行装,携带家眷(一妻二妾以及幼年的袁世凯),赴济南府出任道台。

为了管束好这个宝贝儿子,袁保庆特意聘请了一位颇有名望的举人担任启蒙老师。这个人叫王志清,是个熟读经书不识麦稗的老夫子,授课全无趣味,让人昏昏欲睡。对于刚从偏僻乡村来到繁华都市的袁世凯来说,这种"面目可憎语言无味"的迂腐先生实在不对脾胃,加上嗣母牛氏的溺爱,就更不把王志清放在眼里。袁世凯想到的戏弄老师的办法带有浓烈的乡野气息:夜黑时分,捉了无数只萤火虫放进玻璃瓶里,埋伏在王志清下馆必经的路上,等老夫子走近,憋着嗓子弄出几声怪叫,吓得王志清魂飞魄散。搞清楚是学生的恶作剧后,王志清愤然辞馆,再也不愿意教这个刁顽的孩童了。

袁世凯小时候不爱读书,是个事实。告别袁寨来到济南后,周围喧闹的一切都让这个孩子感到新奇,斗鸡、滚铁环、玩蟋蟀……这些以前从没接触过的游戏,魔法似的吸引着他,使他犹如掉进了一个疯狂任性的旋涡。嗣母牛夫人对这个好不容易得到的儿子宠爱有加,更是助长了他的玩兴。稍大一点后,袁世凯又结识了一帮浪荡少年,整天混在一起斗殴掐架。这个时期的他迷上了骑马、拳术和摔跤,梦想中的英雄偶像是水浒众兄弟,一套拳脚闯天下,替天行道,惬意人生。

过了几年,袁保庆调任江宁盐法道,迁居南京,一个更让人眼花缭乱的花花世界成了袁世凯粉墨登场的舞台,纵马清凉山,练拳雨花台,荡桨秦淮边,年纪轻轻偷食禁果,出入怡红院、销金楼,沉醉于纸醉金迷的绮丽梦乡。后世人们的传说中,袁世凯俨然成了一个纨绔子弟,其原因也与他在济南、南京两地的孟浪生活有关。

袁世凯一生曾参加过两次科举考试。

第一次是光绪二年(1876年)。自从两年前袁保恒、袁保龄兄弟将侄子袁世凯带到京城读书后,袁世凯刻苦用功,学业长进很快。在叔叔袁保龄的鼓励下,这年袁世凯回河南陈州参加乡试。进考棚前他感觉良好,踌躇满志,脸上充满了势在必得的笑容。从考棚里出来,袁世凯的笑容没减,初试锋芒,仿佛已胜券在握。据野史记载,袁世凯那次考试成绩骄人,名列陈州府前十名。然而,一个意外断送了袁世凯的锦绣前程。

这事说来话长。湖南长沙人瞿鸿禨中进士后,外放河南学政,这是个临时性的职务,官衔不大,权力不小。旧时官宦富家子弟以考取功名为正途,自然要格外巴结主考官,因此当一回学政就成为让人羡慕的发财机会,"一任学政官,十年花不完",可见权力寻租的魅力。瞿鸿禨在山东督考期间,充分享受到了宾至如归的待遇,地方官像供奉祖宗似的招待。到了陈州,偏偏遇到个知府吴重憙,广东人,出身望族,又在官场上混了多年,压根没把当时才是个六品编修的学政大人放在眼里。他向部属交代,降低瞿鸿禨的接待规格,又发文件通知属下各县一律按小棚规格接待。瞿鸿禨无端受到侮辱,心头的忌恨不言而喻,终于迁怒到吴重憙管辖下的陈州考生身上。为解心头之恨,瞿鸿禨决定凡陈州生员一律不取。正巧袁世凯这一年参加科举考试,尽管成绩优良,瞿、吴二人在官场上玩的一把火,还是殃及了他这条"鱼"。

野史中的这个说法并非实证。光绪三十三年(1907年),晚清政坛上发生了一场著名的政治风波,史称"丁未政潮",对峙的两个阵营的代表性人物,正是袁世凯与瞿鸿禨。因为这场错综复杂的政潮纷争,而牵扯出若干年前的陈史旧案,将政见之争解释为个人恩怨,未免有些牵强附会。

那次科举考试失败后,袁世凯并不甘心。三年后的光绪五年(1879年),他第二次奔赴河南陈州参加乡试,却依然是铩羽而归,再度名落孙山。袁世凯一气之下,烧掉了过去的全部诗文,发誓不再参加科举考试,并愤慨地说:大丈夫当献身报国,效命疆场,岂能久困于笔砚之间,自误光阴?

其实袁世凯对科举的感情是十分复杂的。

他出身于中原耕读人家,叔祖父袁甲三、叔父袁保恒中进士的故事,在家族内口口相传,成了永远高高飘扬在袁家子弟梦想中的两面旗帜。还有叔父袁保龄、嗣父袁保庆等长辈刻苦读书、考中举人的先例,也是激励他读书的动力。世代耕读传家的优良传统,不可能不对少年袁世凯产生深刻的影响。事实上,终其一生,袁世凯对读书都不懈怠。即便辛亥革命后他当了民国大总统,异常忙碌,仍然不忘读书。他在临终前的一封遗书上这样写道:"恨只恨我,读书时少,历事时多。今万方有事,皆由我起。帝制之误,苦我生灵,劳我将士……"笔端下的悔恨之意,十分明显。袁世凯对读书人从来都很敬重,他常挂在嘴边的一句口头禅是"这比做文章容易多了"。

如果换个角度,从袁世凯一生的读书经历来观察,我们会发现一些有趣的现象。关于读书天分,叔父袁保龄对袁世凯的评价是"资分不高而浮动非常"。尽管如此,袁世凯在读书一事上还是十分用功的。

13岁时,袁世凯写了一副对联:"大泽龙方蛰,中原鹿正肥。"家族里的大人看了大吃一惊。小小年纪,以潜龙自居,以逐鹿自励,志向高远,当刮目相看。

14岁时,袁世凯写了他人生中的第一首诗《言志》:"眼前龙虎斗不了,杀气直上干云霄。我欲向天张巨口,一口吞尽胡天骄。"气概非同凡响,使人想起黄巢《不第后赋菊》中的"待到秋来九月八,我花开后百花杀"。

15岁时,袁世凯在南京登雨花台后作了一首《拟古》:"我今独上雨花台,万古英雄付劫灰。谓是孙策破刘处,相传梅锅屯兵来。大江滚滚向东去,寸心郁郁何时开。只等毛羽一丰满,飞下九天拯鸿哀。"凭吊史迹,怀古伤今,满腔救世英雄志,一派少年豪情令人动容。

这些零散的诗作都只是袁世凯年轻时的初试笔墨。第二次科举考试失败后,袁世凯烧掉了所有诗稿文稿,发誓弃文从武。从袁世凯后来的履历来看,那只是一个失意青年的赌气,以此表达他内心满腔才华得不到施展的苦闷。

在袁世凯政治上跌落、受贬蛰居洹上村的日子里,他先后写下了20多首诗,收录在《圭塘唱和集》和《洹村逸兴》中。到底是饱经了人世间的历练和磨难,加上当时处境险恶,是他人生中最彷徨、最苦闷的几年,那些诗作比年轻时的诗作要沉稳多了。诗中一派宁静淡远的气氛,有感伤浪漫的抒怀,也有生动有趣的叙事。

有史料说,袁世凯自小喜爱兵法,常常不惜重金购买各种版本的兵书战策,被人讥笑为"袁书呆"。这则史料是从批判的角度看待袁世凯的,但是无意中也透露了一个事实:袁世凯打小就有读书癖。

他反感科举制,是因为他厌恶那种残酷、僵化、刻板、呆滞的教育方式和考试制度。实事求是地说,袁世凯对科举制的心态是爱恨交加的。爱,是因为文章千古事,以诗文抒怀是中国历代英雄的传统,也因为耕读世家笃好读书的家风和崇尚文风的美德,曾经给了他无声的熏陶;恨,则是因为科举制束缚人的思想,扼杀人的灵性,桎梏人的创造力,也因为他两次科举考试均告失败,有失颜面,遂成了其常隐隐作痛的一块心病。

义结金兰江湖行

身处政治中心的人物,遇事首先想到的是利益而非是非,这是千百年来的一个恶劣传统,几乎所有人都概莫能外。纵观袁世凯的一生,交往的人无数,真正交心的朋友不多,但是徐世昌是个例外。袁世凯在青年时代与徐世昌相遇,之后二人终身相随,即便后来他们都成了叱咤风云的大人物,如夏花般绚烂的友谊始终没有中断。从袁、徐义结金兰这件事,隐约可以看出袁世凯崇尚文化、尊重读书人的价值取向。

故事是这样开头的。

光绪五年(1879年),袁世凯20岁。前一年,因养母牛氏病重,袁世凯从北京返回家乡探视。不巧的是,碰上叔父袁保恒在开封府病逝,他同袁家人一起料理了袁保恒后事,然后和养母、妻子等家眷在陈州住了下来。

此时袁氏大家族已经分家,袁世凯继承了养父的一份可观的财产,丰衣足食,心头忽然平添了纵论古今、诗词唱和的雅兴。他效法古人的养士之风,在陈州办起了"丽泽山房"和"勿欺山房"两个文社,自为盟主,主动承担文社所需一切费用,对参加文社的成员供给吃喝,一时众多书生墨客前来附就。

就在这个时候,原本在豫西北沁阳、豫东武南一带塾馆当教书先生的徐世昌失业了,他辗转来到了陈州府,与正在这里兴办文社的袁世凯偶然相遇。一个是官宦世家阔公子,桀骜不驯,素以驰马试剑为乐;一个是家道中落穷书生,老成稳重,向以教书养家糊口。两个思想、性情、志向各异之人竟一见如故,成了莫逆之交。

陈瀛一在《新语林》中这样写道:"徐韬斋与袁容庵初不相识。一日,韬斋诣袁宅,昂然入书斋。容庵隔窗遥见一人自外至,神气豪爽,起身迎之。"韬斋即徐世昌的号,容庵即袁世凯的号,这则野史笔记叙述的是袁、徐二人最初相识时的情景。在这本书中陈瀛一还说,袁世凯见徐世昌一袭青衣一双布鞋,虽不修边幅却神采飞扬,谈吐间显露出满腹经纶,好一个雄心勃勃的仁人志士!二人谈起时局,兴致盎然,越谈越投机,契合心灵的话语,恍若前世旧相识。于是,袁世凯不禁拉起了徐世昌的手,大声赞道:"菊人,真妙才也!"

彼此问了生辰八字,袁世凯20岁,徐世昌24岁。当即烧香磕头,义结金兰。

话说,有一天,袁世凯前去拜访徐世昌。时值四月,正是莺飞草长、万物复苏的季节,义兄却独自一人在屋里枯坐,满脸愁眉莫展的神情。袁世凯问过缘由,原来,徐世昌要赴京城赶考,摸摸口袋盘缠不够,阮囊羞涩,难以启程。袁世凯一听哈哈大笑:徐兄为何不早说?这有什么为难的,阿堵物事小,人生前途事大。于是慷慨解囊,给徐世昌凑了一笔钱,又摆宴置酒,以壮行色。

也是在那一年,袁世凯第二次参加科举考试落败,他烧掉了自己所有的书本和诗文集,投身军营并在朝鲜的壬午兵变中崭露头角,然后驻扎朝鲜,一待就是十年。而徐世昌则在考中举人后又考中进士,进入翰林院,平步青云,步入晚清和民国政坛,也成了一位重量级人物。

徐世昌祖籍浙江,祖上几代人颠沛流离,到明朝末年才得以落户天津,清道光年间又流落到开封,父亲病逝后,徐世昌一家人来到了河南卫辉定居。按照科举制的考试规定,户籍不得随便更改,无论你住在哪里,参加科举考试都只能回到户籍所在地。徐世昌的户籍在天津,必须赴京城参加"应天府乡试"。好在义结金兰的兄弟袁世凯帮助他实现了这个人生梦想,徐世昌一试而中,当年考取了举人,四年后又获殿试二甲进士,进入翰林院,先任庶吉士,后任编修。

之后漫长的人生旅途中,徐世昌与袁世凯两人的命运之轨多次发生关系,时而交叉,时而汇合,时而又疏离。袁克定曾经形容徐世昌是一条"老狐狸",那条"老狐狸"一辈子都与袁世凯如影随形。翻开一部近代史,在袁世凯人生中的每一个关键时刻,都能看见徐世昌那颀长、儒雅的身影。

袁世凯小站练兵,徐世昌数次给皇帝上奏折,与袁世凯一唱一和,互为奥援,为新建的北洋新军摇旗呐喊。徐世昌还多次参与北洋新军的操练和检阅,与身材短粗的袁世凯站在观礼台上,看硝烟弥漫战车滚滚,听号令起伏山呼海啸,排山倒海般的军威和气势使他心情激荡,但又不失理智地保持着他独特的绅士风度。

徐世昌贵为翰林,却能低下架子,为袁世凯招纳北洋新军撰写告示。他满腹经纶,写下的广告语半文不白,佶屈聱牙。袁世凯看后皱起眉头对徐世昌说,你这个告示不能用翰林文体来写,当兵的那些人都是大老粗,只为混口饭吃,咬文嚼字的句子他们听不懂,瞎子点灯——白费蜡烛。徐世昌拿回去修改,改成了大白话,有时四个字一句,有时六个字一句,念起来像是歌谣,既通俗还押韵。告示写好后袁世凯赞叹不已,令士兵将一张张告示到处张贴。据说徐世昌私底下叮嘱袁世凯:"千万不要对人说告示是我写的,忒丢人,介是个二把刀"。袁世凯笑着说:"中,中,俺就说是俺老袁写的。"

徐世昌在北洋新军新建陆军营务处公干,先后编写了《新建陆军兵略存录》及《操法详晰图说》等十余册兵书。他还亲自动手写了《大帅练兵歌》,旋律套用的是德国威廉皇帝的练兵曲。这首歌曲后来成了《北洋军军歌》,北洋士兵们排成整齐的队列,迈着威武雄壮的步伐,齐声唱着:

大帅练兵人人都知晓,若不当兵国家不能保。
第一当兵宗旨要达到,莫叫官长费心又费劳。
第二棚内常讲卫生好,无有疾病哪能生疲劳。
第三枪械自己要保好,临阵之时发枪多灵巧。
第四军服洁净最重要,若不洁净外人多耻笑……

袁世凯被罢官后,蛰居在安阳洹上村。辛亥革命爆发,军情甚急,摄政王载沣如同热锅上的蚂蚁,却又拿不出办法。这时候任清廷内阁成员的徐世昌站了出来,大胆提议请袁世凯出山,由袁挂帅出征为清廷救驾。清廷也实在没有办法了,只好依此办理。谁知袁世凯稳坐泰山,压根儿不为所动。清廷派徐世昌亲自前往洹上村,探听袁世凯的消息。

徐世昌到了洹上村,与袁世凯一番密谈。袁世凯提出了六个条件:一是明年召开国会;二是组织责任内阁;三是宽容参与此次兵变诸人;四是解除党禁;五是须委任袁世凯指挥水陆各军的全权;六是军费须充足。

就在此时,清军在汉口前方与革命军交火,还没打几枪就败下阵来。临时总指挥荫昌指挥不灵,只得退守滠口,萨镇冰所率水师也吃了败仗,向下游撤退。

当时,摆在清廷面前的只有两个选择:要么答应袁世凯的出山条件;要么任局势日益恶化,大厦倾塌,走向覆灭。

清廷选择了前者。以后的国运走势已经写上了历史教科书：袁世凯南北两面逼宫，既拿清廷病虎余威来压革命党，又拿革命党呼啸声势来压清廷。最后的结果是清帝退位，袁世凯当了民国大总统，中国历史上首次经历了一场不流血的改朝换代。

历史剧接着往下演，下一幕是袁世凯搞洪宪帝制。

在这场后来被人们称作历史闹剧的场景中，徐世昌始终保持谨言慎行的态度，不置一词。即使袁世凯为探知他的立场，当面问他："外间劝进事，大哥知道吗？这事可行吗？"徐世昌依然佯装不知，连连摇头，道："这事确实没听说，知之为知之，不知为不知。"袁世凯不好再问，打了个哈哈，相互作揖而别。

在洪宪帝制一事上，徐世昌虽然采取不赞成、不阻止的态度，但还是及时提醒。杨度等人发起筹安会之初，他就对袁世凯说："事虽勿论是非，而不可不计利害，默揣时势，诚未敢期其必成，设竟废于半途，将以何术转圜？"洪宪帝制格局既定，徐世昌称病请假，后又决意引退。袁世凯劝导，又托人多次挽留，仍然无效。此后，徐世昌遂隐居不问政事。

1912年初，袁世凯当初民国首任大总统时留影

洪宪帝制失败，袁世凯在内外夹攻下积劳成疾，医生诊断为尿毒症。他躺在病床上，让人叫来了徐世昌。面对三十多年前义结金兰的刎颈之交，袁世凯勉强苦笑了一下，惨淡地说："我要走了，回彰德去了……"徐世昌眼眶微红，声音嘶哑，小声劝慰袁世凯。袁世凯支撑起身子，一字一顿地说道："当初不听忠告，致有今日。唯相见挥泪惜别。家事恐子辈处理不当，敢以相托，乞为主持丧务善后。"徐世昌慨然应诺，一死一生乃知交情。

袁世凯死后，徐世昌协助袁克定主持了袁家的分家事务。袁世凯的丧事由北洋政府筹办，通令文武机关下半旗，停止宴乐27天，民间娱乐停止7天,官员和士兵一律佩戴黑纱,设立"恭办丧礼处",黎元洪、徐世昌、段祺瑞三人总负责。

袁世凯的葬礼办得十分隆重,不仅是国葬规格,而且是一次中西合璧的葬仪。演奏丧乐的有中式乐队,也有西洋乐队。袁世凯的灵柩从北京中南海新华门出,沿西长安街经长安右门往东,至天安门前向南上御路,穿过中华门、正阳门城楼进入瓮城,再向南穿过正阳门箭楼,转向西到达前门西车站。这里是京汉铁路的起点,袁世凯的灵柩在这里送上火车前往河南彰德。

由于葬礼办理得过于隆重,经费不足,又由徐世昌牵头,联合袁世凯的旧属段祺瑞、王士珍等人联名发起公启,请求社会各界人士解囊相助,凑足了一笔款子,完满办理了袁世凯的丧事。

迷茫的青春期

光绪二年(1876年),袁世凯第一次参加科举考试失败后,郁郁寡欢。

嗣母牛氏从来视袁世凯如己出,见他情绪低落,心中也暗暗着急。正在这时候,有个媒婆上门来提亲。牛氏详细问明了女方的家庭情况,知道女方姓于,父亲叫于鳌,是陈州府大于集镇上鼎鼎有名的大财主,家里挂有"双千顷牌",其拥有的良田之多可想而知。

牛氏夫人听了连连点头,脸上的笑容再也掩饰不住。她把袁世凯叫过来,将这门婚事对他说了。原以为袁世凯心情会好起来,谁知事情却恰恰相反,袁世凯不仅不高兴,还板起了面孔,大声嚷嚷要把婚事退掉。

牛氏赶紧上来堵了他的嘴,一边哄劝,一边以家长的口吻命令道:"自古以来,婚姻都是父母之命媒妁之言。就算你有意见,这事也得依我。说清楚了,娶原配正室必须听我的,将来你有能耐了,要找三妻四妾,随你的便好了。"

一桩包办的婚姻就这么定了下来。这一年袁世凯17岁,于氏大他一岁,18岁。当年的金秋十月,袁世凯在陈州府完成了人生的婚姻大事。妻子于氏,没什么文化,粗浅认识几个字,相貌中等。但是青春期的少女,朴实无华,有一种不加修饰的别样美丽。蜜月过后,袁世凯和妻子于氏之间多少也有了些感情。第二年,于氏生下了长子袁克定。

尽管有了儿子,这对夫妻之间还是没有什么话讲。大致相同的价值观是每一个婚姻的基础,否则会缺乏共同语言。而共同语言是维系夫妻感情的阳光雨露,一旦缺失,婚姻便会黯然失色,甚至产生裂痕,走向崩塌。

袁世凯与于氏之间的感情冷漠,与这么两件事情有关。

第一件事是因为文化差异。有一天,袁世凯看见于氏系一条红色绣花的缎子裤带,随口开玩笑说:"看你的打扮就像个戏班子。"没想到这句话惹恼了于氏,发火顶撞说:"俺不是戏班子,俺是有佬佬家的!"现在的读者看这两句话,不一定能够理解,顶

袁世凯的正室于氏夫人

多也只会感到有种冷幽默。可是在当时的袁氏夫妻看来,却是比天还要大的事。"马"是明清时期对妓女的称呼,又称"马子""马班子",含义为"任男人骑玩的女子"。于氏回答她有佬佬家,言下之意是,她不是袁世凯寻花问柳找来的,是明媒正娶抬进袁家门的。于氏这句话使袁世凯火冒三丈,触动了他的心头之痛。原来,袁世凯生母刘氏夫人正是"没有佬佬家"的小妾出身,于氏无意中的一句话,无异于当场揭短,在他伤口上撒了一把盐。从此以后,他们的感情更加淡漠了。

夫妻之间的感情,是日积月累长期磨合的过程,并不是一两句话就能够轻易摧毁的。所以说,以上事例只是一种说法而已。

第二件事与于氏的娘家有关。袁世凯在陈州府的几年,办文社、资助文友、大宴宾客,对酒当歌,性情豪爽地潇洒了几年,眼看分得的家产挥霍殆尽。他决意重赴京城,试试能否谋到一个差使。进京需要一笔盘缠,手头不够,让妻子去娘家想想办法。谁知于氏的几个兄弟不仅不借钱,反将袁世凯臭骂一顿,骂他是让老婆倒贴的窝囊废,还说:"没本事就在家里待着!"这让袁世凯感到自尊心很受伤,十分丢脸。多年后袁世凯发迹了,有个小舅子进京找姑爷想谋份差事,袁世凯招待他吃喝几天,什么差事也没安排,临走前送了一句话:"没本事就在家里待着!"严格意义上说,这第

二件事怪不着于夫人，但是在经历了长时间的夫妻冷战之后，袁世凯还是迁怒到了于氏身上。

袁世凯与于氏的感情的确不好，他在致二姐袁让的家书中，屡有表述。袁世凯到朝鲜任职多年，不让于氏跟随身边，只带了小妾沈氏，后来经唐绍仪说媒，又娶了朝鲜的三个富家千金为妾。在二姐袁让写给袁世凯的信中，于氏捎话说她想来朝鲜，袁世凯赶忙回信阻止，说军务政务缠身，应接不暇，万不能沉醉于家眷琐事及儿女情长。

后来，于氏奉婆婆牛氏夫人之命，还是带着袁克定来到了朝鲜汉城（今韩国首尔），时间是1889年盛夏。袁世凯在致二姐袁让的信中写道：继光（袁克定的小名）母子这次来朝鲜，据说是母亲大人的安排，不知是否属实？因未见到二姐的信，不知他们到来，至稍迟接，罪其悚甚。又写道：继儿在此读书甚有长进，继母（于氏）在此，弟亦时常训斥，她亦不敢责打继儿。

这封家信的字里行间，流露出的是对于氏的不信任和轻蔑傲慢的态度。袁世凯不愿于氏在朝鲜久住，不久又以侍奉母亲为由，告诉二姐，打算秋凉后将袁克定留下来继续读书，"令其母先回，代弟侍奉慈母"。另一封信中，袁世凯更是明确无误地说："继母糊涂，来此数月，弟继添一桩闲事，殊无谓。"那次于氏在汉城住了九个月，她与夫君的关系始终处于一种不即不离的状态，夫妻间的感情主要靠儿子袁克定维系。

对外，于氏始终保持着第一夫人的名分。尽管她有些怯场，多数时候面部表情不大自然。有一则野史这样说：一次过新年，当上了民国总统的袁世凯接见各国公使，按礼节，第一夫人要陪同接见。某国公使夫人走到于氏面前，要和她行握手礼，于氏大为惊慌，"嗯"的一声，把双手藏到了背后。弄得那位公使夫人十分尴尬，双方都有点下不了台面。

于氏夫人毕竟是袁世凯明媒正娶的原配妻子，虽然夫妻感情冷漠，但是在袁氏家族内部，她必定以正室的身份永远被袁氏后人供奉着。袁家子女都得喊她为"娘"（在袁家，"娘"是于氏夫人的专用称谓），据袁家的五女儿袁静雪回忆：隔三岔五，袁世凯与于氏见面了，也是相敬如宾，袁世凯先问上一句："太太，你好！"于氏也一定回答一句："大人，你好！"接着说几句生活上的闲话，就结束了这一天的见面。

于氏夫人生前，在家庭中没有什么权力，经常闷闷不乐。她曾这样对人说："贵为总统夫人，表面风光，殊无所乐。家中柴米油盐诸事一概不能做主，不如一乡村贫妇。"于氏最风光的是在她死后。袁世凯去世后第三年，于氏夫人也在安阳洹上村去世了。她的葬礼规格很高，办丧事还专门从京城请了高人，出殡用的是"皇杠"，光抬轿子的就有六十四个人。这是后话。

话说，袁世凯与于氏夫人结婚后的第二年，便离家出外闯荡了。

这一年袁世凯18岁，正值青涩的青春岁月。

每个人的一生中都会有迷茫的时候。科举考试失败，家庭生活不如意，赴京城又无着落……孤魂鬼影似的一个人游荡在这偌大的都市里，既没有目标，又看不清前程。袁世凯在这样的旋涡里挣扎着，他经常给项城老家人写信。在他的几封家书中，隐约透露出了其一方面沉沦，一方面又不甘沉沦的心迹。

袁世凯在给妻子于氏的一封家书中，讲述了他在京城被骗入圈套后又迷途知返的经历。

他在信中写道：进京后，正巧逢上三叔袁保恒往热河公干，虽有婶母殷勤招待，仍不免心情郁闷，又遇到天公不作美，连日阴雨，独坐书斋，一颗发愁的心几乎要被屋檐下的雨水滴碎了。四日后天气放晴，遂往琉璃厂散步，途中遇见一人，亲热地同他打招呼，袁世凯感到奇怪，他与那人素昧平生，"不觉视其面而作呆想"。那人解释说，他姓倪，昔日曾做过袁保庆的幕客，见过少年时的袁世凯。袁世凯摸摸后脑勺，恍然大悟。倪某邀请他上酒楼，要为刚到京城的他接风洗尘。

两只酒杯一碰，袁世凯满腹心事活络了。此次进京的目的是报捐功名，急欲寻一政界人士询问京中纳粟之例，于是开口就问倪官人如今在哪里高就。倪公谦虚地回答说，他在吏部跑腿。袁世凯想，吏部乃执掌权衡者，必然详悉卖官鬻爵的情况，当即向他详细咨询。倪某口若悬河，滔滔不绝，袁世凯一听，全属官场经验之谈，于是乘着酒兴，将报捐功名的想法和盘托出，并与之相商，该捐何职为目前最佳捷径。

倪某沉吟片刻说：根据足下情况，报捐实缺小京官最实惠。足下既有叔父（袁保恒）在京供职，不妨暂时投靠，遇到好机会再谋外放，事半功倍。说着将声音一顿，低压嗓门继续说，足下如想纳捐，倪某愿助一臂之力，安徽最近就有个机会，因为赈灾，要优惠供应一批官帽子，银两只需要原来的六成，正好家母舅在安徽做官，可以托他帮这个忙，唯一的遗憾是得破费，要手续费三百，因为赈灾捐例已于上月停止，如今欲填以前的时间，得给具体经办人打点。

袁世凯一听冲口说道："那有什么问题！"

两人当场约定，第二天下午先将手续费送去，再谈交易。次日，袁世凯雇车前往羊肉胡同，迎面果然看见倪公馆的招牌，投刺（递名片）而入，倪某欣然领他入室就座，告知已经获得母舅许可，援皖赈例报捐工部营缮司主政，共需银一千五百两。袁世凯递上带来的三百两银子，倪某略作犹豫，吞吞吐吐说道："我也是托人帮忙，对方要求一次收足捐银。"袁世凯恳求再三，倪某改口答应先预收一半，余款等拿到捐照后再一并缴纳。袁世凯回到寓所，再取银三百，交到了倪某手中，约定后天来取捐照，同时缴纳剩余的银子。

三天后，袁世凯依约前往羊肉胡同，哪知泥牛入海，杳无音讯，倪公馆的招牌已经摘除，房中家具物品荡然一空。急忙找到房东一问，却被告知，姓倪的房客昨天早晨挈带行李搬走了。再问房东，那位房客是否在吏部供职？房东一脸茫然，想了一会儿才告诉他："不会吧，我听说那人是个古董贩子。"

过了几天，袁保恒从热河公干回到京城，袁世凯吃了哑巴亏，也不敢对三叔说。袁保恒问他可曾遇见徐世昌，袁世凯答不知地址，无从投谒。袁保恒说，往翰林院探访，应该有人知道。袁世凯雇了辆马车直奔翰林院，果然找到了徐世昌。袁世凯说了他被骗的经过，徐世昌笑着责怪他说：京城既有令叔，又有老友，捐纳何至于如此急迫？损失六百金，尚属不幸中之万幸，倘若以一千五百金换张假官照，更是麻烦事情。

当时徐世昌在京城翰林院已几年，官场关系网亦已初步建立，他说有个同年挚友叫张佩纶，很为当朝大臣李鸿章赏识，收做了东床快婿，不妨走张的门路,进入直隶总督的幕府中谋碗饭吃。袁世凯一听求之不得,心中暗想,刚受一次骗,马上就撞上大运,也可谓"塞翁失马,焉知非福"。

这个经历无从考证,亦不知真实性如何。

坊间伪书颇多,民国年间上海共和书局和中央书局出版的《袁世凯家书》即为伪书之一(两家书局的创办人都是鸳鸯蝴蝶派文人平襟亚)。学者刘路生指出:"通观全书,作伪者既不明袁氏家族的宗亲关系,又疏于对近代中国历史、典章制度以及事实的掌握与了解,所以每一信函都漏洞百出,作伪痕迹十分明显。而且文笔粗糙,与同一时期袁世凯亲笔书翰的文字、语言、风格不一致。"依据这一论断来看,这封写于京城的致妻子于氏的家书并不靠谱。

因为洪宪称帝,许多年以来,袁世凯一直作为反面人物而被丑化谩骂,历史人物成了政治的牺牲品,粗暴地被贴上了丑陋的标签。围绕袁世凯的各种秘闻野史层出不穷,绝大多数都经不起推敲。直至如今,这种现象还在延续。那些离奇古怪的秘闻野史,偶尔读起来妙趣横生,但是决不能作为评价历史的依据,只是茶余饭后的谈资,用来轻松消遣罢了。

还有一则有关袁世凯的野史流传甚广,以至于很多人误当作是真实的生活情景剧,口口相传,几成泛滥之势。

传说中的版本是这样的:

袁世凯北京碰壁之后,辗转到了上海,思量再三,决定先到上海叩访以同知官居上海水利厅的王雁臣老师,碰碰运气,看能否谋份差事。哪知到上海后,还没找到王雁臣,却掉入了温柔乡,在烟花柳巷中遇到了一个红颜知己。

这个妓女姓沈,身世具有传奇色彩。她原是扬州妓女学堂培养的一匹"瘦马"(妓女的别称),为上海某盐商看中娶为如夫人。谁知进门不到半年,盐商不幸患病身亡,沈姑娘只好再下海,回到堂子里重张艳帜。她从小受过很好的艺妓训练,琴棋书画样样都行,伺候男人也有一套办法,袁世凯见了,惊为天人,神魂颠倒,乐不思蜀。

一个是落魄公子,一个是痴情佳人,缠绵悱恻的爱情故事千古传唱,到袁世凯这儿也没增添多少新意。据说袁世凯赠沈氏一联:"商妇飘零,一曲琵琶知己少;英雄落魂,百年岁月感怀多。"也许是袁世凯身上的霸气和英雄魅力起了作用,沈姑娘被这个身材矮胖的男人彻底俘虏,女子一恋爱就犯傻,她心甘情愿做牺牲,要倾其所有资助袁世凯寻求前程。

为了和沈姑娘多厮守几天,袁世凯花光了身上所有的旅费,又卖掉了随身所带的两个古玩鼻烟壶。鼻烟壶为其叔祖袁甲三的遗物,壶长三寸,口径半寸,玛瑙质,色泽鲜艳,隐隐透现龙凤花纹,是件价值不菲的宝物,袁世凯托一个朋友以五百两的价格典押给上海陆巡道。事有凑巧,这位陆巡道是王雁臣的亲戚,一天在一起时,陆巡道拿出鼻烟壶给王雁臣看,王雁臣一惊,马上认出这是袁家宝物,追问来历,陆巡道将经过说了。

王雁臣这才知道袁世凯已到上海月余,急急派人将他找来,严词责问。掉进了温柔乡的袁世凯处境艰难,一听老师的训词句句在理,不禁潸然泪下。王雁臣见这个弟子有悔改之意,便拿出银子帮他赎回了那对鼻烟壶,叮嘱袁世凯努力用功,不要自怨自艾。袁世凯幡然醒悟:大丈夫志在四方,岂能久困于纸醉金迷的生活之中,任由岁月蹉跎?

后来袁世凯投奔淮军统领吴长庆,开始建功立业之路,等到在朝鲜站稳了脚跟,马上将这个沈姑娘接来做了当家的如夫人。

传说中的这个故事真真假假,虚虚实实,但也隐约透露出了一些历史的真相。沈姑娘确有其人,是袁世凯娶的第一个妾——大姨太太。这位沈姑娘,传说她叫沈玉英,但并无依据。

据袁世凯次子袁克文在《洹上私乘》一书中说,沈氏是江苏崇明县人,先世务农,幼时失怙,跟着姐姐在一起生活。有一次在上海游玩,被土匪掳至天津,准备卖给妓院。沈氏得知后,抵死不从,她喝了一杯毒药,命悬一线。土匪大为惊慌,找来医生抢救,又编谎话诱劝,沈氏痛哭,无计可施之下只好任人把她卖进了妓院。袁世凯投奔吴长庆后,在赴朝鲜途中,在天津一妓家听说了沈氏的身世,又见其楚楚动人,于是用重金赎出。沈氏跟着袁世凯赴朝鲜,从此相随终身。

袁世凯投吴长庆军中的时间是1881年,东渡朝鲜的时间是1882年。按袁克文书中记载,袁是在这前后结识沈氏的。其时袁世凯二十二三岁,正当青春孟浪年华,据各种史料记载,从军前袁世凯也确实有过一段荒唐岁月,在妓院里认识沈姑娘想必也是事实。

不过,袁世凯发迹后一直对这位沈姑娘恩宠有加。在朝鲜期间,袁家的家事一概都由沈氏处理(直到后来袁世凯娶了五姨太太——天津杨氏,杨氏遇事有决断,管理家务的能力特别强,家事的管理权才移给了杨氏),沈氏一生无子女,袁世凯对她却从无轻视。不仅如此,还让袁克文认沈氏作了嗣母,袁克文称她为"亲妈"。

拿正史和野史两相对照,可以得出一些有趣的思考。有时候,用野史来佐证正史,也并未见得是错。把正史和野史糅合在一起,往往能使人看到一段活生生的立体的历史。有关袁世凯迷茫的青春期的史料并不多,在把握整体事实框架基本准确客观的前提下,参照一些野史杂录之类的民间记录,对还原一个真实的历史人物也许不无裨益。

小钦差也能做大文章

光绪八年(1882年),朝鲜发生了一场兵变,史称"壬午事变"。朝鲜当时是清朝的藩属国,清廷得知消息后,派吴长庆率兵前往弹压。这时候袁世凯已投奔吴长庆军中,任职"前敌营务处",负责军需供应、勘定行军路线等。

一个历史机遇,摆在了袁世凯的面前。

事情始末,得从朝鲜王哲宗去世说起。哲宗无子,立12岁的李熙为王,其生父大院君李昰应监国摄政。李昰应是个守旧派人物,对一切变革都看不顺眼,对日本维新尤为不满,仅仅因为日本大使在拜见他时穿了一套西服,就下令断绝朝日两国通商,韩人与日人交往者处死。日人以为受辱,遂有"征韩论"。

李昰应有个内侄女叫闵慈英,美丽异常且知书达礼,在高墙深锁的王宫后院里,这一朵娇艳的花分外引人注目,于是被李昰应收为儿媳妇,成为王妃。

谁知闵氏成为王妃后,并不按照预定的治国方略行事,摄政王的指挥棒不灵了,这让李昰应大为光火。事情还在进一步发展,这个王妃闵氏,上帝赐予她漂亮外表的同时,也赐予了她智慧和才干,她利用太后赵氏厌恶大院君专擅的心理，怂恿闵奎镐、赵宁夏及李昰应的长子载冕等人，逼迫李昰应让位，让国王李熙亲政——李熙性格软弱，闵氏是铁腕女人，实际上是闵氏要自己当政。

掌握政权后的闵氏开始了一系列改革，由仇日变为亲日，聘请日本军官训练"别枝军"，以代替李昰应的"亲军营"。在改革军队的过程中，大批士兵被裁掉，留下来的士兵又经常领不到军饷，矛盾日积月累，终于酿成了一场兵变。驻扎在朝鲜京城的五千士兵因军饷拖欠太久，多次向政府恳求发饷，政府迫于压力发了一个月的军饷，可发下的粮食里面居然掺杂了沙石，愤怒的士兵一哄而起，杀死了日本军官。大院君李昰应乘机煽动士兵包围了王宫，欲杀闵氏。闵氏见势不妙，换了套衣服仓皇出逃，带着幼小的儿子跑到族人闵应植家中避难。

遭遇兵变后的王妃闵氏向清政府求援。其时，李鸿章回籍丁忧，署理北洋的是张树声，请示清朝廷后，派庆军入朝鲜援助国王李熙和王妃闵氏。随后上演了一场惊险生动的"鸿门宴"，袁世凯在这场戏中担当了重要角色。庆军抵达汉城南郊，驻师屯子山，吴长庆轻车简从，只带了几个贴身侍卫造访李昰应。宾主相见，略作寒暄，李昰应愉快地答应第二天到庆营回访。

次日，李昰应如约前来，他的扈从侍卫却被挡在了军帐外头。二人坐下没谈几句，李昰应感到情况有异，欲起身，吴长庆使了个眼色，久候一旁的袁世凯立即上前，半扶半挟，没等李昰应反应过来，将他塞进了事先预备好的二人小轿，星夜上路，在马山浦登上兵船，经天津塘沽港，转道送往保定软禁。之后，清军又找到了因兵变流落民间的王妃闵氏，由袁世凯护送回了王宫。

在处理朝鲜问题上，可以明显看出清廷当权者思维逻辑的混乱。王妃闵氏有排华亲日倾向，却被清廷当作了帮扶对象；大院君李昰应亲华仇日，却遭到清廷的软禁。政治和外交上的糊涂举动，使朝鲜后来的局势变得更加错综复杂。不过在朝鲜的这次兵变中，袁世凯是最直接的受惠者，事后论功行赏，吴长庆称袁"治军严肃，调度有方，争先攻剿，尤为奋勇"，经回到直隶总督兼北洋大臣任的李鸿章奏请，袁世凯以同知补用，赏戴花翎。

这一时期袁世凯声名鹊起,另一个因素是他的严格治军。

清末的军队,腐朽是有名的,无论是八旗还是绿营都不堪一击。庆营的兵丁基本是临时征募而来,军纪松弛,作风败坏。医治这样一个重症病人,非得下重药方能有效。

由于袁世凯被定性为历史罪人,关于他的正面史料十分鲜见,即便偶尔有零星细节,也被淹没在唾骂之中。《容庵弟子记》是袁世凯的弟子早年写的一本书,其中记录了袁世凯在朝鲜的一些事迹,披露了不少有价值的资料。

刚踏上朝鲜这块土地时,袁世凯听到一条举报:有人奸淫了朝鲜妇女。他严令追查,很快抓获了那个人,毫不留情地斩首示众。最让人吃惊的是,有一次吴长庆巡视军营,见城墙前有无数人围观,趋前一看,城墙上挂着七颗血淋淋的人头。吴长庆感到纳闷,回到营中,忽听袁世凯来禀报,城墙上七颗人头是他所为,为严肃军纪,他先斩后奏了。

袁世凯手下有个武弁,平时打仗卖力,很被赏识。一次行军中,从他身上掉下了块红绸巾,众人觉得奇怪,袁世凯追问他也不答。结果第二天有个朝鲜富绅来告状,家中美妾遭人奸污,经指认正是那个打仗勇猛的武弁。许多人来为武弁求情,袁世凯心情也很矛盾,踌躇再三,还是得斩首示众。行刑之前,吴长庆也来替那人说情,"乞贷一死,坐久不去"。袁世凯久久没有说话,忽然起身,手捂着肚子要去上厕所,顺手从桌上拿出一本书让吴长庆边读边等。不一会儿,袁世凯回来了,朝吴长庆拱手请罪:"武弁已杀,大人宽恕。"吴长庆面部表情骤变,但最终大笑:"执法应该如此。"

袁世凯的声名日益显赫,潜伏的危机也就越逼越近。

光绪十年(1884年)四月,李鸿章奏调吴长庆率兵三营回国,驻防奉天金州,加强东北防务,其余三营仍留汉城。按照吴长庆的安排,留在汉城的三个营,统领为提督吴兆有,袁世凯是吴兆有的副手。但是袁世凯颐指气使,专横跋扈,大有凌驾于最高统领之上的态势,连朝鲜国王李熙和王妃闵氏都分不清他们究竟谁指挥谁,哪个人的官大。

两人之间的矛盾最终像火山一样爆发了。

袁世凯素来与朝鲜官员过从甚密，为了抚慰战争中的殉国者，他曾经从军饷中拨出部分经费作为烈士家属的抚恤金。吴兆有借此大做文章，一封状纸将事情捅到了李鸿章那儿。李鸿章居然听信谗言，叫袁世凯掏腰包赔偿。

一直将袁世凯视作一大心病的日本人也趁机向清廷告了一状，指责袁世凯挑衅，威胁说中日冲突随时都有爆发的可能。弱国无外交，清朝末年，凡外交上出现纠纷，清政府必定首先示弱。经军机处大臣紧急磋商，奏报朝廷，决定派吴大澂、续昌二人前往朝鲜调查。

出兵朝鲜对袁世凯来说本来是个机会，现在机会忽然变成了一连串烦恼，更有人落井下石，看到袁世凯失势，纷纷告刁状，控告他贪污军饷、蓄养官妓、贩卖烟土。面对一系列打击袁世凯伤心极了。在给妻子的一封家书上，他愤懑地写了四个字"官运恶极"，"当时拟拔剑自刎，幸被幕僚所劝阻"。在极度失意的时候，连自杀的心都有了。

戏剧性的一幕是，命运之神为袁世凯派来了一颗福星。

这颗福星是大臣吴大澂。

在清廷派出的调查人员中，吴大澂担任组长角色。调查刚一开始，他还能与袁世凯保持一定距离。随着调查的深入，掌握的材料越来越多，吴大澂慢慢感到，面前这个矮胖的男人真的是受委屈了。出生于江南的吴大澂是个清流健将，在他担任陕西学政的时候，就曾大胆上疏请求停止议修圆明园，对同治皇帝奢华的大婚，他也敢于疏请裁减庆典费用。这样的举动，无论放到哪个时代都需要勇气。更难能可贵的是这员儒将对社会抱着一种务实态度，对勇于任事的袁世凯尤其欣赏，了解到事情真相后，吴大澂不仅没有责备袁世凯，反而认为他劳苦功高，尽力安抚，这让袁世凯大受感动。

吴大澂曾有一联赠袁世凯。上联是：凡秀才，当以天下重任；下联是：求忠臣，必于孝子之门。

朝鲜的这场结缘，还使袁世凯和吴大澂结成了儿女亲家：吴家将女儿吴本娴许配给了袁家长子袁克定。

回到天津后,钦差大臣吴大澂找到李鸿章,将袁世凯着实赞美了几句,称袁为"天下奇才"。回到京城向慈禧太后复命,又说了袁世凯的一通好话。在吴大澂的大力斡旋和帮助下,袁世凯的处境渐渐好转,像一艘穿过惊涛骇浪归来的船只,终于重新赢得了人们赞赏的目光。

在李鸿章眼里,袁世凯只是他棋盘上一枚微不足道的棋子,甚至不记得那人长得什么样,印象中似乎见过面,但这种五品官他一生中不知见过了多少。吴大澂从朝鲜归来后的重点推荐,让李鸿章对袁世凯发生了兴趣。此外,另一个人在特殊场合下的一次提醒,则使李鸿章对袁世凯开始刮目相看。

这个人叫伊藤博文,日本内阁总理,著名的改革派首领。光绪十一年(1885年)二月,伊藤来华访问,重点谈到了双方都很敏感的朝鲜问题。席间伊藤谈到要惩办袁世凯,言语中隐含试探。李鸿章的表情却很木然,他对袁世凯的情况并不熟悉,随口应付了几句。这让伊藤博文大为惊讶,不禁说道:"放着这样的人才居然不重用,看来贵国人才真多啊。"李鸿章尴尬地笑了笑,当场不便说什么,心里却记住了这个名字。惩办当然不会,口头应诺却是外交场合必要的灵活手段,李鸿章答应伊藤,以私人名义对袁世凯警告。

送走吴大澂和伊藤博文后,李鸿章一道命令发到朝鲜,要召见袁世凯。两人见面,袁世凯对朝鲜局势侃侃而谈。从中日双方在朝鲜的势力优劣这个角度看,以前朝鲜是清廷藩属,百依百顺,现在情况有所变化,国王李熙性格懦弱,被亲日派王妃闵氏控制,造成了中日在朝鲜势力均衡,北方的俄国又要从中插一杠子,争夺势力范围。打个形象的比方,朝鲜就像是一头人人眼馋的羚羊,中、日、俄三方为争夺这头羚羊急红了眼,而羚羊却狡猾地在其中周旋,拼命要逃脱任人宰割的地位。谈完了局势,又说人物的关系:国王李熙徒有虚名,不必多说;王妃闵氏颇有心计,不得不防,在中、日、俄三国的利益中她谁也不想得罪,经常还玩弄一下以一方制约另一方的小把戏,像杂技中走钢丝的演员。根据实际情况,非得由朝廷派遣一位大臣驻镇汉城,亲临监督,防止出现变故。袁世凯还帮李鸿章出了个主意:放回软禁在保定的大院君李昰应,此人固然保守,但他忠实于清朝，又能制约李熙和闵氏，放这只虎归山，对中国朝鲜两国都有好处。

后来，李鸿章果然是依照袁世凯的办法实施的。

这次召见结束后李鸿章仍令袁世凯回朝鲜供职。袁世凯恳求说："不是我不听从中堂大人的安排，实在是家中老母亲病重多日，一再来信催促我回家探视……"袁世凯说着眼泪哗哗流淌下来。李鸿章刚经历了丧母变故，袁世凯的泪水触动了他，一时也看得眼眶湿了，于是答应了他的请求。

过了不久，李鸿章派人把李昰应接到天津，要对朝鲜以前的摄政王进行考察。亲自交谈一番后，他感觉到正像袁世凯所说的，李昰应其人虽说保守，但是很忠实于清朝，于是决定放虎归山。

在李鸿章心目中，护送李昰应回朝鲜的最好人选是袁世凯。他多次问来天津办事的袁保龄："你侄子还会不会出来做事？什么时候能出来？"袁保龄回答说："小侄多年来有个心愿，要以科举正途为念，为叔父的也不便多加阻拦。"李鸿章遗憾地晃动脑袋，说出了他心中真实的想法，认为只有以袁世凯的应变之才，才能担当起护送李昰应回朝鲜的大任。说罢看着袁保龄，眼神中流露出几分期待。袁保龄看到此情此景，内心有些感动，答应催促袁世凯出山。

几乎是在同一天，袁世凯收到了四叔的家书和朝廷催促他出山的电报，展读过后心潮澎湃。他吩咐车夫备车，不顾滂沱大雨，星夜启程，从陈州直奔天津。看到袁世凯从天而降，李鸿章喜不自禁，一改往日的严肃面孔，话语中洋溢出几分诙谐："台已搭好，客也请到，只等你来登场了。"

按照原来议定的方案，为了震慑李熙、闵氏，还需委派一名高级武将随同前往。李鸿章告诉袁世凯，方案有所改变，只有袁率水师小队数十人执行任务。袁世凯欲问其故，李鸿章笑着反问道："听说袁大将军到，欢声雷动，谁敢抗拒？"

事实上这是个两边都不讨好的行动。对于朝鲜国王李熙和王妃闵氏来说，清廷将李昰应护送回韩，等于在他们身边安了颗定时炸弹，随时都有爆炸之忧，只不过迫于清廷的威力不敢公开反对罢了；对于李昰应来说，在他登临权力顶峰之际忽然被活捉到保定软禁几年，对清廷的怨恨不言而喻,尤其是对执行那次任务的袁世凯,一提到名字就咬牙切齿。

尽管情况相当棘手,袁世凯仍费尽口舌,两边做工作,圆满完成了这次任务。

袁世凯回天津复命,李鸿章听了汇报,对他更为器重,立马向朝廷上了一道奏折:"袁世凯胆略兼优,能知大体,前随吴长庆带兵东渡,久驻汉城,壬午、甲申两次定乱,情形最为熟悉,朝鲜新旧党人,咸相敬重。若令其前往接替驻朝商务委员陈树棠,当能措置裕如……拟请以知府分发,俟补缺后以道员升用,并赏加三品衔。"

不久,朝廷批文:袁世凯赏加三品衔,接替陈树棠担当驻朝商务委员。

光绪十一年(1885年)年底,袁世凯携新妾沈氏及一帮亲信随员赴汉城上任,这一年他才26岁,正是英气逼人的年龄。

袁世凯所担任的商务委员一职,简称为总理交涉通商大臣,这个官职是北洋大臣的属吏,地位或许稍逊色于各国驻朝鲜公使,权力却在其上。此后九年袁世凯在朝鲜大权独揽,做了藩邦实际上的"监国",颐指气使,纵横捭阖,小钦差逞大威风,不但使朝鲜朝野大为慑服,环伺朝鲜的日、俄、英、美、法五大帝国,也为之瞠目结舌。

袁世凯在朝鲜八面威风,靠的是两项政治资本:其一,朝鲜成为中国的藩邦已有数百年历史,天下共知,这是使得袁世凯腰杆子粗壮最根本的一条;其二,受国王李熙之请,袁世凯帮朝鲜训练了五千亲兵,德式操法,欧美装备,这种现代武装使朝鲜军容大振,国王李熙在阅兵后大为赞赏,要封袁世凯为全国陆军大统领,只不过因为李鸿章怕袁太招摇会引起国际社会的反感,此事才算作罢。

为了答谢袁世凯,国王李熙还奖赏给袁世凯三个宫廷美女,被袁世凯收做了姨太太。袁世凯的次子袁克文,就是其中一位金姓的姨太太所生。

对于袁世凯一手遮天的这种格局,日、俄、英、美、法五大帝国自然不满意,纷纷在朝鲜国内培植各自的势力,各种政治派别明争暗斗,或保守或激进,形成了错综复杂的局面。五大帝国相互之间虽说也有矛盾,但此时他们有一个共同目标:要把清朝的小钦差袁世凯赶出朝鲜。

在这个人生的关键时刻,四叔袁保龄再一次写信为袁世凯指点迷津。

袁保龄在信中说，至人生当大任，须将生死祸福置之度外，认定道理去做就是了，犹如寡妇守节，守一年众望相孚，守三年大功告成。他在信中还说，如今的天下事很难办，内有政府，外有北洋，大家都在敷衍了事，以稳定为大局，没有几个人真正在为国家着想。你（袁世凯）办事锋芒太露，免不了会得罪一些人，今后切记要谨慎从事，"专靠才智做事而不济之以学问，自古及今未有不败者，戒之慎之"。

袁世凯在朝鲜专横跋扈，最终还是引起了国王李熙、王妃闵氏的极度反感，乘这个小钦差三年期满之机，请求清廷撤换袁世凯。尽管清廷驳回了李熙、闵氏的请求，但是袁世凯的日子仍然是一天比一天不好过了。久而久之，他见不能驾驭朝鲜局势，身心疲惫不堪，再拖延下去甚至会有性命之忧，遂起了逃离苦海的念头。

经过多次恳求，李鸿章最终还是被他说动了。光绪二十年（1894年）七月，袁世凯脱掉清朝官服，换了套平民百姓的服装，坐一乘绿呢小轿仓促逃离朝鲜。登上平远号舰艇时，他回头看了一眼岸上稀疏的几个送行者，心里百感交集。十二年的朝鲜岁月，袁世凯堪称功不可没，风光无限，然而离开这个国家时却如此凄凉。

半个月后，清政府正式对日宣战，中日甲午战争爆发。

第三章 清末新政第一人

◎

小站练兵缔造中国新军

这个名叫"小站"的地方,如今闻名遐迩,但是当年却是一派荒芜的景致。小站地处天津市郊东南,有两条小溪河——马厂碱河和月牙河缓缓流过,潺潺有声。金戈铁马的岁月已成为历史,战马的嘶鸣声及士兵们的操练口令也早已消失在尘沙荒草中,化作了意犹未尽的声声叹息。

19世纪末,袁世凯接替胡燏棻,在小站督练新建陆军。

天津小站练兵,改变了中国封建的旧军制,建立起了一支由近代军制编制的新建陆军,开启了中国军队现代化的先河。小站也因此成为当时中国最先进的军事基地和北洋军阀的诞生地,并由此产生了北洋政府,出现了一批近现代史上的风云人物,其中包括四任民国总统(袁世凯、冯国璋、徐世昌、曹锟)、一任临时执政(段祺瑞)及九任17届政府总理。

建立一支现代化的军队,一直是中国人的梦想。

光绪元年(1875年),在慈禧太后的授意下,李鸿章派淮军将领周盛传率军七千余人,由安徽奔赴天津,镇守大沽要塞。光绪六年(1880年),

这支军队调往小站练兵,称"自强军",设有七个营盘——盛字营、传字营、正营、老左营、后营、前营、副营。周盛传在小站练兵达十八九年之久。光绪二十年(1894年),中日甲午战争爆发,清廷调自强军赴前线与日本军队作战,全军覆没。

甲午战争是中国人的一场噩梦。从噩梦中醒来,那段耻辱的记忆久久缠绕着每一位国人,变法革新的呼声一浪高过一浪。

当时的现状是:旧式绿营和八旗兵已处于崩溃边缘,改练新军已成为大势所趋。晚清栋梁张之洞率先倡练江南自强军,简称南洋军。其后袁世凯接手北洋新军的操练,在晚清和民初的政治舞台上,"北洋军阀"遂成为国人老少皆知的一个名词。

在袁世凯接手小站练兵之前,清廷派长芦盐运使胡燏棻在此训练定武军,胡聘请德国人汉纳根担任教官。袁世凯上任后的第一个动作,是将四千人的北洋新军扩充为七千人。随后组织了"新建陆军督练处",请老朋友徐世昌担任总参谋,唐绍仪担任总文案,又请北洋武备学堂总办荫昌推荐军事人才。荫昌推荐了武备学堂毕业生王士珍、段祺瑞、冯国璋、梁华殿四人。梁华殿到小站后不久,在一次夜操中失足跌落河中溺死,其余三人都被委以重任:王士珍为工种学堂总办兼工兵统带,段祺瑞为炮兵学堂总办兼炮兵统带,冯国璋为步兵学堂总办兼督练劳务处总办。随后王、段、冯三人得到"龙""虎""狗"的绰号,被人称作"北洋三杰"。除了"北洋三杰"外,袁世凯还从两方面物色军事干部,一方面继续在北洋武备学堂搜罗人才,另一方面提拔一些忠诚于他的老兵老将。

袁世凯是一个性格复杂的人物。从这一时期的表现来看,袁的政治立场并不鲜明,他经常挂在嘴边上的一句话是:"欲使中国变弱为强,自以为练兵为第一件事。"在袁看来,中国积弱已久是因为缺少一支能打硬仗的军队,于是练兵应是国家的当务之急。无论新派旧派,只要练兵强国他就支持。正是因为这么一种态度,他很快成了各方政治力量都能接受的人物。

自从叔祖父袁甲三以军功发迹之后,项城袁氏家族已由昔日传统的耕读之家逐渐转变成军人世家。叔祖父、叔父和养父都曾是有名的淮军将领,受家风熏陶和影响,袁世凯从小爱读兵书,喜好钻研兵法,房间里摆满了各种版本的兵书战策等图册史籍。随吴长庆军入朝鲜后,又经受了战场的洗礼,有了实战的经验,加上他刚毅果断、说一不二的性格,以及勇猛中透出的一种冷静和自信的大将风度,这些都能说明袁世凯是练新军的最合适人选。

女儿袁静雪在回忆那段往事时说,按照晚清官场上的惯例,如果要做成一件事,关键的一步是要有内线。父亲袁世凯通过关系结识了李莲英的弟弟,与李莲英套上了交情,当庆亲王奕劻保举他训练新军时,李莲英在一旁说了几句好话,慈禧太后很爽快地就批准了。

这个故事的真实性不知如何,但是有一点可以确认:以这个时期袁世凯在晚清官场中编织关系网的手腕来看,是完全有可能的。袁世凯有跻身官场的养父及叔父们指点迷津,又经历了官场上的多次起落,人生历练成了他的宝贵财富。他明白了一个道理:每个人都是背着各式各样的十字架在艰难前行,何必责怪,何必抱怨,唯有务实做事,才是王道——务实做事后来也成了袁世凯终身处世待物的准则。综观他的一生,并没有提出什么理论,却做了不少实事。甚至于他最后搞洪宪帝制的原因之一是出于重树权威的需要。袁世凯是经历过封建帝制的人,他见过皇帝至高无上的威权。民国初年,在时局混乱、党争激烈、民众如一盘散沙的情况下,他错误地认为如果想踏实地做成一个事情,是需要绝对权威做保证的。

小站练兵的目标是操练出一支具备近代军队编制和先进武器装备、隶属于国家的现代化军队,然而实际结果并非如此。实际情况是,袁世凯在天津小站练出的这支北洋军,成了一支半官方半私人性质的、带有浓厚个人崇拜色彩的武装军队。这与几千年封建王朝的生存土壤有关,也与历史人物的个人局限性有关。

据北洋史料记载,袁世凯基本上能认出在小站练兵时期的各级军官和幕僚甚至于棚头弁目,叫出他们的名字,并且大致了解每个人的心性脾气及他们的优缺点。小站练兵之初,徐世昌帮他编了《劝兵歌》,通过通俗易懂的歌谣体文字让士兵们树立起为袁大人当兵、效忠袁大人的思想。

陆军各营供奉着袁世凯的长生禄位牌，宣传袁世凯是军队的衣食父母，每天上下操集合时，官长都要大声问士兵："咱们吃谁的饭？"士兵们齐声回答："吃袁宫保的饭！"官长问："咱们穿谁的衣？"士兵们答："穿袁宫保的衣！"官长再问："咱们替谁出力流汗？"士兵们答："替袁宫保出力流汗！"声浪震天，汹涌威猛。

晚清政坛有著名的"三屠"之说：张之洞花钱如流水，称作屠钱；岑春煊性好弹劾官员，称作屠官；袁世凯治军严厉，擅用杀戮，称作屠人。袁世凯曾经对张之洞谈论到他的练兵秘诀，他说：练兵之事貌似复杂，实则简单得很。首先要保证一条，绝对服从军令。一手拿官和钱，一手拿刀和鞭，服从就有官有钱，不服从就吃刀挨鞭。袁世凯是这么说的，也是这么做的。对于违规违纪的官兵，分别给予罚款、降薪、记过、降职、打军棍等处分，严重者砍杀示众。有一次袁世凯外出巡查，遇到一个小军官躲在田地里偷食鸦片，为正军纪，他当场令人将这名小军官的首级砍下，挂在军营前示众数日，此后再也没有人敢偷食鸦片了。

北洋军的武器装备清一色从国外采购而来。有奥地利造的曼利夏步枪、马枪和战刀，有德国克虏伯军工厂的75毫米过山炮、七生特半陆路炮等。军官一律佩带六响左轮手枪和精美佩刀。领、哨各官及兵丁鞋袜"一律黑色，不准参差"，官弁服装袖口处绣有红色官阶标志。

在练兵方法上，一改旧式操法为"洋法"操练，袁世凯通过中国驻德公使，延聘了十余名德国军官充当北洋军的教官，还专门成立了教习处（后改名洋务局），教习处总头目巴森斯负责全军的训练和作战演习。操场稽查也是两个德国人，名为施壁士、伯罗恩，负责操场训练。此外，礼节兼军械稽查魏贝尔、炮兵教习乞凯芬、骑兵稽查兼教习曼德、德文教习莫兴理、号兵乐队总教习高斯达等，都是袁世凯的幕中人物。

光绪二十四年（1898年）九月，英国海军司令贝思福来中国考察政治军事，曾赴小站参观过袁世凯所练的北洋新军，据他在《论中国水陆兵备》一章中叙述的情形说："当各队操演之时，各兵类皆年力精壮，身材适中，操法灵熟，步式整齐。先在本营操场操演阵式，后至旷野操演两军攻击之阵式，各将弁与兵丁皆娴习口号，熟谙行阵，可想见该军纪律之严明矣。惟炮队则尚待整顿。若照现在情形,只能于操演之时聊备一格,未足以为临阵之用也。"纵使贝思福的观察报告对袁世凯颇多赞扬,但据此不难想见当年小站练兵的实际效果。

小站练兵期间还有桩事情值得一提:袁世凯先后主编了两部兵书,一部是《新建陆军兵略录存》,另一部是《训练操法详晰图说》,两部书共四十余万字,是新建陆军三四年的练兵经验总结。

一谈到袁世凯编兵书,人们动辄嗤之以鼻,认为袁世凯不学无术,主编兵书纯属欺世盗名,甚至有人说袁花费银子请人代笔而成,这些说法有违事实,也不公允。

《新建陆军兵略录存》一书纂集于戊戌变法期间,是光绪皇帝倡导的百日维新计划中的一部分。书的内容主要是小站练兵条令、规章的集结。

《训练操法详晰图说》编纂时间稍晚一些,仍是由袁世凯领衔,调集了北洋主要幕僚文案和武将,计有四十六人之多,如段祺瑞、冯国璋、王士珍、阮忠枢、言敦源等响当当的人物,都是这个写作班子里的成员。此书二十余万字,费时三个月完成,内容包括训练、练兵、攻守、驻扎、步兵、炮兵、骑兵、工程兵等诸多兵种的操法,以及电信、电雷、测绘等论述,是一部近代中国陆军兵书。在这部书的编纂过程中,袁世凯发凡起例,立定框架格局,为全书定下"不求深意奥妙,只求文理通顺"的编纂行文原则。

前面说过,小站练兵带有旧式军队的痕迹和私人武装的色彩,以至于北洋六镇的官兵"只知袁宫保,不知大清朝"。这么一来势必招人非议,惹火烧身,很快就有人弹劾袁世凯。

写奏折的是监察御史胡景桂。据说,他上这个奏折是出自于清流派领袖李鸿藻的指使。袁在练兵草创时期,无意中得罪了天津绅商,他们认为袁世凯办事急躁鲁莽,专横跋扈,这些手眼通天的人物将意见捅到京城,被李鸿藻知道了,李是当初保荐袁的大人物之一,他担心落个"滥保非人"的恶名,也担心清流名声受损,于是派其手下胡景桂去搜集袁世凯的材料,以脱掉干系。胡景桂弹劾袁世凯的奏折有这么几条:嗜杀擅权;克扣军饷,诛戮无辜;性情谬妄,扰害地方。袁世凯得到被人参劾的消息,又听说背后指使者是大人物李鸿藻,心情一下子降到了冰点,他在给徐世昌的信中说:"两旬来心神恍惚,志气昏惰,所有夙志,竟至一冷如冰。军事实无心详述。"

奏折引起了光绪皇帝的关注,派兵部尚书荣禄前往天津调查"被参各节是否属实",顺便也实地考察一下袁世凯的能力。荣禄携在兵部供职的陈夔龙同往。他们到了小站,看到了练兵情况:步、马、炮兵全以西法操练,整齐划一。荣禄对此极为满意,他私下里决定要放这个特殊人才一马。胡景桂参劾的几条罪状,都还能想法子搪塞,唯独其中"诛戮无辜"一条很是难办。

原来,小站练兵之初,为了防止兵丁与商贩发生纠纷,袁世凯发布了几条禁令,不允许商贩进入兵营内做生意。可是商贩不把禁令当回事,依然摆摊设位,照常营业,情况报告到袁世凯那里,他下令抓几个商贩杀鸡儆猴,有个菜贩心里愤懑不过,操起扁担朝兵丁砍去,造成了一桩流血事件。袁世凯听了消息,发话叫手下将那个菜贩子"处理"了。

这桩命案可大可小。说大,毕竟是一条人命,"诛戮无辜"的帽子也算合适;说小,在军营内违犯禁令,按军法处置也说得过去,顶多担个"执法过严"的责任。荣禄和陈夔龙商量,倘若据实奏报,上头必定追究,袁世凯必然会遭到撤职处分,新军刚刚开练,再找个生手接办不易。按照荣禄的主意,给光绪皇帝写了份调查报告,复奏所参各节,均查无实据,请从宽议处,仍严令认真督练新军,以鼓励将来。

在荣禄的庇护下,袁世凯安全渡过了这一关。

不是冤家不聚首,事过几年之后,命运给袁世凯安排了个"报仇"的良机。光绪二十五年(1899年),袁世凯擢升山东巡抚,胡景桂是山东按察使,正好是袁的直接下属。出人意料的是,袁世凯并没有乘机打击报复,甚至没有给胡景桂穿小鞋,反而任命胡兼任武卫右军先锋营务处,参与新建陆军事务。在向朝廷写的秘密考评中,袁世凯给予胡景桂优良的评语:"该员诚朴亮直,能任劳怨。讲求刑名捕务,均能实事求是。"再后来义和团庚子之变,八国联军占领北京,向清政府提出的惩办"祸首"名单中有胡景桂,按理说袁世凯正好顺水推舟,借外国人的刀砍下胡景桂的脑袋,可是他并没有那么做,而是向德国驻烟台领事诉说胡的冤情,敦请德国领事到北京说情，救了胡景桂一命。袁的这番举止让胡景桂大受感动，从此对袁忠心耿耿，竭诚效命，成为袁世凯棋盘上的又一颗棋子。

一个小细节，能看出袁世凯在用人上的大度和不拘一格。

在山东巡抚任上

在袁世凯上任山东巡抚之前，他的两位前任李秉衡、毓贤都主张对义和团宜抚不宜剿，这种做法无异于纵容，客观上使山东义和团闹腾得更加热火。袁世凯对此不以为然。他在致徐世昌的信中说道：山东巡抚甚无用，把局势弄得一团糟！不久，他又上书朝廷，提出了整治山东时局的几条意见——实际上是袁世凯的自荐书，字里行间透露的信息是，他出任山东巡抚最为合适。

光绪二十五年（1899年）十一月四日，朝廷传令毓贤进京陛见，由袁世凯署理山东巡抚。这一年袁世凯41岁，正当壮年。

对山东这块土地，他十分熟悉，内心充满了浓厚的感情。从某种意义上讲，山东简直就是他的第二故乡。少年时跟随嗣父袁保庆到了济南，第一次见到除老家项城以外的大世界，对他心灵的影响甚大；青年时投军吴长庆营中，从山东到朝鲜，迈出了他人生的重要一步。

袁世凯认为义和团是些装神弄鬼的把戏，是小儿科，一个国家的兴盛强大，岂是靠装扮玉皇大帝、孙悟空，烧几张草纸、喷几口神火糊弄来的？他决计上任后好好整治一番。可是此时慈禧太后正在气头上，把对维新党的刻骨仇恨迁怒到了光绪身上，准备将光绪废掉，就另外立了个大阿哥。外国公使好像串通了似的，不仅拒绝入宫祝贺，还试图进行干涉，这让慈禧丢了颜面。有人出主意，山东最近出了个义和团，旗号是"扶清灭洋"，据说道行高深的大师兄能够上天入地，刀枪不入，不妨用义和团去打那些洋鬼子。慈禧依计行事，接二连三传下谕旨，对义和团驱逐西教、焚烧教堂、杀戮洋人的举动大肆鼓励。

袁世凯接到诏令，心中很是犹豫。从情绪上讲他是抵制的，但是毕竟刚刚经历过戊戌政变的风波，朝廷对他是否真正信任还是未知数，这种时候不能拿自己的政治前途冒险。经过一番周密考虑，袁世凯决定将朝廷的诏令原文下发,并且附了个通知,要求全省各州、县遵旨办理。

有个候补道员叫徐抚辰,字绍五,湖北江夏人,此时正在袁世凯的幕府中担任洋务文案,听说了这个消息,马上来找袁世凯,力谏不可。袁是政治老手,柔声细语对徐安抚了几句,并没有收回通知的意思。徐抚辰是个认真的人,见幕主在应付他,当时也没多说,归家后便收拾行囊,留下一封信,不辞而别。

灯下,袁世凯展读徐抚辰留下的信,言辞恳切,句句中的,不觉汗颜。信中剖析义和团之荒谬:人人都说,外国有你的洋枪炮,中国有我的红灯照,口念咒语,不用枪炮,大刀一挥,洋人就倒……这种神魂颠倒的诳语有何道理?朝廷因戊戌政变,外国人保护康、梁,反对立大阿哥,触怒了太后,遂有依赖义和团对抗洋人的招数。如果洋人一旦打赢了这场战争,那时候太后才会清醒过来,你得为自己留一条后路啊!如随波逐流,不仅一生功名毁灭,恐怕还会殃及身家性命。袁世凯看完这封信,立即下令八百里加急火速追回已经下发各州县的通知,同时派人拦住正在路途中的徐抚辰,将他重新请回了袁氏幕府。

嗣父袁保庆从小教导他:官场如戏场,要把戏演得逼真,才能胜过那些戏子。袁世凯是擅长演戏的高手,他稳坐钓鱼台,不动声色,逼真的效果让人叹服,"戏"中弥漫的血腥味道又让人不寒而栗。

有个提督名叫程文柄,是义和团的忠实支持者,大概是想把上司袁世凯也拉进支持者圈子,主动推荐了一个大师兄,声称降神附体,刀枪不入。那天一身仙风道骨的大师兄来到校场,程文柄提起手枪,照准他胸前"轰"的一声,大师兄不躲不闪,毫发无损,在场的一百多名兵丁响起了一片叫好声。袁世凯颔首微笑,示意试验继续,于是程文柄布置好的一伙人纷纷开枪射击,大师兄安然无恙。

袁世凯对大师兄待如贵宾,口称要禀报朝廷,对他给予恩赏。当场拍板,过些日子请大师兄多带几个兄弟再来表演一次。

再次表演,袁世凯事先吩咐手下人,让大师兄和那帮兄弟立下"生死状",并请同乡画押作保。表演开始了。程文柄和十几个士兵轰然开枪后,对面站立的一排"神魂附体"的义和团纹丝不动,脸上似乎还挂着傲慢的笑容。袁世凯走下观摩台,似有奖赏,忽然掏出一支德国手枪,转身朝大师兄射击,手起枪响,大师兄身体摇摇晃晃倒了下去。枪声是个信号,刚才布置好的士兵枪弹齐发,刚才还在微笑的一排义和团齐刷刷栽倒在地,血肉翻飞。校场上的血腥表演结束了,袁世凯脸上露出讶异神色,唤来身边的人:"去瞧瞧法师们耍什么花招"。验尸者报告:"十几个法师玩完了。"袁世凯似乎还不相信:"这是大师在使诈呢!他们刀枪不入,不会有事的。"说完朝程文柄看了几眼,程文柄羞惭难当,恨不得地上有条缝钻进去。

袁世凯认定义和团为旁门左道,是打着仇视洋教的旗号纠众劫财的强盗土匪,应该赶尽杀绝。恰好载漪、刚毅等主战派主张对义和团"抚而用之",怂恿太后宣布义和团为"义民",义和团遂大批拥向北京,很快达到了数万人。而山东这边没有了义和团的骚扰,加上袁世凯下令地方官对洋人和教民实行保护政策,反而呈现出安静祥和的局面。

袁世凯在山东推行新政,就是在这种背景下进行的。

时至今日,山东人说到袁世凯时期修建的那条铁路,依然兴味盎然。

光绪二十六年(1900年)三月二十三日,刚刚上任山东巡抚不到一个月的袁世凯,就与德国铁路公司总办海因里希·锡乐巴订立了一份正式的铁路章程,表面看起来轻松,其中却蕴含了诸多艰辛。

事实上胶济铁路已经动工一年多了,由于义和团仇洋运动,德国公司在勘测路基拆屋迁坟中遇到不少麻烦,发生了多起流血事件,被迫停工数月。德国胶济总督托尔帕尔委派锡乐巴到济南谈判,如果不是遇到袁世凯,此事还将无期限地拖延。在双方谈判艰难之时,袁世凯想起了一个人:清政府驻柏林大使荫昌。这个前天津武备学堂的总办,曾经在关键的时刻帮过袁世凯,推荐王士珍、段祺瑞、冯国璋进入新建陆军,后成为著名的"北洋三杰"。袁世凯恳请荫昌回国帮他解决这个棘手问题。明达洋务并熟悉德国法律的荫昌果然不负袁望,帮助他完成了谈判铁路章程的大部分细节,促使中德之间建立了"双方均感满意的交往关系"。

中国修建铁路曾经走过了一段步履艰难的路程。第一条铁路位于北京宣武门外,全长仅1公里,是英国商人杜兰德修建的,建成通车后,"观者骇怪",有御史上书认为冲撞了清朝龙脉,是不吉祥的怪物,被慈禧太后下令拆除。

一方面政府对修建铁路这类洋务不感兴趣,另一方面老百姓仇视洋人,认为修铁路是想抽中国人的血,以致发生冲突,流血事件连绵不断。面对来自这两方面的夹击,袁世凯没有退缩,他渴望通过变革改变山东乃至整个中国的命运,他要让国人明白一个道理:德国人的铁路,也会变成中国人的财富。

光绪三十年(1904年)六月,古城济南迎来了它历史上的第一列火车。看见庞大的钢铁怪物猝然来到面前的时候,老百姓有的兴奋,有的漠然,也有的仇视。他们也许还没有意识到:这列运载"洋火洋油"及山货土产的火车,将成为山东现代化的一个开端。

清末,中国社会刚刚进入艰难转型的开端,各种思潮纷至沓来,冲击着这个古老封闭而又充满希望的民族。袁世凯是个头脑清醒者,他明晰国际形势,主张与国际社会接轨,虽然他在山东巡抚任上时,还未能进入清廷权力中枢,却已经在自己的权力范围内开始着手推行新政了。

在一封写给清廷的汇报文件中,袁世凯开列了教官吏、崇实学、开民智及修武备等十项内容。虽然他只在山东巡抚任上干了一年多,许多新政计划还没有来得及实施,但是在他升任直隶总督后,依然继续坚持办新政,成效显著。

袁世凯在山东实施的新政有扩编新军、推行西学、整顿商务等。

袁世凯上任后不久,就在原有旧兵营基础上大胆改革,裁减冗员,仿照小站练兵的北洋营制,集成新军二十营,名称为"武卫右军先锋队"。为了筹措军饷,他四方奔走呼吁,建议清廷援用旧例开设海防捐,派得力大员一线督办,以专供新军粮饷。袁世凯初到山东任职时兵员只有七千人,一年多后离任时,山东的军队已达两万人。

在推行西学、实施新式教育上,袁世凯最为人称道的是创办山东大学。

1901年9月24日,他在给清廷的奏折中明确提出:奏请先在省城设立大学堂。奏折得到了清廷的批准,立即筹办,十月正式开学。继京师大学堂之后,山东大学堂是各地方省中间最早兴办的官立大学堂。

山东大学堂设在省城济南的泺源书院内,第一批招收学员三百多名。首任校长是精通洋务的周学熙,分设备斋、正斋、肄业三种教学层次,以适应学生程度参差不齐的需要。延聘美国耶稣教长老会传教士赫士为总教习,聘请中外教员五十余人,后增至一百多人。

袁世凯还亲自参与审定了《山东大学堂章程》。这个章程后来成为各省书院改办学堂所效仿的依据,为各省建新式学堂提供了具体而又可操作的模式。在山东大学堂这只领头羊的引领下,各省纷纷行动,兴起了书院改学堂的热潮。

1901年,山东省在全国率先设立了商务局,提倡各项实业事宜。官府发布公告称:凡商务、垦殖、工艺、栽树、养蚕等为民兴利之事,均需在该局注册列管。随后不久,各州府县纷纷成立了商务分局。袁世凯的重要智囊唐绍仪担任商务局局长。在商务局成立大会上袁世凯强调,在局人员必须秉公办案,不得染有旧时地方衙门的陋规恶习,全力为商业服务,商会议事时要充分发扬民主。

开设银元局是袁世凯振兴山东商务的又一重要举措。1900年10月,袁世凯向清廷提议在山东单独设局铸造银元,获得批准后,山东银元局于次年在济南成立。山东通济钱局遂改为山东官银号,并发行纸币,前后发行了"库平银票""济平银票""银元票""京钱票"。袁世凯还从日本定制了一批"十两钞券",投入市场流通。

即便在一年多之后,袁世凯升任直隶总督,但他仍然对山东投以特殊的关注。他与接任山东巡抚的周馥联名上书朝廷,奏请开放济南等通商口岸,这也是后来被人们称作近代史上一个神话的山东开埠。这份奏折不久即得到批准,济南等地开埠成为现实。

济南近代史上数不清的"第一"都与"开埠"密切相关。例如:经三纬二路的第一家电影院(小广寒电影院)、火车站南侧的第一家西餐馆(石泰岩饭店)、庄钰和刘福航创办的第一家民族资本公司(济南电灯公司)、英国传教士怀恩光创建的第一家自然博物馆(广智院)、济南第一家戏院(兴华茶园)、位于高都司巷的第一家洋行(礼和洋行)、第一家外国银行

（德华银行），等等。

周馥是袁世凯的儿女亲家，这对姻亲在政治上联手，把山东当作施行新政的试验田，先后设立了银元局，创办了商务总会，还将各地的书院改成了新式学堂，最具影响的是将济南泺源书院改为官立山东大学堂，招收新生三百人，由周馥之子周学熙担任校长，聘请美国人赫士为总教习（教务长）。

说起袁世凯在山东，人们谈论最多的是他剿杀义和团，仿佛除了一把血淋淋的屠刀之外再无其他值得一提，实则不然。在山东巡抚任上的七百多天里，袁世凯大力推行新政，与李鸿章、张之洞、刘坤一等封疆大吏联合发起的"东南互保"运动，是为晚清政局力挽狂澜的大手笔，可圈可点。

历史迷雾中的真相

戊戌政变是一出双重意义上的悲剧。悲剧的第一重意义是，革新派在朝在野都丧失了发言权，并在长达四五年的时间里一蹶不振。康有为、谭嗣同等维新派遭受毁灭性的打击，杀头的杀头、逃亡的逃亡，支持新政并身体力行的光绪皇帝也被囚禁瀛台。另一重意义是，同属维新派且是体制内实权人物的袁世凯被指为"叛徒"和"告密者"，并且在历史教科书中被丑化为两面派的阴谋家，长期遭受指责、羞辱和漫骂。

那一桩历史疑案已经沉到了海底，长期无人打捞。近年来，随着一些原始档案和史料的大量公布，戊戌政变的真相才渐渐浮出海面。历史并不像摆积木那么简单，历史人物也并不像画漫画那样——不是好人就是坏人。

康有为、梁启超兴办强学会时，身为直隶总督的袁世凯就曾捐银五百两，这表明了他支持维新派的态度。对于维新变法，袁世凯有着比维新派士子们更深刻的认识。甲午战争惨败，袁世凯是亲历者，他深知落后就要挨打的道理。环顾当时清廷所有握有实权的大臣，没有谁比袁世凯更懂得中国必须变革的重要性和迫切性。然而他又不像康有为那样主观激进，袁世凯懂得书生空谈误国的道理，作为一名体制内的高级官员，他不可能像康有为那样公开呼喊变革，但是他的所有行动都证明了自己是求真务实的维新派人。

维新派曾对袁世凯进行过考察。1898年农历六月,维新派人物徐仁录专程赴天津,返京时带回了两条信息:一是袁对维新变法热心,并满口称道康有为;二是袁对荣禄有不满情绪,认为荣禄反对汉人掌兵权,不肯增加小站编制。这两条信息都有水分。作为清廷体制内高官,袁世凯不可能说出太出格的话。但是维新派人相信了这两条信息,这才有了后来光绪皇帝召见袁世凯的事情。

关于光绪皇帝两次召见的情况,袁世凯在《戊戌日记》中有较详细的记录。

光绪二十四年(1898年)七月十九日,袁世凯奉召由天津乘坐火车抵北京,租寓法华寺。此时光绪住在颐和园,袁即托友人代办请安折膳,定于八月朔请安。八月初一,袁世凯天未亮即起,四鼓时赴宫门伺候,光绪在毓兰堂召见,问了他军事方面的一些情况,袁均据实奏答。退下后回到住所,忽有苏拉(清廷内府中担任勤务的跑差)来报,皇帝破格提拔他为候补侍郎,得知消息的友人纷纷前来祝贺,袁世凯"自知非分,汗流浃背",认为暴得大名则不祥,准备力辞,被友人劝阻,遂托友人代办谢恩折。次日再次面见皇帝,复陈无尺寸之功,受破格之赏,惶恐不安,光绪皇帝笑着对他说:"人人都说你练的兵好,办的学堂好,此后可与荣禄各办各事。"这是在明确暗示袁世凯,以后可不用受荣禄节制。

维新党的推举和光绪皇帝的破格重用,实际上是将袁世凯推到了旋涡中心,在这场残酷的政治斗争中,他要想躲开已无可能。

光绪两次召见袁世凯并破格提拔,其中隐含的用意之一就是倚重袁在天津阅兵时保护年轻的皇帝,以对付"后党"的突然袭击。对于袁世凯制服"后党"的能力,康有为等人深信不疑。然而风云忽变,八月初二,光绪颁发明诏,敦促康有为离京,前往上海督办官报,并称"此时闻尚未出京,实堪诧异"。这是一个信号,说明光绪日子并不好过,压力很大。这之后就有了"衣带诏"事件。八月初三清早,林旭从宫中带来了光绪皇帝所写的密诏:"朕位几不保,命康与四卿及同志速设法筹救。"康有为、梁启超等人"跪诵痛哭激昂,草密折谢恩,并誓死救皇上,令林敦谷持还缴命"。

汉献帝时,曹操擅权欲篡夺帝位,献帝打算将秘密诏书缝在衣带里,托国舅董承带出宫外,这是"衣带诏"的由来。如果光绪皇帝果真有"衣带诏"传出的话,那说明情况确实到了万不得已的紧急关头。然而多年后历史学者研究证明这一切根本就是子虚乌有,"衣带诏"是康有为等人伪造的。

"衣带诏"事件,将真实的历史涂抹上了演义的色彩,唤起了舆论同情,使帝、后两党的矛盾进一步激化。历史学家在研究中越来越多地发现,康有为不仅编造了"衣带诏"的谎话,在其他一些地方也有不实之嫌。如果真是这样的话,那么大家所熟悉的戊戌变法史,就应该是另外一种写法。

伪造"衣带诏"的目的之一,是为包围颐和园造舆论。据谭嗣同的好友毕永年在《诡谋直记》中记载,维新党邀请他来北京是想搞一场兵变,待劝说袁世凯杀荣禄、包围颐和园后,即由毕永年率领勇士拘禁慈禧太后。康有为对毕永年说:"袁(世凯)极可用,吾已得其允据矣!"说着康有为拿出了袁世凯给他的一封信,字里行间有"赴汤蹈火,亦所不辞"等语,这封信也可能是康有为伪造的"作品"。

毕永年是维新派重要骨干,曾经与唐才常合作联络长江沿岸的会党准备起义,唐才常被捕杀后他来到北京,没想到正好撞到了戊戌政变的核心秘密,他留下的《诡谋直记》,为后来人解开这个百年谜团提供了重要证据。

在包围颐和园的密谋付诸实施之前,维新党请来了袁世凯的重要幕客徐世昌一起看密诏,要说服徐世昌同意他们的谋划。这是一次生死聚会,在场的康有为、梁启超等人几乎全都哭了。面对如此重大的事件,徐世昌除了低头抹泪之外不敢做任何表态,他深知后果的严重性,一旦失败将极可能被诛灭九族。但是哭也不能解决问题,既然徐世昌不能决定这样的大事,于是就有了谭嗣同夜访法华寺的惊险一幕。

据毕永年说,谭嗣同本人是不赞成包围颐和园劫持太后的,他认为这么做极不妥,但是康有为非要做,并且有皇帝的密诏,谭嗣同也没有办法。

为了维新事业，谭嗣同不惜一走龙潭虎穴。

对谭嗣同这次夜访，袁世凯在《戊戌日记》中极尽夸张演义之色彩，将谭嗣同写成了"气焰凶狠，类似疯狂"的漫画式人物，这里有袁世凯竭力为自己洗刷的意味，不能全信。谭嗣同是湖广总督谭继洵之子，从小有着良好的家庭教育，这次深夜造访断然不会刁蛮撒泼，何况袁的幕僚中有个湖南人叫尹铭绶，是谭嗣同的老乡，有尹铭绶从中斡旋，袁、谭之间的谈话不至于那么紧张。

谈话的具体细节已无从考证，大体内容肯定离不开包围颐和园、劫持慈禧太后。谈完后，袁世凯的脸色大变，他支吾着应付说：事关重大，需要回天津布置，一时还不能行动。

送走谭嗣同后，袁世凯立即与智囊尹铭绶商量。两人均认为光绪皇帝根本不是慈禧太后的对手，即便单纯从军事力量对比上看，荣禄节制的董福祥与聂士成的军队各有四五万人，淮练各军有七十多营，京中旗兵不下数万；而自己只有七千人，双方兵力过于悬殊。

如果说这是一场政治赌博，那么赌的就是整个家族的身家性命，袁世凯决不能贸然下注。

袁世凯在八月五日上午觐见光绪皇帝后，即乘火车返回天津，抵达天津老龙头车站时已是暮色苍茫。即使袁当晚匆匆赶到荣禄府上告密，荣禄也得第二天才能到北京颐和园向太后汇报（当时京、津两地的火车只有白天行车，无夜班车）。从时间上看，此时戊戌政变已经发动，慈禧太后实行训政是八月六日上午，按常规这样的特大行动必须提前布置，至少在八月五日前慈禧就有了"政变"的既定安排。袁、荣提供的情报则是整个事件的助推器。但袁世凯在戊戌政变中所起的作用不能小看。首先，袁世凯被光绪召见这件事本身，就加速了政变推进，袁被提拔授予兵部候补侍郎，昭示了光绪皇帝要抓枪杆子的心事，也是催生政变的一个重要因素。当时的袁世凯已经被绑在了维新党的战车上，无论他愿意与否，都将与这个大事件发生必然的联系。

袁世凯在告密前有一段极其复杂的心路历程。八月五日晚，他在老龙头火车站下车时，天津的文武百官早已备好盛大的欢迎仪式，迎接这从皇帝身边归来的新贵。袁世凯要端起架子应付周旋,不显山不露水地通报皇帝召见概况,天津火车站离直隶总督府坐八抬大轿有半个小时的路程,袁世凯见到荣禄,怎么说也得两三个小时。到达荣禄府宅,刚刚坐下报告了光绪皇帝召见的情景,叶祖邦和达佑文先后有事来请示(叶祖邦、达佑文都是荣禄的幕僚),只好约以明早再来详谈。

从《戊戌日记》里吞吞吐吐的叙述中,可以看出袁世凯摇摆不定的心情。次日早上,朝廷明发了太后再出训政和捉拿康有为的公文,袁以为密谋已经败露,他也有可能被划进维新党的圈子遭到捕杀,吓得魂飞魄散,在荣禄面前长跪不起,到底还是将谭嗣同深夜来访、维新党拟谋包围颐和园的计划全盘托出了。

袁世凯事后告密,他感到最对不起的是光绪皇帝,口口声声解释,"此事与皇上无关,如累及皇上,我唯有仰药而死"。光绪已被囚禁,并不知道康、梁有围园劫后的计划,以为太后训斥他的"维新党要围园劫后"是袁的诬告,所以对袁世凯十分仇恨。据说,光绪被囚禁瀛台后,经常在纸上画乌龟,写一个袁字,用针狠扎。

袁世凯一生没有写日记的习惯,唯独留下这部《戊戌日记》。严格地说,这并不是一本日记,只是以日记体形式写成的一篇回忆录,全文三千二百字,前后时间十二天(光绪二十四年七月二十九日至八月十日),记叙袁与戊戌政变有关的大体事略。文末注明,日记并非逐日所记,而是事后在八月十四日一天内补记于天津督署。由此也能看出,这部《戊戌日记》在写作之初,就是袁世凯存心为自己和后人留下的一篇辩白。

《戊戌日记》写成后,十年秘不示人,据说只有袁的少数几个亲信弟子知道。直到光绪三十四年(1908年),光绪和慈禧相继去世,袁世凯被光绪的胞弟摄政王载沣罢官免职,几罹杀头之祸,门生散去,在幕僚张一麐辞别京城南归之时,袁才将这个小册子交付给他,嘱其伺机发表。

张一麐回到南方后,与袁世凯的另一位幕僚亲信费树蔚联手,将这部《戊戌日记》在江苏南通"翰墨林"书局刊印发表。既要发表,又要选择远离政治旋涡中心的南方发表,从中可以看出袁世凯难言的苦衷。他身上背负的那口"黑锅"实在太重了,发表《戊戌日记》的目的主要是为自己洗刷罪名。须知此时袁世凯罢官回籍,性命几乎不保,他必须表明他并没有陷害光绪皇帝。在戊戌政变那种特殊的时候,一方是太后,一方是皇帝,告密与不告密都是"欺君之罪",尽管这很可能是百口莫辩,袁世凯还是要竭力为自己剖白。

《戊戌日记》刊印之初,即被当时的人们认为不可信。原因很简单,对光绪皇帝的强烈同情导致了对袁世凯的极度憎恶,民众普遍认为袁是奸雄,不可能说真话;另一个原因是这本日记的出版时间与戊戌政变已经相隔十年之久,人们猜测这部日记可能是袁世凯与张一麐事后炮制的伪作。

其实这部日记的写作时间并不重要,关键在于其中的事是否真实。

戊戌变法距今已有一百多年了,今天提到它,仍然感觉心头沉甸甸的。袁世凯身处历史的旋涡中心,迎着激流而上不行,临阵退缩逃避不行,事件后无论怎样解释也都不行。"无耻的告密者"成了他身上一个抹不掉的烙印,一直伴随着他走到人生的终点——甚至死后也难逃骂名。

也曾是立宪急先锋

1904 至 1905 年,在中国东北的土地上爆发了一场战争,史称"日俄战争"。

这场战争对于中国人来说是一个耻辱。作战双方是日本和俄国,战场却在中国的土地,软弱无能的清廷竟荒唐地宣布"中立",划辽河以东地区为日俄两军的"交战区",并严令地方军政长官对老百姓严加提防,如有任何异动,切实弹压。

日俄战争以日本胜利而结束。慈禧太后问手下大臣:日本国小,俄国国大,为什么是小战胜大?大臣答曰:因日本立宪而胜,俄国不立宪而败。

这一年年底,清廷在立宪问题上迈出了一大步:派出大臣出访日本、欧美等国,考察中国人当时还十分陌生的宪政。五大臣中有袁世凯的密友徐世昌、儿女亲家端方,袁世凯的长子袁克定也被定为出访随员。

这一时期,袁世凯的政治态度是与立宪的世界潮流同步的。

光绪皇帝一手推动的戊戌维新变法以失败而告终。实际上,袁世凯一直都与光绪皇帝站在同一条战线上。如果说有什么不同,就是袁世凯比光绪更务实,更懂中国国情。在他向光绪提出的改革计划中,包含了政治、经济、军事、文化等方面,也提到了派员出洋考察,借为取法之资。

事实上,此时在直隶总督任上的袁世凯一直在务实地做事。他在一些公开和内部的讲话中,宣讲所有官员都应该懂得西政、西史,认为派员出洋考察是学习洋人经验的最好办法。他还直接下令,直隶州县官员必须赴日本学习三个月,通过相关考核后方能赴任。

在他管辖之下的天津,各种官办、官督商办的经济机构和新式经济社团如雨后春笋,到处呈现出一派欣欣向荣的新政景象。袁世凯按山东商务局成例设立了天津商务局,使天津商业逐步繁荣兴旺。他还安排从日本考察归来的周学熙按日本模式开办直隶工艺局、实习工厂、劝业铁厂、高等工业学堂、考工厂及图算学堂等官办事业,开办启新洋灰公司、开滦煤矿等民营企业,奠定了北洋实业最初的基础。

天津还成为整个华北的金融中心和商贸集散中心,大大促进了华北地区资本主义生产体系的形成。在袁世凯的直接过问下,天津创办了北洋医学堂;建立了银元局、造币厂;成立了北洋烟草公司;创立了北洋女医院,聘请我国最早的女留学生金雅梅为首任院长。袁世凯还十分擅长与洋人打交道,促成天津与比利时签订了天津电车电灯公司合同,成立了比(利时)商电车电灯公司;创办了无线电训练班,聘请意大利人为教师。此外,天津还创立了中国的第一支现代军乐队,乐手二十余人,所有乐器都与外国行伍中的铜管乐队一样。

1905年以后,清廷朝野上下要求施行宪政的呼声渐高,仿效对象是日本。作为直隶总督的袁世凯,走出任何一步棋子都会影响棋盘全局。1906年,袁世凯委派天津知府凌福彭筹设天津自治总局,下设法制、调查、文书、庶务四科。直隶府发布公告,各州县选派较高素质人员分批进入自治总局附设的研究所,学习地方自治制度、选举法、户籍法、经济法、财政学、法学等管理国家的必备知识,培养自治人才。

1907年6月,天津开始按照选举规章选举议员。在两千五百多名候选人中,选出议事会议员30名,并选出议长、副议长等。这是中国最早施行的普选。袁世凯派专人到场祝贺：不仅为直隶贺，也为中国前途贺。

1906年9月1日，清廷正式宣布预备立宪。

这是中国在经历了两千多年的封建帝制之后，第一次以文献的形式正式宣布要改革国家体制。而以慈禧太后的名义发出的这道懿旨就是由袁世凯草拟的。

显然，袁世凯精悍的才干及既大胆创新又踏实务实的做法从某种程度上已得到了慈禧太后的认可。1907年袁世凯被调到北京，进入清廷中枢军机处，同时兼任外务部尚书、会办立宪大臣等职。慈禧太后寄希望于这位能力出众、雷厉风行的铁腕大臣来帮助她支撑摇摇欲坠的清廷。

然而，颟顸无能的清廷已经止不住衰颓下滑的趋势了。当初他们对什么叫立宪完全不了解，只是听说日本国因立宪而强盛，以为立宪是救国良方，才犹犹豫豫地走上此路。等到立宪那个陌生的怪物骤然来到面前，皇族成员突然发现前方是一个陷阱，大清江山可能会在无声无息中落入汉人之手。

这时候，慈禧太后的健康状况每况愈下，她完全无暇顾及国家的将来。于是，清廷立宪的脚步放缓下来。

无奈形势比人急，各地纷纷上书，要求加快立宪步伐。革命党也乘势而起，暗杀事件此起彼伏，革命党宣称进入了一个暗杀时代。在这种情境下，清廷陆续颁布了几份关于立宪的文件，并宣称预备立宪，但有个过渡期，时间为九年。

就这样走走停停，革命的风潮却已经迫不及待地到来了。

袁世凯当时的处境，犹如在夹缝中生存。在直隶总督任上他呼风唤雨，说干就干，所发号令畅通无阻，把一座天津城经营得虎虎有生气。一到京城很多事都阻力重重，他想做和要做的事都太多了，清廷对立宪的暧昧态度又使他心存疑虑，官场的牵绊很难让他甩开膀子大干，政敌见缝插针的攻讦也使他时刻提防。袁世凯私下感叹道：做人难，做事难，施行新政难上加难。

天津《大公报》创始人英敛之曾到北京考察宪政，发现多数报纸内容猥琐，赌场生意兴隆，饭馆藏污纳垢，官员只知吃喝玩乐，满城飘荡着靡靡之音,这让他大失所望。但他所在的天津,却是一派新气象。

之后不久,慈禧和光绪相继病逝,袁世凯遭摄政王排挤,终于贬职罢官,回到安阳洹上村当"渔翁"。

清末立宪运动,以前我们只知道有梁启超、张謇等著名立宪派民间领袖在呼吁呐喊。经历了对袁世凯相当长时期的认识误区之后,通过大量史料的解密,我们才知道袁世凯作为官方立宪派首领,也曾在朝廷暗中呼应。

据袁世凯心腹幕僚张一麐回忆,张謇曾给袁世凯写信,要他效法日本伊藤博文主持立宪,袁世凯看信后默不作声,表现出政治家的审慎。但是第二天,袁又让张一麐准备一份预备立宪的说帖,以便随时进呈给慈禧太后。仅隔一天,"似出两人"。

从张一麐讲述的这个细节来看,袁世凯虽然有心于立宪,但在表面上他不会表现得那么急切。他一边务实做事,一边揣摩当权者的态度。经历了戊戌政变的血腥屠杀,他对慈禧太后擅用权术的手腕感到惶恐,随着新一代皇族王公的成长,袁世凯的政治前途充满了变数。他之所以极力主张并暗中助推立宪潮,也有遏制晚清权贵"隐权力"的因素。

但无论如何,他终于还是走出了这一步。

第四章

洹上私乘

◎

瑟瑟肃杀图,惶惶逃亡路

慈禧、光绪在两天内先后去世,震动朝野,天下大惊,各种传闻不胫而走,说什么的都有。议论最多的是:光绪是被人下毒药害死的。无数关注的目光投向紫禁城,值此权力更迭之际,会不会出现腥风血雨?

那些关注的目光中,最揪心的应该是袁世凯。

坊间风传,囚禁瀛台的光绪皇帝对袁恨之入骨,在纸上画了袁的像,每天拿针狠狠地扎。又有谣言说光绪碗里的毒,是袁世凯买通太监投下的。摄政王载沣是光绪的亲弟弟,报仇雪恨理所当然——虽然只有袁世凯自己才知道,说他出卖了光绪皇帝是一个比天还要大的冤案;说他投毒害死光绪皇帝,更是荒唐透顶的无稽之谈。

袁世凯一生经历的风波无数,不管如何困难,最后总是能顺利过关。唯独那一次——载沣摄政后的那些日子里,袁世凯特别惶恐不安。

该来的还是来了。免官诏书下达时袁世凯尚在朝房(大臣们等候朝见的专用大厅),已经听说了消息,不仅免官,好似还有更大的灾祸。袁世凯正在忐忑之时，内阁值日官捧诏宣示：皇上有旨！未及宣读，袁骤然色变，正好张之洞从宫中出来看到了这一幕，赶紧趋前几步说道："皇上以袁公足疾，命回籍养疴。"袁世凯听说不死，心里一块石头才落了地，宣读诏书完毕，一直跪在地上的袁世凯不敢起身，低着头连声呼道："天恩高厚！天恩高厚！"

在杀袁与保袁之间确实有过一番激烈的争论。当载沣拿这事询问庆王奕劻时，奕劻的回答是："杀袁世凯不难，不过，北洋军如果造起反来怎么办？"资格最老的大学士孙家鼐，满蒙大学士那桐、荣庆及汉人大学士鹿传霖等，都与袁世凯有着千丝万缕的联系，极力反对杀袁。出力最多的是张之洞和世续，当天朝堂散直之后，载沣又复召张之洞、世续二人入内廷，出示罢斥袁的诏旨，张之洞反复陈说，为朝局计，务宜镇静宽大，放袁世凯一马，世续也赞同张之洞的主张。这才迫使载沣把含藏杀机的诏书内容改为了"开缺回籍"。

说到"足疾"，也确有其事。从这年秋天开始，袁世凯忽然得了一种奇怪的腿病，无缘无故地疼痛，严重时竟至不能走路。曾经告假治疗过，但身为军机大臣事务繁多，只好带病坚持工作，每时上朝甚至还得要人搀扶，到了腊月间，腿部的疼痛更厉害了。

在上谕下发之前，袁世凯曾经乘快车去过一趟天津。据一位正好同车的英国人海鲁说，袁世凯穿一身素衣，神情严肃，目光炯炯有神，进入头等车厢内，找一近暖气处坐定，从京城到天津的两个多小时，他没有说一句话，也没有起身走动，仆人小心翼翼给他倒茶，也未见他吭声。下午4点30分，车到老龙头车站，在随从的护送下乘一辆华丽马车西行而去。

有一种说法，认为袁世凯到天津是想通过直隶总督杨士骧斡旋，乘坐海轮逃往日本进行政治避难。不过在此敏感时期，袁世凯又是特殊人物，杨士骧不敢露面，而是派儿子出面向袁说明利害，劝其迅速回京。杨士骧是袁世凯一手提拔上来的，他现在的直隶总督位置也是靠袁的保荐，没想到如此忘恩负义，绝情到不肯见一面，落水的凤凰不如鸡，袁世凯感到心寒意冷，赶紧在银行支取了一大笔存款，惶惶不安地返回了京城。

诏书下达后，袁世凯心情稍微平稳了些，他迅速安排家人悄然离京，免得节外生枝。按照清朝历代处置大臣的惯例,在革职、开缺的谕旨之后,往往还会层层加码,抄家、流放及至杀头。在天津老龙头火车站,送行的只有严修、杨度等寥寥数人,和往昔前呼后拥的场面形成了极大反差。

袁世凯对河南项城老家有着复杂的感情,简而言之:既爱又恨。

最让他伤心的是,为生母刘氏办丧事,二哥袁世敦蛮横无理,说刘氏是父亲袁保中的妾,不准与袁保中同穴埋葬。那次袁世凯与袁世敦彻底闹翻了,并发誓今生死也不回项城。

那么,到底到什么地方去避难呢?

从天津坐上火车之前,袁世凯已有定念。

小站练兵时,他手下有个粮饷委员叫何棪,为人机智,办事灵活,是个抓经济的人才。何棪在北洋军中干过一阵,有一天忽然来找袁世凯,提出要回老家办实业。袁世凯很奇怪,问他办什么实业。何棪搔搔后脑皮,回答得也有意思:现在也说不清办什么实业,回去干几年就知道了。袁世凯平生都喜欢这种务实的人,不仅答应了他的请求,还帮他弄了顶候补知县的官帽。何棪改名何兰芬,回到老家河南卫辉,贩粮食布匹,也做盐业生意,没干几年果真发达起来,成了卫辉府小有名气的富绅。

就在何兰芬财富迅速积累的那几年,袁世凯给他一笔银子,托他在卫辉府汲县代购了几十间房屋。袁世凯曾去看过一次,房屋位于西关马市街,规模宏大宽敞,由东、中、西三座院落组成,每院有五进小院,前后穿堂相通。院子后边还有个大花园,占地四五亩,开满了海棠、桂花、蜡梅、紫薇,幽香扑鼻,绿意袭人。

"开缺回籍"后的立足之地,袁世凯选择在卫辉府汲县。像任何一位贬官回乡的高官一样,这一大家人抵达汲县时丝毫不声张,邻居们看见一些随从忙前忙后地搬运箱子,不知道这座大宅院新住进的究竟是什么人。

宣统元年(1909年)春节,袁世凯一家人是在谨慎不安中度过的,只有三两鞭炮声,给寂静冷清点染上一点热闹的气氛。但是让袁世凯感到欣慰的是,春节刚过,拜年的人就来了,地方绅士的热情让他想起离京时的凄凉场景,不由得对世态炎凉感慨万千。

正月初四,汲县袁府来了几位特殊客人。打头的是何兰芬,跟在他后边的一个是王锡彤,一个是李时灿。何兰芬介绍说,王、李二位是汲县地方名绅,对袁世凯仰慕已久,以前袁在高官位置上,为避趋炎附势的嫌疑不便结交,而今见袁折翅而归,二位极愿尽地主之谊。一番话说得袁世凯心热了,吩咐门人赶紧倒茶,宾客间攀谈起来。

从交谈中袁世凯得知,王与李是同学挚友,如今一个是实业圈新星,一个是教育界巨擘。袁世凯兴致盎然,几句寒暄过后,便大谈特谈兴办实业。据王锡彤《抑斋自述》中记述,他和袁世凯第一次见面留下了极深的印象,当时袁世凯51岁,看上去却"须发尽白,俨然六七十岁人",但"两目炯炯,精光射人,英雄气概自不能掩"。

几个实业家的来访,多少温暖了袁世凯冷寂的心。他心里谋划着,未来一定要把王锡彤推到办实业的第一线。后来果真迎来了机会:让王锡彤接替回家丁忧的周学熙,成了唐山启新洋灰公司等几家公司的董事。

此后王锡彤便成了袁世凯幕府中的一名重要成员,负责掌管袁私人经济方面的事务。袁世凯去世前一个月,感觉自己来日无多,曾将袁府的家产向王锡彤做了交代,召见王时案头置一单,所有存款、股票、借据等共约二百万元,指给王锡彤说"余之家产尽在于斯"。这件事使已成富豪的王锡彤感慨不已,在其著作《抑斋自述》中写道:"袁公自从担任大总统以来,家产实际上未曾再增加一钱,其为国忘家之情,实在是不可以冤枉污蔑他的。世间所传袁公有数千万资产,污蔑之言也。"

大难中筑起的安乐窝

袁世凯是在极度恐慌的气氛中离开北京的。除了北京锡拉胡同旧宅里留下几个看门人外,大部分家眷都逃到了天津,借住在富商梁生宝家里。仓促踏上火车时,袁世凯只带了大姨太沈氏、五姨太杨氏和新娶的七姨太邵氏,临时住在卫辉府汲县。

过完这年端午节,袁世凯开始考虑迁居问题,起因与七姨太邵氏有关。邵氏是袁世凯在直隶总督任上新娶的一房娇妾,年轻貌美、风情万种,袁世凯对她十分宠爱。可惜红颜薄命,刚娶进袁家不久就遇到袁世凯贬职罢官,邵氏体质文弱,加之连日惊吓,还没从京城动身就病倒了。仓皇跟随南下，一路旅途劳顿，又受了风寒，住进汲县新居后病情加重，请来医生治疗，也没能救得她的命，死时年仅20岁。邵氏年纪轻轻，还没来得及生育就去世了，按照旧时习俗，只可称作姑娘，不能叫姨太太，袁世凯甚为怜惜，以侧室之礼葬于汲县西郊。后来袁克文为她向朝廷奏请得了夫人封典，并以庶母之礼题写了墓碣。

　　本来人就在危难中，又遇到这么一桩丧事，袁世凯的情绪更加低落。过了没几天，袁家人纷纷生了病，医生成天从大门口进进出出，为袁家人看病。袁世凯一生迷信风水之说，极讲究居宅的方位、朝向之类，这时候正好儿女亲家何炳莹前来探访，袁世凯说了他的苦恼，何炳莹说他在彰德北门外洹上村有一处宅第，总面积二百多亩，可供袁家人居住。袁世凯大喜，立马将其买下，当月中旬即携全家迁居到了洹上。

　　那里确实是个好地方。洹水自东而来，蜿蜒横贯安阳，然后缓缓注入渭水。袁世凯买下亲家何炳莹的房子后，又大兴土木，四周砌了高围墙，拐角处建有炮楼，依稀可见当年项城袁寨的痕迹。洹上村建筑风格独特，门扇柱枋全是黑色，气氛森严。整个大院由九个独立的小院组成，分别住着袁的九个妻妾，如果把房屋后面的黑门打开，九间房子又成了一个彼此相通的大院。这种别出心裁的设计，既有东方古典余韵，又有西方欧式风味，非常适合袁的多妻妾家庭。庭园里栽种了一些花花草草，亭台楼阁，曲栏幽径，到过的人都流连忘返。

　　袁世凯一生娶有一妻九妾，这也是他被人诟病较多的地方。各种荒唐版本的传说流行于世，说他腐朽没落的有之，骂他荒淫好色的有之，更糟糕的是许多传闻本来就是谣言，无中生有，却被一些人津津乐道地传播着。多妻妾本来就是那个时期普遍存在的一种社会现象，莫说袁世凯那样的高官，即便一般富裕人家，妻妾成群的也多得是。后人为猎奇说说可以理解，如果站在道德的高处无端攻击，是没有理由的。

　　下面来说说袁世凯的妻妾们。

　　正室妻子于氏是袁家的一块"牌位"，下得厨房，却上不得厅堂。她的情况前面已经讲过。袁世凯娶的第一个妾是大姨太沈氏，前边章节也已有所交代，不再赘言。

二姨太白氏、三姨太金氏、四姨太季氏,这三人均是朝鲜人。关于这三个外国洋妾,有各式各样的传说流播于世,传说最多的是三个妾都是朝鲜国王李熙赠予的王室公主。说三个宫廷女子为朝鲜国王所赠予,只说对了一半。从目前能够查阅到的资料来看,三妾中的三姨太金氏,是汉城一大户人家的千金小姐,很有可能是朝鲜国王赠予袁世凯用来联络感情的,二姨太白氏、四姨太季氏,则是跟随金氏而来的婢女,后来也一并被袁世凯收为小妾。袁克文在《洹上私乘》一书中极力渲染三个朝鲜姨太太的"望族"背景,袁克文是三姨太金氏所生,为生母说好话可以理解,但是说她们出生于名门望族,目前还没有什么证据。时至今日,这三个朝鲜姨太太的身世之谜仍然难以解开,倒是她们被娶进袁府以后的生活情况还有迹可寻。

袁静雪在《我的父亲袁世凯》中曾经详细地讲到过她们:

三姨太金氏娶进袁府时才16岁,皮肤很白,浓黑的头发长长地直拂脚下,看上去十分美丽。但是她神情木然,似乎永远没有高兴的时候,就是袁世凯到了跟前,她也是呆呆地对坐在那里。有时候袁世凯说到高兴的事,她也会赔笑,但是笑过之后随即又把笑容敛住。每逢过年过节是她最伤心的时候,总是会暗暗哭一场,对于娘家的情况她也不愿意多提。金氏临死的前一天,对袁克文说了两件事,一件事是,在她过门以后不久,大姨太沈氏借着管束教导的名义对她进行虐待,把她绑在桌子腿上毒打,她的左腿到临死前还不能伸直;另一件事是,她的父母原以为是嫁给袁世凯当正室夫人的,及至过门以后才知道不但是姨太太,而且随其带进袁家的两个丫鬟也同她平起平坐成了姨太太,按年龄排序她还排在了第三房,父母十分痛心。后来,女儿又要离乡背井,随袁世凯离开朝鲜远到中国,她母亲哭成了泪人,最后投井自杀了。金氏对袁克文说,以前没提这些事,是维护袁世凯的名声,现在弥留之际,她把这些伤心往事对亲生儿子说出来,心里会好受一些。

二姨太白氏生了四子二女:五子克权,七子克齐,十子克坚,十二子克度,长女伯祯,六女籙祯。

三姨太金氏生了二子三女:次子克文,三子克良,三女叔祯,八女姓名不详(早夭),十女思祯。

四姨太季氏生了一子三女:四子克端,次女仲祯,四女姓名不详(早夭),七女复祯。

五姨太杨氏是天津杨柳青一个小户人家的女儿,聪慧灵气,玲珑可人,虽说长得不是很漂亮,但天生有王熙凤式的治家才能,很被袁世凯赏识。如果说大姨太沈氏是袁府内部前期女主角的话,五姨太杨氏娶进门后,家庭的权力中心便向她转移了。杨氏心灵手巧,口齿伶俐,遇事有决断,袁府的日常生活被她安排得有条不紊,无论该吃什么、穿什么,或是该换什么衣服、该买什么东西,都交她一手经管,就是袁世凯的贵重财物也是由她收藏保管。时间一长,袁家女人中逐渐形成了两个群落,一个以大姨太沈氏为中心,包括沈氏所管束的三个朝鲜姨太太,是老阵营;另一个以五姨太杨氏为中心,包括杨氏管束的六、八、九姨太太,是新阵营。老阵营与新阵营交锋,总是新阵营取胜概率大,久而久之,杨氏自然取代沈氏,成了袁府家族内部的中心人物。

袁世凯娶于朝鲜的二姨太白氏及六女儿籙祯

五姨太杨氏生有四子二女:六子克桓,八子克轸,九子克久,十一子克安,五女季祯,十五女姓名不详(早夭)。

中坐者是袁世凯的五姨太杨氏夫人。从左至右:六子媳陈征抱着大女儿袁家英,六子袁克桓抱着次子袁家卫,十五女袁玲祯,八子袁克轸,八子媳抱着儿子袁家政,前排两小孩分别是袁克桓长子袁复,袁克轸的女儿袁家蕴

六姨太叶氏，是袁世凯在直隶总督任上时娶进门的，说起来颇有传奇色彩。有一次袁克文受父亲委派到江南办事，这个名士派头十足的富家公子沉溺于烟花巷，把父亲让他办的事抛到了九霄云外，直到要返回天津时，才感到大事不妙。回津复命时，袁克文磕完头支支吾吾，故意将一张早已准备好的美女照片掉到了地上，袁世凯问是什么。袁克文硬着头皮说他在南方为父亲物色了一名绝色美女，现在带回这张照片，是想征求父亲的意见。袁世凯一看，那姑娘果然不错，一边点头说"好"，一边把照片装进了口袋。此后不久袁世凯专门派大管家符殿青带着银元去苏州钓鱼巷将叶氏接到天津成亲。叶姑娘原来是二公子袁克文相中的女子，不知怎么阴差阳错，忽然成了父亲的小妾，从红颜知己到袁家后母，这个角色转换让"洞房花烛夜"中的叶姑娘感慨万千，她的哀怨只能沉入了历史深处。

六姨太叶氏生有二子三女：十四子克捷，十七子克有，九女福祯，十一女奇祯，十二女瑞祯。

七姨太邵氏，前已有所交代，不再赘言。

八姨太名叫郭宝仙，浙江归安人。其母原为某富室之妾，因性情刚烈，与正室夫人一场大吵后，牵着幼女宝仙出走，其时还怀着身孕。几经辗转，流落天津，终于堕入风尘。更糟糕的是，不久又得了一场重病，丢下宝仙和弟弟撒手归西，郭宝仙万般悲痛，典卖了衣物，又从妓院借了二千余金，方将母亲安葬。这之后郭宝仙迫于无奈，也开始在妓院里谋营生，艳帜新张，生意却出奇地好。郭宝仙对青楼的皮肉生涯深恶痛绝，为了摆脱这种生活，她放出话来：谁能以万金相聘，她即嫁给谁。袁克文是风月场中的人物，从相好的妓女处听到这件事，回到洹上村时告诉了嗣母沈夫人，沈夫人考虑到袁世凯罢官居家，郁郁寡欢，长此以往总不是个办法，遂派袁克文携带银两北上，赴天津将郭宝仙赎出，回到洹上村就进了洞房。

郭宝仙生有二子一女：十三子克相、十五子克和、十四女祜祯。

九姨太姓刘，天津人，出身于小户人家，是小家碧玉。刘氏原是五姨太杨氏的贴身丫鬟，从小跟着杨氏进入袁府，目睹了袁家的兴盛与衰败。如前所述，袁世凯在家中最宠信的两个姨太分别是沈氏和杨氏，大姨太沈氏是袁世凯在落魄之时结识的,有一段难舍的生死情缘;五姨太杨氏长相平常却特别善于持家,深得袁世凯的眷顾。这两个最受宠的女人表面上一团和气,暗地里争斗不断。见大姨太和嗣子袁克文合作,给袁世凯新娶了八姨太郭宝仙,五姨太杨氏决定争回自己失去的领地。办法只有一个,让跟随自己多年的丫鬟刘姑娘被袁世凯收房为妾。杨氏擅长吹枕边风,整日地在袁世凯耳边鼓捣,袁世凯便索性做个顺水人情,将刘姑娘娶做了九姨太。一场不见硝烟的家庭战争,牺牲品却是正当妙龄的刘姑娘。

这个新收的九姨太清高孤傲,喜欢吃斋念佛,年纪轻轻却整天手里拈着一串佛珠,开口闭口阿弥陀佛。袁世凯见情况不妙,在离洹上村正南半公里处找了一块地,做了几栋白墙黑瓦的房子,给九姨太当佛堂兼住所。

刘氏生有一子一女,十六子克藩(早夭),十三女经祯。

这个渔翁不逍遥

从开始逃亡时的失魂丧魄,到逃至卫辉汲县时的惊魂初定,再到后来定居安阳洹上村时的神闲气定,袁世凯经历了极其剧烈的跌宕起伏,其心路历程非常人可以感受。

袁世凯这一时期的心路历程,是有个演变的过程的。

最初逃到卫辉府汲县,只为了逃命,别的恐怕都没多想。

罢官回河南之后,经常有一些旧属及附近的富商绅士来看望他,袁世凯都低调处理,不声张,也不宴客。罢官那年,正赶上是袁世凯50岁寿辰。许多北洋旧属悄悄来到洹上村,要为恩公祝寿。袁世凯让管家袁乃宽安排他们好吃好住,就是不提寿辰之事。到了生日那天,袁世凯索性装病不起,来客一个不见。昔日僚属聚在袁府大厅议论纷纷,谁也拿不出什么办法。辫帅张勋看众人像一只只呆鸟,顾不了那么多,推开守门人直接往袁世凯的厢房里闯,连连打躬作揖,又一膝跪下磕了三个响头。见有人带了头,北洋军诸将领一哄而上,硬是将不接受祝寿的袁世凯从床上扯起来,让他端坐在太师椅上受拜。

初到安阳洹上,袁家人心里也都没有底。到底要在这里住多久?将来袁世凯还有没有可能东山再起?这些都是未知数。

五姨太杨氏曾说过这么一番话：回到河南彰德，大家都认为待不长。纳闷老爷为什么在洹河岸边一气盖了九个院落，又盖了压水亭和磨电房。园内洋槐垂柳，树荫蔽天，一眼望不到头。老爷到哪都不忘记对子女的教育，请了三名教师，教授英文、汉文和理化功课。第一年老爷还有些神魂颠倒，有时候跪在慈禧太后像前捶胸痛哭。第二年便好多了，时时自得其乐，穿蓑衣于湖边垂钓，一副闲云野鹤的样子。还请天津照相馆的人来洹河边拍照。到了第三年，南来北往的人大增，大多是老爷的老部下。老爷的干儿子段芝贵经常往来，带来北京、天津的土特产，还带来了一架电影机，放映些洋人跳舞、体育比赛及京剧片子让老爷开心。一次老爷让我找出一件银狐猴皮袄，送给来访的陆军大臣荫昌。尤其是武昌兵变以后，老爷就一天比一天高兴了。

袁世凯迁居安阳洹上村后，在这幢宅第旧址上大兴土木，重新进行了修建。袁世凯与他三哥袁世廉关系最好，这一年世廉因病辞去了徐州兵备道的职务，袁世凯派次子袁克文前往徐州，将袁世廉及其姨太太一起接到洹上治病疗养。病情稍微好转后，兄弟俩时而扶杖漫步，时而下棋聊天，时而湖上泛舟。他还经常同妻儿老小设宴园中，邀请河南坠子、梆子戏艺人来园演戏，逢上过年或者过生日，还会请来京城京剧界名角如谭鑫培、王瑶卿、王晦芳、杨小朵等来唱堂会，亲朋好友及旧时北洋属下相聚一处，让袁世凯充分享受了一段赋闲时光。

为了让载沣和北京城里的清廷贵族彻底放心，袁世凯从不主动与外界联系，只让长子袁克定长驻北京，与庆亲王奕劻等人保持密切联系。他还专门请来了天津照相馆的摄影师，拍摄了他和三弟袁世廉在洹上垂钓的照片，发表在上海的《东方杂志》上。照片中，袁世凯头戴斗笠，身披蓑衣，悠闲地坐在一条小船的船头，好一幅淡泊风雅的洹上垂纶图！他还特意给自己取了一个号：洹上渔翁，意思是向清廷表白，渔翁再也无心于政事。

罢官那年他已年过五旬，按照中国过去的旧观念，人过半百万事休，无论什么事都该偃旗息鼓了。加上他经历了政坛的风云变幻、沉浮无常，差点命都保不住，他对世事应已看透了。寄居洹上村，享受大家族的天伦之乐,何尝不是一件美事?这时候袁世凯家族已有一妻九妾,十七个儿子,十五个女儿。除袁克定常住北京、袁克文四处漂泊外,其余子女都在身边。他雇请园丁栽种了桃、李、杏、枣等果树,还把渠水引进园子,开凿了一个大水池,种植荷、菱,养殖鱼类。到了秋天,袁世凯兴致勃勃地带领儿孙们去池塘里捉螃蟹。有意思的是,这些螃蟹是袁世凯平时教儿孙们用高粱和芝麻饲养的,因此收获到那些又肥又大的螃蟹时,全家人都会格外高兴。有月亮的夜晚,袁世凯还同姨太太们荡桨划舟,朝鲜籍三姨太金氏和六姨太叶氏一个弹七弦琴一个拨琵琶,给秉烛夜游的场面增添了别样的情趣。

袁世凯在安阳洹上村隐居的三年,是他一生中最彷徨、最苦闷、最矛盾的三年。有学者最新研究发现,袁世凯在洹上村写了一千多封信,有的是给京城高官的,有的是给地方官员的,还有的是写给亲友的。此外他还作了不少诗,被袁克文编集成册。

这三年,袁世凯的前后心境并不相同。拿一件事来分析,可以看出其中的变化。以前的历史书本中总是说袁世凯阴险狡猾,即使贬职罢官到了洹上村,依然贼心不死,私设电报房,同外界保持密切联系,伺机而动,以图东山再起。而据袁氏家人回忆——无论是袁克文还是袁静雪,都没有谈到洹上村设有电报房的事。史学界几十年研究袁世凯的权威学者骆宝善先生更是一口咬定:洹上村绝对没有电报房。但是在另一些民国当事人的回忆录中(比如刘厚生著《张謇传记》),又说洹上村有电报房。

这成了袁世凯研究中的一个小疑团——电报房到底是有还是没有?

张社生在《绝版袁世凯》一书中,合理地解答了这个疑团。

第一年,袁世凯逃难至此,惊魂未定,还没有来得及缓一口气,断然不可能私设电报房,让自己罪加一等。

第二年,情境虽然有所好转,心情也轻松了许多,栽花种树、吟诗垂钓都是会有的,但要他设电报房,也是犯忌。这两年袁世凯对外联络的电报,应该都是通过彰德地方上的电报局收取和拍出的,处在一个"透明"的状态。

第三年——也是爆发辛亥革命的1911年,武昌革命党的枪声把袁世凯推到了第一线,在朝野上下一片"非袁不同"的强烈呼声中,还未出山的袁世凯已经成为举国关注的重量级人物。他要在洹上村设立一个电报局,是完全有可能的。何况按照张社生先生的说法,这时候全国的电报业务已经很普及了,就算袁世凯自己不设立电报房,清廷也会给他设立一个。这么做既可以讨好袁世凯,让他赶紧出山,同时也确实是出于军事咨询的需要。

北洋陆军秘书科长在随陆军大臣荫昌南下征讨武昌兵变时,看到的洹上村情景是:"路过院中,见某室挂有电报处的牌子,机声嗒嗒,聆之甚晰。"那位秘书科长看到的,正是1911年洹上村设立电报房之后的情景。

这时候袁世凯的心情肯定不再像三年前那么惶恐了。不仅不惶恐,还为清廷遭受革命党的攻击多少会有些愉悦。

这一年袁世凯52岁,又到了寿辰到来的日期。前来祝寿的旧属亲信、富商绅士各色人等云集洹上村,等候一场庆寿宴席。袁世凯没有像两年前那么小心谨慎了,口头上他依然不同意大张旗鼓隆重庆生,语气却松了许多,睁只眼闭只眼的态度,不提倡也不推辞。有意思的是,这场半秘密半公开的祝寿活动正在进行中,忽然接到了一封电报:武昌城响起了枪声。在突如其来的变故面前,前来祝寿的众人仿佛炸开了锅。有部下趁乱递了一句话:此时不反,更待何时?袁世凯一愣,半天没说话,回过神来时冷冷一笑:我不能做革命党,我的子孙也不能做革命党。

再讲一件事,也许能更全面地看出袁世凯在辛亥革命前后的政治态度。

立宪派首领张謇北上赴京,途中专程前往彰德会晤了"隐士"袁世凯。他们的这次见面,被后世称作在野的两大政治巨头会师。

张謇一生当的最大的官是翰林,而且只当了百余天,几乎不能算是进入了官场。但是在晚清诸多重大事件中,却到处留有他的身影。张謇与袁世凯关系一度闹僵,不通音信长达十年。中日甲午战争爆发后,袁世凯主动拜访张謇倾心长谈,二人尽释前嫌,化干戈为玉帛,重新成了政治上的盟友。

这年四月底,张謇带着一大批随员从上海乘轮船溯江而上,经汉口只停留了半天,然后乘专列沿京广路匆匆北上。他的一个重要计划是会晤贬官在籍的袁世凯,共同分析时局,商讨对策。张謇很明白,尽管袁世凯罢官在野,但他在北洋系中的潜在势力仍然丝毫未减,任何政治上的策划,没有袁世凯的默契和支持,都是纸上谈兵。1911年5月11日下午5点,火车到达彰德,袁世凯早派副官和轿子迎候。张謇上轿直奔洹上村,与袁世凯密谈至深夜。袁世凯本来还想留张謇过夜,因张急于赶赴北京而作罢。

在当天的日记中张謇写道:"午后五时至彰德,访袁慰亭于洹上村,道故论时,觉其意度视廿八年前大进,远在碌碌诸公之上。其论淮水事,谓不自治,则列强将以是为问罪之词。又云,此等事,乃国家应做之事,不当论有利无利,内民能安业即国家之利,尤令人心目一开。"

袁、张洹上会晤意义非同寻常,张謇为立宪派物色到了满意的政治领袖,袁世凯则寻找到了一个坚强的社会后盾,晚清的两股政治势力(立宪派与北洋系)汇合到了一起,在即将到来的辛亥革命时期密切配合,最终形成了难以抗拒的潮流,改变了历史的进程。

刘厚生曾评价这次政治会晤的意义和影响:"张謇不过是一个书生,并没有多大势力。袁世凯是一个罢斥的官吏,亦无实在权柄,怎样两人一夕之谈,竟能决定清廷之命运呢?事实是如此,张謇本身并无势力,而当时咨议局议员,的确是各省社会的优秀分子,的确能有领导当时一般社会的能力,而张謇的声望又足以领导各省咨议局。袁世凯虽然身居彰德,其蓄养的政客甚多,岂有不知近情?且其有一手训练的精兵十余万人。旧时代的军队,一向属于个人,而不是属于国家的。世凯虽在彰德,仍有猛虎在山之势,亦为张謇所十分明了。当謇初晤世凯时,世凯对张謇的来意不明,谈吐之间一味闪避,专打官话。后来见謇坦白的态度、诚恳的语言,已完全明了謇的本心,不由得不把自己的意见略略吐露。世凯于送张謇出门时,很恳切地对张謇说:'有朝一日,蒙皇上天恩,命世凯出山,我一切当遵从民意而行。也就是说,遵从您的意旨而行。但我要求您,必须在各方面,把我的诚意告诉他们,并且要求您同我合作。'"

如此看来,张謇的这次北京之行,在为立宪运动摇旗助威的同时,无疑也帮了袁世凯一个大忙,在清廷面前做了一回说客。

1911年10月30日,在清廷答应了袁世凯的六项条件后,袁世凯终于出山。结束了洹上村三年的隐居生活,重新在中国政坛上活跃起来。

远逝的风景留下满目惨淡

那天,明晃晃的太阳照在头上,天气出奇地好。已是12月了,论季节已进入冬天,深秋的景色似乎还舍不得离去,树上挂满了金色的树叶,风一吹,树叶哗啦啦旋转飘落,像金蝴蝶一样翩翩起舞……

那是我第一次去看洹上村旧址,心情有几分兴奋。未去之前,已做足了相关功课,也做好了心理准备,我知道洹上村如今已不存在,它只是历史烟云中的一处风景。当年袁世凯在京城罢官遭贬后,在洹河边建起了这座园林庄园。随着辛亥年间袁世凯重新出山,袁家人像一群群候鸟似的从洹上村飞到了北京、天津、上海、台湾及世界各地,繁华如梦的洹上村开始走向衰颓。袁世凯洪宪帝制失败后,洹上村更是加快了衰颓的速度。后来冯玉祥将洹上村充公办了学校。再后来日本鬼子来了,炮火烽烟将洹上村摧残得一片狼藉,只留下一些残垣断壁。新中国成立后,残垣断壁也被拆除,墙砖拖去修建安阳文化宫,木料檩条有的拖去卖钱,有的被当柴火烧了。

尽管知道了洹上村的历史背景,我的兴致依然未减。毕竟那个地方,见证过一个大人物的跌宕起伏,见证过一个大家族的繁华散尽。车绕着洹河行驶,清清的河水在太阳照射下翻起了朵朵浪花,像一条条金色的鱼儿。洹上村终于到了,只见眼前什么房子都没有,只有一垄垄颜色不同的树苗,在太阳下安静地站着,像是一幅陈旧的油画。在那幅油画中间,兀立着两三棵孤独的树,周围遍地散落着发黄的树叶,使得眼前的景致看上去更加荒凉。

昔日的洹上村,如今已成了安阳的一家园林公司,到处是一垄垄苗圃,园林公司的广告斜斜挂在路边,上面写着:紫薇、连翘、木槿、迎春、红枫、樱花、银杏、红豆杉等各种绿化苗木种子,价格合理,量大从优,送货上门。

我站在那一垄垄花木苗圃当中,站在路边那一块广告牌下,恍若有种在梦中的感觉,一时竟有些怀疑起来:这里真的是传说中的洹上村么?

郑州大学有位老教授叫王碧岑,生于1913年。前几年王老写了篇文章,标题是《我记忆中的安阳洹上村》,说他在看过《大河报》连载的"安阳探访袁世凯身后事系列"报道后,得知采访记者寻找袁世凯故居洹上村"无迹可寻"深以为憾时,触动很大。王老回顾一生,洹上村对他的影响实在太大了,看过《大河报》的连续报道后,他"朝思暮想,欲罢不能",边回忆边记录,写下了这篇关于洹上村的文章。

王碧岑于1930年考入河南省立第二高级中学。进这所学校时,他就听说过这里原来是袁世凯的一处旧居,三年前袁家财产和田地被冯玉祥部抄家没收,家具器皿、古玩字画等值钱的物品被拿到开封城兜售变卖,这里成了一个荒凉的村子。再后来,这里又改建成了学校。王老来这里读书,后来又在这里教书,前后生活了好几年。那时距离冯玉祥抄家的时间还不算远,依稀还能看见袁世凯生活时代的痕迹。

王老在回忆中说,洹河北岸,园林以西,京汉铁路东侧,当年有个袁家车站。名为车站,实际上只有一个西式建筑风格的碑亭,亭中伫立着一块石碑,其上刻有六个字:袁世凯大总统。想来那里曾经是南来北往的火车途径安阳时的一个临时停歇处。一个车站专为一个人而设,可以想见当年的威赫风光。洹上村坐落在园林与碑亭之间的一片旷野上。洹上村名为村,实际只是袁世凯一家宅第的名称。当地老百姓管这里叫"袁家花园",有时也叫"袁宅"。

洹上村坐北朝南,基地呈方形,面积据说有三百亩。四周筑有上薄下厚的砖砌围墙,墙高约7米,墙基厚1.5米,很像城墙,但无城堞。墙内四角贴墙建有上下两层的碉楼。西南的围墙中间开了个拱式大门,门上方墙壁上横刻了三个大字:洹上村。

住宅院距离大门大约有六七十米,全封闭式。整个生活区由主院、内院和裙院组成。进门楼西去,是一个正方形的主体庭院,四面房屋不分高低大小,都是五开间。屋脊无吻兽等装饰,但都有橡廊。各间房都是落地门扇,门开在当中一间。门扇廊柱檩枋全都是黑色,气氛森严。内院院落的组合和建筑的格式更是离经叛道，从主院北屋和东屋的山墙之间可到内院。内院是宛如棋局格式的很多四方形院落，每个院落的面积和主院相同，房屋也是五开间，只是略矮一些。除了院四周房屋的前墙有门窗外，院中纵横排列的所有房屋前后墙都有同样的门窗。这样的建筑设计不合我国传统的建筑形制和原则，王老说他也是第一次见到，深以为奇，所以印象特别深刻。

住宅院东侧，有扇小门可通往南北狭长的裙院。所谓裙院，即类似多进四合院最后一进院里的罩房，一般用来做厨房、仓库或者佣人居住。在这个院子里，王老曾亲眼见到过三块大匾，金边框，红、蓝色底，匾的上方正中，钤有朱文"慈禧皇太后御笔之宝"等字样。由此，可以看出慈禧太后当年对袁世凯的倚重，也能看出袁世凯借用慈禧的余威自保的良苦用心。

洹上村内，东边是花园。花园占地面积很大，建筑规模却并不大。王老在这里读书、教书时，这个花园已经改成了学校的运动场。

花园与住宅区中间是一条贯穿南北的大路。路中段西侧，有座铁质筒形状的大水塔。东侧临路处矗立着高约三米的一块太湖石屏，内安有水管，水从石屏上方流进了一条南北向的小河里。路的南端，河水汇入水面开阔、椭圆形状的一个大水池中，河池均用青砖砌岸。当年袁家的太太小姐们经常在河池中泛舟戏水。袁世凯那幅深有寓意的洹上垂钓的照片，就是在这个河池里拍摄的。

洹上村还有一处醒目的景观，即水池北岸横亘东西的假山。假山全是用太湖石堆叠成的，假山上建有一个四角攒尖亭，可登临亭子里观赏园景。山下，花木遍地，郁郁葱葱。假山北边的花丛中，有个六角攒尖顶的大凉亭，可以容多人纳凉或歇息。离水泥不远处，绿荫掩映下有一座青灰色的高大建筑物，那时便是大名鼎鼎的"养寿堂"。

养寿堂坐北朝南，地上到处铺设着水磨砖。据说那里有地下室，可惜王老没有见到，想必是被毁掉了。养寿堂的布局非常合理，整个花园体现了一种和谐的美感。南端为人工湖，北端为人工山，山湖相映，山水相连。引洹水入园内，溪水长流，循环不息。湖内水清见底，游鱼穿梭，荷花飘香。山与湖之间的空旷处，分布着风格各异的建筑，有谦益堂、五柳草堂、乐静楼、红叶馆、纳凉厅、澄澹榭、蔡心阁、杏花村、临洹台、洗心亭、垂钓亭、盖影亭、滴翠亭、枕泉亭、接叶亭、待春亭、瑶波亭、泻练亭、天秀峰、碧峰洞、椎风洞、散珠崖等。单单听这些名字，就能想见当年的无限风光了。

洹上村的西边围墙外，还有一片整齐有序的建筑，是几排白墙灰瓦的平房，当年是袁家卫队营的营房。冯玉祥来抄袁家时，先缴了卫队营的枪械，而后长驱直入，将袁家洗劫一空。

当年这一带的绿化做得非常好。从洹河北岸到洹上村大门，道路两旁是大片浓荫密布的柳树林。围墙里，沿墙成行的大叶杨高凌云霄。若从远处望去，横空出现浑然一片、云彩般的墨绿色树冠，曾让年轻时的王老不止一次产生海市蜃楼的奇妙幻觉。

1933年，王碧岑到青岛去求学，依依不舍地离开了洹上村。四年后，他从青岛国立山东大学毕业了，应母校之聘又回到洹上村教书。仅仅四年光景，洹上村的颓败荒芜已完全出乎意料，让他触目惊心。

袁家花园因不归学校管理，已经破败了。那年夏季的雨水特别多，九月的一天中午，王碧岑刚离开教室去吃午餐，突然听到一声巨响，回头一看，教室的整个屋顶都坍塌下来，幸亏当时教室里没有人，才没有发生伤亡。过了两三天，裙院里的学生食堂又发生了类似的事件，这之后无论是学生还是老师，坐在教室里都免不了要小心翼翼。一天晚上王碧岑查看自习，刚走进教室，学生们不知听到了什么响声，一个个跳起来作鸟兽散，有的学生慌不择路，从窗子里翻出去跑到了外面空旷的操场上。

抗日战争爆发，京广铁路线北段全部防线迅速崩溃，国军部队和京广沿线政府机关纷纷撤退，如潮水般涌进了安阳。日军飞机对安阳进行了狂轰滥炸，学校师生们躲在围墙四角的碉楼里避难。一个内行人说，不用担心，碉楼楼顶和楼棚板都是用钢轨铺成的，经得住五百磅炸弹。日军袭炸后的第二天，学校校长召集全体职员开会，在会上校长沉痛地宣布："学校要撤退了。十年心血毁于一旦，此时此刻我的心情非常难过……"说着校长低头掉下了眼泪。

果然，学校撤退后，所有的财产立刻被人抢劫一空。房屋、花园、亭台楼阁,统统成了一片废墟。

2009年,我第一次探访洹上村时,距离王碧岑老人生活的那个年代又过去了六七十年。如前所述,洹上村已是一派荒芜的景象,成了一家园林公司的花木苗圃园地。和我一起来的几个电视台的朋友扛着摄像机,到处去寻访可供拍摄的景点和旧址。我没有跟他们同去,留在了洹上村的废墟上,一边慢慢转悠,一边想着历史的吊诡、温情与残酷。

突然,苗圃中的泥地里有几块瓷片吸引了我。我蹲下身子,拾起了那几块破碎的瓷片,拿在手中仔细观摩,花草虫鱼、飞禽走兽的零碎图案在太阳光下晃动,一时恍惚,我仿佛看见了一百多年前的那段历史。王公贵族的荣耀与悲哀,静静掩埋在黄沙荒草中,那一刻感觉我离他们那么近,似乎能听到历史深处轻轻的欢笑声和叹息声。

电视台的朋友们拍摄洹上村的景致花了一两个小时,在这段时间里,我在洹上村的花木苗圃地里寻找瓷器碎片,竟有意想不到的收获。那些破碎的瓷片散失在苗圃地里,几乎每块苗圃地里都有,小的只有豌豆那么大,大的有白杨树叶那么大,甚至还有完整的镌刻着花纹的碗底。不算长的时间,我竟拣了好几十片,装入一个小口袋里,没事时就一个人拿出来看看,瓷片上的光泽已不再鲜艳,内中的含义我感到有时能读懂,有时又不那么懂。

地方史志记载:1938年,日本鬼子来了,在洹上村北边修建了一个军用机场;1948年,中国人民解放军二野的山炮对盘踞在洹上村一带的国民党军队进行了猛烈的炮击;1949年,安阳解放了,洹上村已是破败不堪,有的房屋毁于炮火,没有毁于炮火的后来也被当地人拆走了。

2009年,我在安阳洹上村、袁林等地采访时,听当地人讲述过袁家人后来的故事。

袁世凯病逝后,他的所有妻妾和子女都在天津、北京两地。只有最小的儿子袁克有一个人孤零零地留在了安阳。

我一直想探寻其中缘由。通过对一些线索的梳理,慢慢明白了其中道理。

袁克有生于1917年,此时袁世凯已病逝,袁家原来繁华富丽的大厦倾倒了，袁克有作为遗腹子，从出生那天起就注定了要遭遇不幸。

导致袁克有流落安阳的另一个原因是，他的母亲是叶氏。

叶氏是袁世凯的六姨太，此人就是传说中袁克文赴江南猎艳回到京城后，掏出的那张照片中的妓女。她在袁家本来就没有什么地位，生袁克有时，袁家已经分崩离析，更没有人顾得了她了。

袁世凯第七子袁克齐回忆袁家分家时的情景："儿子每人分现款一万余元，各种股票八千余股，加上每人分房二十余间，合计可得二十余万元。女儿每人分现款七千余元，其他财产无份。母亲们各随自己的子女度日，不给钱财。"袁世凯病死时袁克有还未出生，所以不可能分到钱财，那么六姨太叶氏生活无着落的窘迫状况就可想而知了。

叶氏生有二子三女，女儿不能指望，儿子是十四子袁克捷和十七子袁克有。袁克捷当时正在读书，还是个学生，分到了一笔钱财，叶氏便跟着他过生活。可怜的是，肚子里正怀着的遗腹子袁克有，就没有那么幸运了。出于无奈，袁克有生下来后，叶氏含泪让管家徐东海带他去了安阳洹上村。

据地方文史记载：1928年，冯玉祥占领洹上村，抄家袁府的财产，年仅11岁的袁克有随管家徐东海搬到了安阳市裴家巷72号院寓居。他们在自家门口挂上一块"袁林管理处"的牌子，靠这个名义，零散募集一点钱，紧紧巴巴地过日子。有时候生活实在过不下去了，就变卖袁林里的白杨树凑点钱。

1934年，17岁的袁克有与东北姑娘于茹英结婚。袁克有有吸鸦片的习惯，在他的影响下，于茹英也开始吸鸦片。这样一来，家境更是窘迫。

安阳解放时，袁克有被解放军俘获。按照去处自愿的原则，他领了笔路费去了天津，和袁家人聚合，妻子于茹英却被留在了安阳，带着尚还年幼的两个儿子和两个女儿开始了极其艰难的生活。于茹英帮人洗过衣服，捡过破烂，有时候甚至还靠乞讨度日。经常有人看见她在数九寒冬的季节里砸开封冻的河冰，佝偻着身子洗衣的身影……

袁克有回天津后再也没有回来，后因胃癌死于1953年，那一年他36岁。

袁家在洹上村的故事，留下的是一个凄凉的结尾。

风水是一门玄学

袁世凯想搞洪宪帝制，一直瞒着他的两位心腹旧属——段祺瑞和冯国璋。有一天，冯国璋又听人在背后议论帝制之事，再也坐不住了，亲自找上门来要问袁世凯个究竟。

袁世凯长叹一口气，说道："华甫啊，你刚才说的都是谣言。我们老袁家就没有活过60岁的男丁，我今年57岁了，就算做皇帝，又能做几年？再说了，做皇帝无非是把江山传给儿孙，你看看我的儿子哪一个是成器的？老大是个瘸子，老二是个浪子，其他儿子不是无才就是年幼，哪一个能承继皇业？况且帝王家儿孙没一个有好下场，我当皇帝是害他们。"

袁世凯擅长演戏，假话真说。可是这一次他说的是真话，至少"我们老袁家就没有活过60岁的男丁"这一句不虚，这句话像是一个家族魔咒，笼罩在袁氏家族的头上，也笼罩在袁世凯的头上。

曾祖父袁耀东只活了40岁，叔祖父袁甲三57岁，亲生父亲袁保中57岁，叔父袁保恒51岁，袁保龄48岁，继父袁保庆49岁。袁家所有的男丁都没有活过60岁，袁世凯说这话时岁数已逼近花甲之年，他始终感到有一个阴影潜伏在附近不远之处，随时可能猛扑过来。

袁静雪在《我的父亲袁世凯》中说："我父亲是有迷信思想的。他既相信批八字，也相信风水之说。有人给我父亲批过八字，说他的命'贵不可言'。还听到说，我们项城老家的坟地，一边是龙，一边是凤。龙凤相配，主我家出一代帝王。这些说法，无疑会使我父亲的思想受到影响。他之所以洪宪称帝，未始不是想借此来'应天际运'吧。"

据说当年在项城修建袁寨时，袁家就对风水非常重视。他们恭恭敬敬请来了远近闻名的风水先生宽五爷，踏勘地形地势。宽五爷手托罗盘，认真看了看袁氏祖先的坟茔，神情变得谦恭起来："两龙走势，一凤后翔，钟昆前峙，形似太极之圈，状如莲花开放，茔城收山川大地灵气，贵不可言！"未等袁重三细问，又附在他耳边说："天机不可泄露，袁家需要选择一个极吉的阳宅，以应此阴宅，便可大贵。"三天后，宽五爷选中了张营东面20里处的石腰寨,提议此地为修筑袁寨之所,并吟诗一首:"洪河洹河相傍形,背山面水称人心。山如虎踞昂神威,水有来龙双抱回。地广路宽大富贵,远在京城垒重金。戎机相长正光明,门庭巨旺第一人。"据说这首诗中蕴藏了多重玄机,洪河意喻"洪宪帝制","大富贵"是说袁家有阴阳两宅之福佑便会如日中天,"垒重金"暗示金銮殿和金龙椅,"第一人"更不用解释,预示着后来袁世凯当大总统称皇帝,等等。

仅仅用了半年多的时间,袁寨便修筑完工。这是一个具有典型的战乱时期特点的城堡式建筑风格的寨子,外围挖了一条长长的护城河,坚固厚实的城墙绕寨而筑,拐角处垒起六座高高的炮楼,供家丁乡党放哨望风之用。城墙以内,幽深的院落款曲相连,重重叠叠的瓦檐错落有致,形成了一片别具风格的建筑群。袁家男女老少四五十口和几十个佣人家丁,以及几十户佃客,统共有近二百人倚寨而居。

袁世凯罢官贬职后,起初是住在河南卫辉府。他正值逃命之时,对风水之说尤为看重。他花重金请来了一个风水大师,此人名叫许长义,无人知其年岁,风传他曾云游四方,东到蓬莱,南至虎门,北到漠河,西抵玉门关,天下名山大川,无处不到。许长义先是客套一番,接下来说了一段让袁世凯至死未忘的话:"彰德若有宅,前临洹水,左拥太行,背靠北而口吞南。在此地潜伏,不用三年,可成大器。"

袁世凯修筑洹上村,蛰居三年,东山再起,最终成为民国大总统。

据说,袁世凯当大总统后,对这个外号叫许瞎子的风水大师念念不忘,让人找到他,请到北京城,好吃好喝了几天,又送了一千银元。此后许长义的名头更响了,请他算命看相的人络绎不绝。

民国名士刘成禺有首打油诗:"休言麟定说公孙,鲁语能污帝阙尊。蜡烛满前君莫笑,沛公入厕在鸿门。"这首诗背后,据说有这么一则故事。

洪宪帝制期间,袁世凯搬到了紫禁城,风水大师贾先生一连在紫禁城转悠了三天后,得出了他的结论:皇宫禁地,样样都好,唯有新华门气散而不聚,正位之后,恐怕会有波折。袁世凯问他有什么办法解救?贾先生说,办法是有,在新华门左侧修一间厕所,聚收秽气。袁世凯于是依计而行。

这个故事在民国年间流传比较广,却并没有什么依据。刘成禺名士派头,他的掌故集《世载堂杂忆》《洪宪纪事诗》虽然读起来精彩,但却有很多事实经不起推敲,拿这种野狐禅式的一鳞半爪来戏说历史,留下的只能是谬误。

袁世凯一生中结交过多少风水先生,已无法完全清楚。稍加统计,恐怕会是一个惊人的数字。仅在1913至1914年间,他就曾找过风水先生贾兴连、张振龙、郭三威、张晓初等算命,求证自己有无"龙兴之运"。

北京城早年曾流传过"西山十戾"的民间传说,有十个修炼成精的妖怪,投胎人世,做了清朝开国以来的当权人物,这十个妖怪是:熊、獾、鹗鸟、狼、驴、猪、蟒蛇、猴子、玉面狐、癞蛤蟆。它们对应的人身是:多尔衮、洪承畴、吴三桂、和珅、海兰察、年羹尧、曾国藩、张之洞、慈禧太后、袁世凯。这个传说在民间流传很广,且据此又产生了另外一个传说:

袁世凯有午睡的习惯,每天都要睡一两个小时,醒来时要喝一口茶。他有一只雕刻精致的玉杯,由一个书童按时献茶进去。一天,书童进房献茶时,看见一个极大的癞蛤蟆躺在床上,他吃了一惊,手一松,玉杯掉在地上摔碎了。书童吓得半死,惊慌地去找一个老家人请教,老家人教给他一套话来应付。当书童再进房献茶时,袁世凯问他玉杯呢?书童老老实实回答:摔碎了。袁世凯大怒,书童讲了献茶时屋子里发生的一切,不过他把床上躺的那只癞蛤蟆改成了五爪大金龙,袁世凯听后怒气消散,从抽屉里抽出一张百元钞赏给书童,叫他在外边不要乱说。

这个传说在北洋系中颇为流行,冯国璋讲述这个故事后还得出一个结论:袁世凯当初并没有当皇帝的想法,只因书童之言让他相信自己是转世真龙、相信自己有做皇帝的福分。冯国璋跟随袁世凯多年,对袁非常熟悉。他说这个话,也显示出袁世凯确实有着比较浓厚的迷信思想。

第五章 袁门家风及儿女们的婚事

◎

袁家班底小盘点

袁世凯班底的基础是北洋系,核心层,即被称作"北洋三杰"的王士珍、段祺瑞、冯国璋。除此之外,外围有小站练兵时的旧人王怀庆、段芝贵、曹锟、陈光远、张怀芝、卢永祥、雷震春、田中玉、孟思远、孟恩远、陆建章等,以及受袁节制的旧军将领姜桂题、张勋、倪嗣冲等。

这批人进入袁的核心层,在中国政治舞台上十分活跃,形成了"武夫"掌国的北洋军阀统治时期。到了后期,袁世凯感到北洋系暮气日重,许多旧属不听他指挥了,遂有启用新生力量的想法,蔡锷即为其中一例。然而因为袁世凯此时热衷于洪宪帝制,触犯众怒,他看中的新生力量反倒成了他的掘墓人。

袁家班底还有一个核心智囊层是他的幕僚。

袁世凯初到朝鲜,他的幕僚参谋只有三个人:茅少笙、纪堪沛、陈长庆。他们看不起年轻的袁世凯,袁也认为他们是只会八股文的迂腐老朽,后来的结局也不甚明了。后来,袁世凯在朝鲜监国当"小钦差"时,提拔重用了一批秘书智囊,如唐绍仪、阮忠枢、刘永庆、吴长纯、吴凤岭、雷震春、王同玉、赵国贤、王凤岗、徐邦杰、唐天喜、吴仲贤、蔡绍基、梁如诰、林沛泉等。

天津小站练兵时期,袁世凯的政治班底和幕僚班子都已基本建成,曾经有一段时期,袁世凯除担任北洋大臣和直隶总督外,还身兼八职(参与政务大臣、督办关内外铁路大臣、督办津镇铁路大臣、督办商务大臣、督办电政大臣、会办练兵大臣等),位重一时,权势熏天,甚至超过了曾国藩、李鸿章当年的威风。

袁世凯在各个机构安插亲信幕僚,有人曾问袁世凯:大总统的辅弼人物,谁最值得信赖?谁最有才能?袁世凯给出的回答是:最亲信者有九才人、十策士、十五大将,分别是雄才徐世昌,逸才杨士琦,良才严修,奇才赵秉均,檠才张謇,隽才孙宝琦,清才阮忠枢,长才周学熙,敏才梁士诒;善辞杨度,善谋王揖唐,善断张一麐,善计曹汝霖,善策陆宗舆,善治章宗祥,善政汪荣宝,善文金邦平,善道顾鳌,善事施愚;福将王士珍,主将冯国璋,重将段祺瑞,儒将张锡銮,老将张怀芝,猛将张勋,守将田文烈,勇将曹锟,大将倪嗣冲,战将段芝贵,健将雷震春,胜将陆建章,强将江朝宗,骁将田中玉,武将陈光远。

在袁世凯的幕僚中还有一类特殊人物,是外国顾问和教习。袁世凯在小站练兵时,就聘请了十几名外国教官,如稽查员伯罗恩、参选营务巴森斯、马队第一营总教官曼德等。升任直隶总督后,又大量聘请了日本籍教官,据袁世凯的政治顾问,澳大利亚人莫理循书信中透露,袁幕下计有日本教官六十余人。在这些日本顾问和教官中,坂西利八郎与袁世凯的关系最深,他在袁世凯身边十几年,北洋军阀的新编制、陆海军大元帅统率处的筹备等,都是这个日本人一手策划的。

外国顾问中有两个人尤其值得一提:一个是莫理循,一个是古德诺。

莫理循(1862—1920),全名乔治·厄内斯特·莫理循,此人一生极具传奇色彩。民国元年(1912年),莫理循应聘担任了袁世凯的政治顾问。袁世凯当时的想法是希望利用莫理循的名声来获得英国政府的支持,但是莫理循在英国政府眼里仅是个记者而已,袁世凯也因此对他有所冷落。尽管莫理循尽忠尽职,想当好这个政治顾问,但他所提的政治主张和建议袁世凯并不很当一回事。不过袁与莫理循之间的私谊始终不错,隔三岔五,袁就会派子女和姨太太给莫理循家里送花;当莫理循的长子出生时,袁送礼物表示祝贺;民国二年(1913年),莫理循的母亲和姐姐来中国,袁世凯亲自宴请,并馈赠名贵衣料和首饰。民国时期的著名记者黄远生曾经感叹道:"袁氏外国顾问无数,莫理循君,尤邀殊宠。"

古德诺(1859—1939),美国约翰·霍普金期大学校长、美国政治学会的创始人。古德诺来华,是通过卡内基万国和平基金会介绍的,接待者是袁克定,听说古先生是研究宪政的专家,袁克定收起大架子,毕恭毕敬地当起了学生。这样的恭谦姿态,给古先生留下了很好的印象。

古德诺作为袁世凯的高级政治顾问,与中国政府签订的是三年合约,但是他实际在华服务时间只有一年半。后一年半,古德诺返美出任约翰·霍普金斯大学校长,在华政治顾问一职等于是个挂名虚衔。这个"满腹诗书,胸无城府"的老夫子,拿了二万五千元的年薪,写了一部学术著作《共和与君主论》。古氏这份备忘录是专为袁世凯撰写的密件,仅供个人参考,文章中强调君主制优于共和制。然而密件到了袁克定手上,被捧做了推行洪宪帝制的"圣经",在报纸上大肆宣扬炒作。古德诺是世界级的权威人士,他这颗砝码很重,一放上天平,袁世凯更是死心塌地要搞帝制了。

据看过古德诺这份密件原件的唐德刚先生说:"其实从法理、学理和史实的角度来看,古老头的这篇谬论,还不算太谬。他的谬,是谬在他老学究的政治天真。他不该在那个紧要关口,写那篇助纣为虐的文章,学术虽是中立的,但在那个没有中立存在的是非时刻、是非之地,客观是非的标准就不存在了。"古德诺这份密件从纯学理的角度对东方政治制度大胆发言,而他对中国近代政治史却毫不了解。

袁家班底还有个"嵩山四友":徐世昌、张謇、李经羲、赵尔巽。对这个"嵩山四友"老袁给予了极高的政治待遇:免其称臣跪拜;赏乘朝舆,到内宫换乘肩舆;皇帝临朝时,四友可以坐板凳;每人每年给二万元顾问费;此外,还有个名声不好的"六君子":杨度、孙毓筠、胡瑛、严复、刘师培、李燮和。他们的组织名称叫"筹安会",名义上是一个带有研究性质的学术团体,由"旷世逸才"杨度牵头,参加者均为当时的社会名流。经过他们的研究论证,共和体制确实不符合中国国情,还是实行帝制对国家发展有利。

——以上为袁家班底的基本框架。

人们评价袁世凯经常爱用两句话:治世之能臣,乱世之奸雄。对于后一句话,几乎所有的人都烂熟于心;对于前一句话,则往往语焉不详,说不清这个"能臣"究竟"能"在何处。提到袁世凯,很多人都认同老袁肯花钱,是个玩权术的高手。

其实肯花钱也不一定能买得通人心。袁世凯视金钱如粪土,临死前的家产与"总统"这个职位不相称,他笼络人才,除了用金钱外,确实有一套办法。

有一个故事是这样的:袁的幕客阮忠枢钟爱一个叫小玉的妓女,想为小玉赎身。袁世凯一听,板着脸说,你是朝廷命官,怎么能做这等荒唐事?阮忠枢惭愧地低下头,把满腔爱意藏进心底。半个月后,袁世凯带阮忠枢赴天津公干,办完公事,晚上和阮忠枢来到一个宽敞的院宅,只见屋里已布置停当,大红灯笼高高挂,红烛喜字红窗花,司仪冲着阮忠枢高呼"新姑爷驾到",被人糊里糊涂推进洞房的阮忠枢这才知道,老袁暗中给小玉赎了身,又买了这幢院宅,成全了一对良人。有这种施恩的上司,阮忠枢自然会"涌泉相报"。

再比如"送命二陈汤"中的那个陈宦,原来并不是北洋系的人,民国时期到天津解散民军,工作做得颇有创造性,一下子被袁世凯看中,感叹道"吾北洋竟无此一人",事后不久,就将陈宦挖到他身边成了心腹骨干。

从表面上看,袁世凯帝制失败,归结于蔡锷领导的云南起义。实际上袁氏王朝的崩溃,原因之一还是旧班底纷纷闹起了造反,袁世凯的指挥棒不灵了。正如唐德刚先生在《袁氏当国》中所分析的:"袁氏对民国如无二心,他的统治笃笃定定,不会有太多问题;如他背叛民国,来恢复帝制,那他这洪宪王朝,便是个泡沫王朝,一戳即破。"

满汉通婚开禁后袁家的几桩婚姻

依照早先清廷的法律,满汉不能通婚。清朝皇族后裔昭梿在《啸亭杂录》中写道:"满洲旧俗,凡所婚娶,必视其民族之高下,初不计其一时之贫富。"如满人娶汉女,不能上档(户口),不能领红赏和钱粮;如果满族女子嫁汉人,则取消该女子原来所有的特权,还要受到非议和谴责。

东北地大物博,容易谋生,晚清以后,山东、河北、河南"闯关东"的人越来越多,朝廷只好开禁,允许关内移居东北的汉人与满人通婚。但是仍对满族人提供优惠政策,鼓励八旗子弟从关内北京等地回东北占地垦殖。

满汉通婚开禁之后,袁世凯得风气之先,迅速与晚清权贵订了几桩姻亲:五子袁克权娶两江总督端方的独生女儿、十三子袁克相娶军机大臣那桐的孙女儿、七女袁复祯嫁给了陆军部尚书荫昌之子荫铁阁。此外,原先订下的婚姻还有次女袁仲祯嫁端方侄子,袁世凯死后,袁仲祯解除了这桩婚约,嫁给了晚清大臣薛福成的孙子薛观澜。

晚清官场流传一首民谣:"京城旗下三才子,大荣小那端老四。"大荣是荣庆,小那是那桐,端老四是端方。这三位才子不仅有学问,擅诗文歌赋,好金石书画,而且思想和行为既新潮又时尚,与晚清那些顽固派截然不同。

端方(1861—1911),字午桥,号陶斋,满洲正白旗人。端方一生历仕南北,总督一方,在晚清政坛显赫一时,许多大事件中都担当了重要角色。其幕僚劳乃宣这样评价他:"昼则接宾客,见僚属;夕则治文书。其治事也,幕僚数人执案牍以次进,旋阅旋判,有疑义随考核加谘(咨)取焉。谋虑即得,当机立断,未尝见其有所濡滞,亦未闻其事之有遗(贻)误也。"精明能干的形象跃然纸上,连翁同龢也称赞他"读书多""勤学可嘉"。

这个人喜欢谈论时局,遇人动辄滔滔不绝,观点符合文明潮流,代表了当时的先进文化,这一点很对袁世凯的脾性。说起来,袁世凯和端方早已有过政治上的合作,而且合作得很愉快。丁未政潮酣战正急,时在上海担任两江总督的端方通过技术造假,伪造了一张岑春煊与梁启超在一家报馆门前合影的照片,看到这张照片,慈禧太后勃然大怒,岑一直是她眼皮底下的红人，竟然和维新党搞到了一起，结果自然是撤职。威风凛凛的岑春煊就这么轻松地被扳倒了。这件事弄得端方声名鹊起，郑孝胥评价天下人物有几句名言："岑春煊不学无术，袁世凯不学有术，张之洞有学无术，端方有学有术。"

宣统元年（1909年），端方调任直隶总督，一般人都认为他将要为清廷挑大梁了，哪知关键时刻栽了个跟头，而且这一跤跌得不轻。

事情的起因仅仅是因为在给慈禧太后举行葬礼时，他安排手下砍了几棵树，照了几张照片，就遭贬职丢官，由此也可看出宦途之险恶。这个事件是由李鸿章的孙子李国杰最先发难的，背后的黑手却是杨崇伊。其时，李国杰为农工商部左丞，给朝廷上了一道奏折，参劾端方在陵园砍树坏了风水，照相更是摄走了皇室的魂灵，隆裕太后拿不定主意，把案子交部严议，几经折腾，结果倒霉的端方还是被剥夺了官职。

宣统三年（1911年），端方东山再起，被朝廷授命为粤汉、川汉铁路大臣。出京南下赴任途中，经过河南彰德，他专门下火车去拜访袁世凯。此时袁世凯虽说仍在洹上村当"隐士"，但是朝野上下希望他复出的呼声越来越高，袁世凯出山只是个时间问题。这次会晤，宾主双方是在非常愉悦的情形下进行的，袁世凯还专门安排了一场电影——这在那个年代十分少见。除了谈论时局和对策外，两家还订了姻亲。

陶雍是端方的独生女儿，袁克权谈吐儒雅，是袁世凯的爱子，这桩婚姻对于双方来说都是慎重的考虑，也足见袁世凯与端方关系之不一般。

端方后来的结局很惨。在官场恢复职位后，清廷派他赴四川督办川汉铁路，后来又接替赵尔丰任四川总督。还没有来得及到任，就在路途中被革命党杀掉了。

据袁世凯家人回忆，端方兄弟被杀后，他们在京城的家眷吓得六神无主，最先想到的还是袁世凯。他们改扮成汉人，乘火车来到彰德洹上村避难。提到端方，平素不爱动感情的袁世凯也颇为难过，认为端老四是他最能推心置腹的人之一。

袁克权与妻子陶雍（晚清大臣端方的女儿）

那桐（1856—1925），清末满洲镶黄旗人，叶赫那拉氏，字琴轩。举人出身，在清末光绪、宣统年间先后充任户部尚书、外务部尚书、总理衙门大臣、军机大臣、内阁协理大臣等重要职务，对晚清政局影响不小。他有功于袁世凯，主要是辛亥革命爆发后，与徐世昌等一起保荐袁出山。摄政王载沣对那桐的意见向来重视，何况那桐的话说到绝处：愿以身家性命担保！载沣看到那桐如此死保袁世凯，不由得怒火上升，板着脸狠狠说了那桐几句。

谁知道那桐将头上的官帽子摘下来丢到桌上，辞官不干了。庆亲王也乘势配合，天天不上朝，闹起了罢工。前线军情十万火急，加急电报一封接一封雪花似的飞来，手下的几个大臣却和他闹别扭，载沣急得只好让步，请那桐"乘坐二人肩舆"，授袁世凯钦差大臣节制各军。

袁世凯知恩图报，不久就订下了两家的婚事：袁克相娶了那桐大孙女张寿芳。袁克相早年毕业于燕京大学，中英文都好，书法上也有造诣，以善写篆书而在天津闻名，遗憾的是婚后夫妻二人感情不和，于1958年离婚，膝下无子。新中国成立后，袁克相在天津第41中学教英语，"文化大革命"开始后，红卫兵首先揪出了他，不断地批斗、游街、毒打，使这个孤独的鳏夫含恨离开了人世。

荫昌（1859—1928），满洲正白旗人，字午楼，又字五楼，同文馆毕业，早年留学德国学习陆军，出任过驻柏林使馆三等翻译。此人出国留过洋，脑袋瓜子里装了不少新思想，正是这一点为袁世凯所看重。天津小站办新建陆军，向袁推荐北洋三杰的就是这个武备学堂总办荫昌。袁世凯在山东办新政，与德国人谈判遇到了麻烦，还是这个荫昌从德国赶回来帮忙，成全了袁老四想办的好事。此后荫昌调至山东佐赞军务，直接归入袁世凯麾下任副都统，在与八国联军议和中，这个懂洋务的人起了重要作用。

宣统三年（1911年），清廷下诏废除军机处，颁布新内阁官制，设立责任内阁，以庆亲王奕劻为内阁总理大臣，大学士那桐、徐世昌为协理大臣，各部共设十三个大臣，满人九人（其中皇族五人），汉人仅四人，时称"皇族内阁"。就在这时，荫昌出任陆军大臣，实际上掌管了清廷的军事大权。

1911年11月,袁世凯任内阁大臣时与联军首领和大臣们合影

武昌枪响之初,荫昌受命节制湖北各军,前往弹压。此前有胡思敬弹劾其人有书呆子气,不宜担当最高指挥官,果不其然,火车行到河南彰德,荫昌下车前去拜访袁世凯,讨教如何对付革命军。其实荫昌聪明得很,他心里十分清楚,名义上归他管辖的冯国璋、段祺瑞等人的军队,实际上总舵主仍然是袁世凯,指挥常常失灵,凡事还得仰仗总舵主掌舵。

清帝退位后,荫昌跑到青岛躲了一段时间,避过风头,还是投到了袁世凯门下,担任总统府侍卫武官长,为袁家看家护院。袁世凯死后,荫昌仍在北洋担任高官,凡是北洋政府与"小朝廷"之间仪式性的场合,都少不了荫昌这个特使进宫周旋。荫昌做人乖巧是很有名的,1927年末代皇帝溥仪结婚,荫昌先向溥仪行鞠躬礼,然后又跪在地上磕头,巧妙地解释说:"先前行的鞠躬礼代表民国,现在奴才是给皇上下跪。"做官灵活到了这个份上,也真是难为了他。

由此说来,袁世凯结下荫昌这个儿女亲家还真是有远见,既有名望又实用,政治联姻的妙处可窥一斑。

政治联姻:官网中的穿针引线

在晚清政坛,虽说立宪派和革命党都在争夺天下,但是旧官僚仍是一股不可忽视的政治力量。他们掌控着地方大权,听从清廷当局者的指挥,是棋局上的重要棋子。对于这股政治势力,袁世凯当然不会放弃,从袁家三十二个儿女中挑出了几个,向这些旧官僚家庭抛出了红丝线。

周馥(1837—1921),字玉山,安徽建德(今东至)人。他的一生简直是个奇迹,论功名,不过是一名监生,却能平步青云,官做到总督一级。

周馥年轻时混迹于社会底层,帮人代写书信,也干过刀笔吏。按清律,凡有功名的士子一律不许参与讼事,周馥是监生,替人写过诉状,打官司的两家都有来头,输了的那家将他告到衙门,县官要抓他进大牢。惊吓之下,周馥远走高飞,投到曾国藩军中做起了缮写员。据说,曾国藩军情奏折中有句"屡战屡败"被改作"屡败屡战"的杰作,就是周馥所为。

袁世凯认识周馥的时间很早。周馥去世后,其三女婿袁克轸(袁世凯第八子)曾在挽联中写道:"识英雄于未遇,说来真古道所稀,数吾父知音,唯公最早",就是指袁与周早期相识一事。那时候袁世凯的嗣父袁保庆还在世,经常往来于李鸿章府中,偶尔也带少年袁世凯去长长见识。后来袁保庆与周馥在两江总督马新贻幕中共过事,关系走得很近。袁世凯对周馥能写一手漂亮的毛笔字佩服得五体投地,这两个年龄相差近20岁的人怎么也不会想到,日后他们会成为最相契的儿女亲家。

这对忘年交在山东开始了他们的政治蜜月。开埠(开通商口岸)、修铁路、办学堂、建自来水公司等一系列举措,昭示着中国工业近代化在这对盟友手下艰难起步。也就是在这段时期,为了让彼此关系更牢固,他们结成了儿女亲家:袁家八子袁克轸娶周家十一小姐周瑞珠做妻子。

周家祖上并没有什么显赫人物,但是从周馥这一辈平地突起,其家族史构成了近代史上的一道绚丽风光。20世纪初,周家以天津、上海为基地,已形成了庞大的实业家族;到了20世纪末,又以北京为中心,形成了一个文理并重、中西交汇式的学术大家族,从官宦到实业再到书生,周家能人层出不穷,灿若群星,足足风光了一百多年。周家第二代中,长子周学海"不为良相,甘为良医",是我国医学界的泰斗人物;四子周学熙,被誉为"北方工业巨子",是我国民族工业奠基人之一。第三代中,有周今觉、周叔弢、周志俊这样的儒商。第四代,涌现了一大批专家学者,如周一良、周煦良、周绍良等。第五代"启"字辈,有周启成、周启乾、周启鸣等。此外族中还有不少全国知名的收藏"大王",如邮票大王周今觉、戏单大王周志辅、古墨大王周绍良及著名藏书家周叔弢等。

其中最为耀眼的莫过于"红顶商人"周学熙。周学熙(1866—1947)，字缉之，号止庵，光绪年举人，光绪二十七年(1901年)周学熙以候补分发山东，被袁世凯委派创办山东高等学堂。显然，儿子沾了老爸的光，这次重用多半是看在周馥的分上。但是，此人很快展现出了卓尔不凡的才能，创办大学是新生事物，无前例可参考，周学熙按照洋务派"中学为体，西学为用"的教育方针，订立办学章程，大力整肃校风，大胆聘请外籍管理人员和教员，开设了学习西方先进科学技术的新课目，这些做法开风气之先，很受袁世凯的赏识。

第二年，袁世凯调任直隶总督，周馥接任山东巡抚，周学熙循例回避，转直隶候补，直接进入了袁世凯的圈子。时值庚子事变后，天津市面货币极度缺乏，民生凋敝，袁世凯委任周学熙为银元局总办，创办制币厂，鼓铸铜钱以代替制钱，在资金、厂房、机器和工匠等一无所有的情况下，"凡七十日而成功开铸"，铸出当十铜元150万枚，袁世凯"讶其神速，推为当代奇才"。此后周学熙被袁派赴日本考察，回国后建议成立直隶工艺总局，走日本明治维新之路，袁世凯很快批准，并任命周为总办。在袁世凯与周学熙的联手推动下，直隶近代工业发展进入一个新阶段。在启新洋灰公司、滦州矿务公司、京师自来水公司等近代知名企业的创办初期，均曾由官银号拨借资本，这自然与袁世凯是分不开的。以启新洋灰公司为例，其股东以创办人周学熙为中心，囊括了北洋袍泽、安徽同乡和长芦盐商三方面的人士，其中北洋这条线上的人物有张镇芳、言敦源、王士珍、颜惠庆、龚心湛、王锡彤等，皆是袁世凯的心腹亲信。家族、姻亲、同乡、同僚等关系的纽带，将他们捆绑在了一起。

袁克轸和周瑞珠结婚后生有一子三女，分别是长子袁家政及女儿袁家蕴、袁家芸和袁家淦。

新中国成立前夕袁家政随家人到了香港。1956年，满怀爱国热情的他不顾家人劝阻，毅然放弃去美国读大学的机会，报考了北京大学生物系。进校第二年碰到"反右"，袁家政往枪口上撞，给党支书提意见，自然成了右派。1959年被下放到淮北大农场劳动改造。1970年，上级破天荒从农场挑选了三名北大生到西昌工作，他就阴差阳错地进了西昌一中担任教师。

据袁家政的学生陈琪回忆，袁家政没教几天书，又被下放到一中农场劳动改造，他的任务是放牛、喂鸡、种菜和管理果树，还有个他自己主动要求的任务，就是给大家读报。1973年10月的一天，农场组织读报活动，袁家政在当天的《人民日报》上读到一则新华社消息：应国务院总理周恩来邀请，世界著名美籍物理学家、美国高能物理研究院院士吴健雄、袁家骝博士回祖国访问，于昨天下午抵达首都机场，前往机场迎接的有国务院总理周恩来、副总理李先念、人大常委会副委员长郭沫若、中央军委副主席叶剑英等党政军领导，毛泽东主席于当晚在中南海接见了吴健雄、袁家骝夫妇……读到这里，袁家政哽咽着再也读不下去了，捂着脸号啕大哭起来，陈琪和另外两个同学跳过水沟赶紧将他扶住，他一把抓住陈琪的臂膀大喊："我哥哥嫂嫂从美国回来看我了，我终于等到这一天了！"说完便顺着山坡发狂般地跑了起来。

在北京访问期间，吴健雄、袁家骝夫妇私下提出了一个特殊的请求：请周恩来总理尽量寻找失散多年的右派弟弟袁家政，不知其是否还在人世。如果在，请帮助转交五千美金。经过组织调查寻找，得知袁家政在西昌一中农场工作，每月领取工资，工作生活一切正常。当时任外交部部长的乔冠华和夫人章含之即把这个情况告诉了吴健雄、袁家骝博士，并婉拒了两人交给袁家政五千美金的要求，吴、袁两位博士只好带着遗憾和惆怅离开了中国。

1975年，袁家政结束了农场生活，重新回到西昌一中教书。此前袁家政一直是单身，这一天学校忽然来了个身材高挑的北方女郎，瓜子脸白里透红，一口天津卫的卫嘴子，声音悦耳动听。据袁家政说，这个女子嫁给他是缘于"报恩"，当年袁世凯在天津骑着高头大马巡视，路遇一沿街讨饭的叫花子，袁见小孩眉清目秀，收在身边做了勤务兵。那个北方女郎自称是叫花子的孙女儿。故事有些像现代传奇，也不知其中有几分真实。

两位著名的博士哥嫂到中国访问，无形中帮助袁家政提高了政治地位，不久，戴了多年的右派帽子终于摘掉了，袁家政更是扬眉吐气，他的脾气也大了许多。上课时，如果学生走神，注意力不集中，他会忽然从手中射出一个粉笔头,精准地射在那位同学的额头上,全班同学还不能笑,一笑又会有更严厉的惩罚。对上英语课讲小话的同学,他会点名罚站,还会开口怒骂:"猪,不好好念书,回家抱孩子去!"这个形象似乎有其祖父袁世凯的影子。不过他内心里对学生还是很好的,只要有学生提出不懂的问题,他总是不厌其烦地仔细讲解,脸上始终浮着温暖的微笑。

20世纪80年代初,袁家政赴香港补习了一段时间的英文,然后到美国读书,最后带着那个祖籍天津的妻子定居在美国洛杉矶。

张人骏(1846—1927),字千里,取"人中骏马,驰骋千里"之意,直隶丰润人,清同治进士,是清末"清流派"健将张佩纶的侄子,张佩纶与袁世凯是早年的契友。张佩纶极富文才,恃才傲物,以敢说真话闻名于晚清政坛。他一生不知向清廷上了多少个奏折,被其弹劾的官员不计其数,奇怪的是,这么一位"大炮筒子",却被素来稳健务实的李鸿章相中,将特有才气的女儿李经耦嫁给了他,张佩纶成了李府姑爷。令他想不到的是,他的后代(孙女)中又出了个才女,而且名气比他还要大,此女即张爱玲。

尽管有张佩纶这么一层关系,张人骏的仕途却并不顺畅。中了进士后,张人骏曾任翰林院编修、庶吉士,以兵科、户科、吏科给事中,掌湖广、山东、四川各道监察御史,这个职位的任务是专门给官员提意见,实际上是既无权力又得罪人的言官。不过张人骏为人谨慎,处世平和,苦熬了几年,眼看快有升迁的机会了,又遇到中法马尾海战失败,堂叔张佩纶被人参劾临阵逃跑,遭到贬官罢职的处分,张人骏升官的指望一直在这位堂叔身上,此时却如同肥皂泡似的破灭了。

光绪中叶以后,张人骏才逐渐官运亨通。袁世凯任山东巡抚时,张是山东藩司,直接在袁世凯手下工作。对昔日契友的这位侄子,袁世凯也还关照,之后张人骏先后担任过山东、广东、山西的巡抚,漕运总督,两广总督和两江总督,成为晚清重臣。

虽说张人骏与袁世凯是儿女亲家,但是他对袁世凯在辛亥年以后的政治动作很不满意。张人骏是有旧思想的保皇派,对清廷的感情一向深厚。尤其是袁世凯称帝,在这个清朝遗老看来简直是大逆不道,是叛臣逆子,两家逐渐断绝了往来。在一些公开场合,张人骏说话从来不给袁世凯留面子,他愤愤然说道:"袁世凯欺人寡母孤儿,夺取天下,和白脸奸臣曹操有得一比。"张人骏还经常对儿子张允亮娶袁家长女袁伯祯这门婚事大为懊恼,专门给儿子媳妇交代:无事少踏袁家门槛,当我们张家没这个姻亲。他的儿子还算听话,此后果然很少去袁家,儿媳袁伯祯见公公和丈夫是这个态度,也减少了回娘家的次数。

洪宪帝制时期,袁世凯也不忘张家的这个女婿,授勋封官时也给张允亮赏了一个官衔,一些旧时老友来张家祝贺,张人骏老脸一横,瞪着眼睛说道:"我家并无喜庆事,何贺之有?"待众人说清缘由,张人骏拈着胡须冷笑道:"袁老四他这是笼络人心,异想天开,我张人骏偏不入港。小儿无知,入其彀中,诸君为余庆贺,老夫感到脸红,明日就叫他去辞了这个官。"

其子张允亮在经历了这些波折后,对宦途的兴趣骤减,一辈子以泡书斋为乐,著有《国立北京大学图书馆善本书目》《故宫善本书目》《故宫善本书影初编》等书。民国时还曾担任过故宫博物院专门委员。

同老顽固张人骏比较起来,孙宝琦的脑袋瓜子就灵活多了。

孙宝琦(1867—1931),字幕韩,浙江杭州人,太子少保孙诒经之子,历任候补直隶道台、军机处官报局局长,驻法、日、德、奥等国公使等职。此人一生妻妾成群,生下的儿女也多,共有八个儿子十六个女儿,因而姻亲满天下,在晚清"官系网"中遍布着他的儿女亲家。

有一件事可以充分证明孙宝琦的灵活:孙中山赴法国运动革命,不幸机密文件被盗,刚巧孙宝琦出任法国公使,没过几天,文件送抵孙宝琦案头。孙宝琦派人连夜抄录文件内容,秘密报告给庆亲王奕劻领赏;事后将那份已经曝光了的原件送还孙中山,向革命党讨好。大概是因为这件事给庆亲王留下了好印象,没过多久,孙宝琦与奕劻结成了姻亲。

趁孙宝琦回国述职,庆亲王略施手腕,将他留在国内出任了山东巡抚,本以为是桩美差,上任之后才晓得是个烫手的山芋。其时,辛亥革命爆发,民众纷纷请愿的局面让孙宝琦焦头烂额,革命是革命者的狂欢节,山东独立大会的会场上人山人海,情绪激烈的群众代表认为,值此紧急关头,山东须立即宣布独立!孙宝琦从没见过这么大的场面,不由得有些心虚,嘴上却仍然硬得很:"我是清朝官员,清政府只要还存在一天,我就要尽一天的责任,决不能率领诸君独立。"

独立大会形成了僵局,同盟会派人将会场几个入口守住,有的军人跳上演讲台,一边演讲一边掏出了手枪,在场群众见状纷纷鼓掌欢迎。这时,身穿黄卡其军服、腰系棕色宽皮带、佩着肩章的五镇参谋黄治坤冲上主席台,拽住会议主持人夏溥斋的胳膊厉声喝道:"夏会长,我们五镇二百多支手枪都在等着,如果孙巡抚不答应独立,这个会就要继续开。他要是顽固拒绝,也许会出人命!"

孙宝琦见此情景,再也不能保持沉默了,他沉吟片刻,将头上的顶戴花翎摘下来往桌上一放,带着哭腔说:"既然大家都认为独立好,对山东有益,我也不再坚持己见。"夏溥斋乘势大喊了一声:"孙抚台已经宣告山东独立了!"全场顿时欢腾起来,同盟会会员们将早已印好的"山东独立宣言"传单到处张贴,一阵阵口号声震耳欲聋,犹如山呼海啸一般。

然而才宣布独立不久,反对山东独立的政治势力串通五镇内部的反独立派,成立了"山东全体维持会",通知刚上任山东军政都督的孙宝琦来开会。会议进行之时,忽然有人站起来宣布:五镇炮标标长张树元已经下令支起了四门大炮,炮口对准了都督府,要会议代表立即表决,不然随时有可能开炮。要山东独立用的是手枪,现在要山东不独立用的是大炮,孙宝琦内心本来就反对山东独立,这一来正中下怀,站在主席台中央宣布山东取消独立,一切恢复旧制。山东从独立到不独立,前后只有13天。

孙宝琦这一次的头脑灵活,却并没有给他带来好运,宣布独立的是他,取消独立的还是他,如此朝秦暮楚,视政治大事为儿戏,结果是两边都不讨好——清廷指责他忘恩负义,是叛臣逆子;革命党更是义愤填膺,放出话来要挖孙宝琦的祖坟、诛灭族类,孙宝琦连声叹息:"君亲两负,不可为人。"心力交瘁之下,他对政事再也无心顾及,闭门谢客,害起了政治病,躲进一家外国医院疗养去了。

民国初年,袁世凯让这位儿女亲家孙宝琦出任政府的外交总长,有一次参加光绪皇帝与隆裕太后安葬崇陵的葬礼仪式,孙宝琦穿了一套西服前往。到场的清朝遗老众多,纷纷身着清朝素袍官服,跪在地上行三叩九拜大礼,孙宝琦看看身上的西服,有点尴尬。他走上前去,行了三鞠躬礼,正要退下,有个叫梁鼎芬的前朝遗老几步蹿过来,用手指着孙宝琦的鼻子问道:"你是哪国人?行的什么礼?"不等孙宝琦解释,梁鼎芬提高了声调大声说道:"你忘了你是孙诒经的儿子,做过大清的官,今天穿这身衣服,行这样的礼来见先帝先后,真是辱没先人,你是个什么东西?"另一位前清大臣劳乃宣站在一旁跟着帮腔:"问得好!他是个什么东西?我看他不是东西!"在场的人哄地大笑起来,孙宝琦非常难堪,只好低着头说道:"是的,我不是东西,我不是东西。"

孙宝琦才华出众,学贯中西,又长期担任外国公使,深谙东西方文化,本来是可以为这个国家好好做点事的,只可惜生错了时代,落到个两边都挨耳光的地步。孙宝琦儿女多,自然姻亲也多,和袁世凯一样是政治联姻的大户。民国初年很多方面的人物都与孙家扯得上关系,比如才女张爱玲的继母孙用蕃,就是孙宝琦的女儿。

除了袁家六女籙祯嫁孙家的儿子外,七子克齐也娶了孙家的女儿。大概是受岳父的影响,袁克齐心中也有一个"西洋情结",连生意投资也不例外。听说"羌帖"(沙俄时期的纸币卢布)升值快,他成批量地吃进,几经倒手,也小赚了一笔。然而常在河边走,鞋子不湿也会湿,当袁克齐倾其所有家当买进"羌帖",准备大捞一把的时候,碰到第一次世界大战爆发,沙俄的金币卢布从流通领域消失,而纸币卢布"羌帖"也贬值,基本上成了废纸,袁克齐的发财梦破碎了,想到那些白花花的银子一去不回,心理怎么也难以平衡,袁克齐变得爱神神道道,像祥林嫂似的逢人便诉苦,精神出了毛病。他的妻子(孙宝琦的女儿)也跟着遭殃,新中国成立后生活失去了经济保障,帮助街道居委会做些杂事,贴补生活。夫妻俩有一独子,名袁家艺。

陈启泰(1842—1909),字伯屏,湖南长沙人,生来便有异禀,额角上有条白印,形状像条小龙。据说,在襁褓中时就能识"天""地"二字。进入仕途后,成了个直言敢谏的清流人物。在御史任内,他曾奏劾浙江巡抚任道镕、副都御史王之翰、湖广总督涂宗瀛等高官,特别是在云贵奏销失察大案中,他敢于向掌管户部大权的老臣王文韶开炮,导致朝廷不得不派翁同龢亲自审理此案,最后以罢官八十余人结案,朝野大为震动。

到了江苏巡抚的任上,陈启泰发扬敢说真话的优良传统,又要弹劾官员。这次被他当作靶子的是上海道台蔡乃煌,从级别上讲蔡是陈的部下,应该说胜算的把握很大。但是蔡乃煌这个道台不一般,在官场经营多年,对权力圈的潜规则非常熟悉,尤其是他的后台老板非同一般——"老庆记公司"董事长奕劻。

上司参劾下级,向来没有不准的,重则撤职,轻则查办,视情况而定。由于蔡乃煌运动了银子,这回出了新花样,朝廷命两江总督端方查办,上谕中写得很清楚:既查蔡乃煌,也查陈启泰。老迈体弱的陈启泰气得直发抖,满肚子牢骚却又说不出来,只好吞下这枚苦果,自认倒霉。

本以为事情这样就完了,哪知蔡乃煌还有两个后台:一个是两江总督端方,另一个是江苏藩司瑞澂,一上一下,把陈启泰平在中间。在公事上设置障碍,处处掣肘,搞得陈启泰根本开展不了工作。不久,他给皇上写了个请假条,回湖南老家去养病。因为这个死疙瘩郁积在心,他积愤成疾,病越养越重,竟阖目不醒,驾鹤西去了。时人称陈启泰是被蔡乃煌、端方、瑞澂三人联手气死的。王闿运挽联云:"抗疏劾三公,晚伤鼷鼠千钧弩;治生付诸弟,归剩鹅洋二顷田。"

对于这么一位清流派旧官僚,袁世凯还是颇为看重的,他将善于务实理财的六公子袁克桓挑出来去做陈启泰的女婿,其中蕴含着让这对翁婿互补的意思。

袁世凯的儿女亲家中,有两个人是清末民初颇负盛名的大教育家。

张百熙(1847—1907),字埜秋,湖南长沙人,同治十三年(1874年)进士,授编修,历任礼部、户部、邮传部尚书。戊戌新政中,张百熙任京师大学堂第一任管学大臣,很被提倡维新变革的光绪皇帝所赏识。奇怪的是,戊戌政变之后,慈禧太后重掌大印,废除了光绪的若干维新举措,唯独保留下来的就是这所京师大学堂。由此也可以看出,慈禧对兴办教育也很重视,对张百熙是信得过的。

让张百熙当管学大臣,负责清廷的教育工作,算是选对了人,他不仅爱才惜才,而且能辨才识才。据说,有一个年轻人,向来为张百熙所看重,张的宠妾生了病,这个年轻人在家设香案祈祷,事后又来张百熙家里大献殷勤,却把这件事说得满城皆知。张百熙摇头叹息:此人虽说有几分才,德行操守却太糟糕。此后渐渐疏远了这个学生。易宗夔在《新世说》中专门记载了这件事,称其"爱才如命,不喜善诣者"。

张百熙管大学堂,第一个问题是聘请总教习,他看中的是桐城派大家吴汝伦。放下架子上门恳请,吴汝伦拈着胡须说:人老了,这个事恐怕不能答应。任凭张百熙费尽口舌,吴老头也不肯松口。弄急了,张百熙一膝跪在地上,不肯起来,吴汝伦只好答应了,但是有个条件:先到日本考察了再上任。结果,吴老头拖着老迈的身子去了一趟日本,回国后就病倒在榻,一命呜呼了,张百熙算是白跪了。不过,他"爱才如命"的名声远播四海了。

张百熙的女儿嫁给了袁家三公子袁克良。

袁世凯在世时,曾经骂这个老三袁克良是"土匪",心底里认定他成不了什么大器。和袁家其他儿女比较起来,老三袁克良似乎真是个"莽夫"。曾经在大哥袁克定手下跑过腿,干点侦缉队之类的活计,抓个人绑个票,派他去最为合适。最典型的一个事例是怒砸三希堂法帖碑。袁世凯去世后,黎元洪继任大总统,派副官唐中寅清点物品。有一天,唐中寅正在巡逻,忽然发现一队小工抬着几块石碑往外走,唐副官上前追问,此时袁克良不请自到,大模大样地叫小工继续搬运,唐副官自然要阻拦,脾气火爆的袁三公子搬起一块石碑,狠狠朝地上一砸,石碑顿时碎成了几块,袁克良仍不解气,又朝地上狠狠砸了几块,方才罢休,挥了挥手,带着一干人马扬长而去。只是可惜了那些三希堂法帖石碑,价值连城的宝物"玉碎"了。

陆宝忠(1850—1908),字伯葵,江苏太仓人,光绪进士,官至礼部尚书。他担任湖南学政时,闱场考风狼藉,有童生公然买通监考官帮忙作弊,陆宝忠留心访查,惩办数起,弊情有所减轻。有一年,陆宝忠到湖南衡阳监考,有个童生进考场大概是没听招呼,被当地县官狠狠训斥,童生顶撞几句,又挨了县官的一顿板子,这事把当地老百姓惹毛了,围攻县衙,捣毁了签押房,还扬言要放火烧房子,县官吓得不敢出面。事情平息之后,县官感到自己受了辱,提出要对那个童生处以极刑,陆宝忠经过一番调查后,认为这是个冤案,童生其实并无大错,错的反倒是县官。经陆宝忠保全,结果未戮一人,在衡阳当地获得了极高的评价。"爱才如命"四个字,送给陆宝忠也是很贴切的。

陆宝忠晚年有吸食鸦片的嗜好,朝廷下令严饬戒断,他立即执行,光绪三十四年(1908)正月,他向朝廷报告戒掉了鸦片,到了四月就死了。

袁世凯的五女儿季祯嫁到陆家两年不到,就病故了;第十三女经祯续嫁陆家,成了填房夫人。

说到袁家先后嫁到陆家的这两个女儿,两家还有一段恩怨。五女季祯出嫁前,身体就很虚弱,对父亲做主的婚事也不满意,嫁到陆家后不久,就与夫君闹别扭,郁郁寡欢,病倒在床又不肯吃药,结果年纪轻轻命丧黄泉。季祯去世后,陆家对袁家耿耿于怀,认为把这个身体不好又不大情愿的女儿许配到陆家,是搞"假冒伪劣",袁世凯为了表明心迹,又把十三女经祯许配给了陆家。不过,袁经祯嫁到陆家后,夫妻俩感情不错。

盘根错节的政治联姻

在袁世凯儿女们的婚姻中,有一桩比较引人注目——袁家与黎家的联姻。

黎家指黎元洪,武昌起义后临时找到的一个都督。很多人瞧不起这尊"泥(黎)菩萨",袁世凯不这么认为。在清廷的旧官僚中,黎元洪清廉朴素,两袖清风,也算难得。尤其是此人期望中国走改良渐变之路,不主张暴力革命,这一点更是与袁世凯的想法相近。在民国初年错综复杂的政治格局中,这尊菩萨像个不倒翁似的立在政坛上,自有其不同寻常之处。何况,袁世凯想在总统位置上坐得更稳当,还确实得争取黎元洪这股政治势力。

袁世凯对黎元洪采取的是"胡萝卜加大棒"政策,既拉拢利用,又百般防范,偶尔还使个暗绊子,在黎府安插个间谍之类的。民国政府成立以后,黎元洪被袁世凯请到北京,做了民国副总统,却像个傀儡木偶,成天哪里也不能去,实际上等于是政治囚徒。黎元洪的左右秘书郭泰祺、瞿瀛和湖北籍参议员刘成禺等人暗中策划,试图让黎元洪逃离北京,到南方去重新组织政府。袁世凯似乎预料到了黎元洪会有这一手,事先打通关节,略施小计,花了两万元,就把最核心的机密情报搞到手了。

担任"间谍"角色的是黎元洪的小妾黎本危。她原名危红宝,妓女出身,晚清时大臣铁良来湖北视察政务,文武官员按日设宴款待,这天同僚在汉口南城一家妓馆征花侑酒,黎元洪多喝了几杯,半醉半睡中独占花魁,竟夜宿在危红宝室中。黎元洪是个生活作风严谨的人,怕落个嫖妓的恶名,遂迎娶危红宝为小妾。危红宝此后改名黎本危,成为民国政坛上著名的一枝交际花。

黎本危跟随副总统老公来到京城后,本以为能享受人间荣华富贵,却不料被关进了政治牢笼,心情有点郁闷。她擅长交际,京城却人生地不熟,只能和一些湖北老乡来往。在她交往的好友中有个"手帕姊妹"(意思是连手帕也能交换着用),黎本危与她无话不谈。哪知这个"手帕姊妹"是个女特务,她的老公是湖北交涉员胡朝栋,而胡朝栋又与袁世凯的心腹幕僚杨士琦关系密切,一来二去,结交上了袁克定。有一天,"手帕姊妹"将价值两万元的一串珍珠项链送给黎本危,直接说明是袁府大公子袁克定的一点心意,二人相视浅浅一笑,底下的话不言自明。

此事过了不久,就逢上黎元洪收拾细软准备出逃,黎本危一来不想离开京城,二来也不知道政治斗争的复杂性和残酷性,只想着收了人家的厚礼无以报答,就将黎元洪要出逃的消息告诉了"手帕姊妹"。情报很快到了袁世凯那儿,迅速派军警包围了黎副总统的府邸,进出人员一律严密盘查,黎元洪见此情景,就知出逃计划已破产。

民国三年(1914年)春节刚过不久,袁世凯请黎元洪一家到袁府做客。几句寒暄过后,袁世凯把家中儿女一个个叫出来见这位黎叔叔,当着儿女们的面,袁世凯说出了换亲的想法:"我们两家要交换,你给我一个女儿做儿媳妇,我也给你一个女儿。"事出意外,黎元洪脸上有点变色,略一沉吟后回答道:"我先给你一个吧。我有两个女儿,你要哪一个?"袁世凯说:"不管哪一个,只要是你黎元洪的女儿就行。"说罢两人对视而笑,气氛宽松了许多。

就在此次袁、黎两家的家庭会议上,定下了将黎家次女黎绍芳许配给袁家九公子袁克久的婚事,那年黎绍芳8岁,袁克久11岁。

可是回到家里,夫人吴敬君却满脸不高兴,她的理由也正当:二女儿黎绍芳是自己亲生的,百分之百正宗嫡出;可是袁家九公子听说是五姨太所生,是偏房所出,这不明摆着黎家吃亏吗?黎元洪劝慰说:"没办法,这是政治婚姻,不然老袁不会和我合作。"吴敬君是个传统的妇道人家,很难理解这种政治婚姻的意义,对黎元洪大吼:"不管什么政治不政治,我女儿不能吃亏。"黎元洪没办法,只得苦着脸解释,袁世凯正室夫人只生了一个儿子,叫袁克定,不仅已有老婆,还有姨太太,莫非叫女儿排队去做姨太太?再说如今袁世凯是中国顶尖的大红人,连慈禧太后都想过要同他结亲呢,何况这次又是袁世凯主动提出来的婚姻。如此这般,说了一大堆理由,吴敬君不懂,也不想听。

黎元洪毕竟是一家之主,既然答应了这门亲事,肯定不能反悔,即使老婆和他闹别扭,夫妻间一个多月没说话,黎元洪仍然坚持不退婚。他选中袁克久,是因为这个九公子生得面重耳长,相书上说,有这种面相的人将来能成大事。

过了不久,袁家派言敦源送来袁克久的生辰八字,并索要黎绍芳的八字,黎元洪生平难得过问家务,只好去问妻子,吴敬君一听怒火又上来了,不仅不告诉他女儿的生辰八字,还指着黎元洪的鼻子又骂起来。老黎没有办法,只好四处打听女儿的生辰八字,最后终于在黎绍芳的一个婶母嘴里问到了,将其交给了袁世凯的高级幕僚言敦源。

正式订婚的仪式中,袁家送来的聘礼中像翡翠、珍珠、钻石之类贵重的物品几乎没有,这又惹得吴敬君发了一通脾气。亲朋好友全都到齐了,女方主妇却不愿意出面,后经许多人好言劝说,她才勉强出来应付了一下场面。

对于男女双方来说,这桩婚姻从头到尾就是一个悲剧。订婚时黎绍芳8岁,对爱情之类的东西一概不懂,听说父亲要把她许配给别人,吓得躲在被子里哭了大半夜。稍微长大以后,黎元洪夫妇把她送到天津南开学校上学,可是只读了一年就退学了,此时黎绍芳已有轻微的神经衰弱症,很难继续完成学业。远在美国留学的姐姐黎绍芬给她写了一封信,劝她凡事想开点,闲暇时节也可以到美国走走,散散心。黎绍芳把信撕掉,没有理睬姐姐。她向父亲提出要解除婚约,这辈子谁也不嫁,黎元洪狠狠骂了她几句,断然拒绝,黎绍芳更加郁郁寡欢,病情加重,精神开始失常了。

袁世凯、黎元洪先后去世后,袁家曾派人来催婚。1930年2月,黎元洪的妻子吴敬君病故,黎家长子黎绍基请黎元洪的秘书刘钟秀向袁家讲明情况:"绍芳精神已经不正常,是否还准备迎娶?"袁家那边很快就回话了:"婚约是先父定下的,不能有变,婚后老九陪她玩玩就会好的。"袁克久也对黎家长女黎绍芬明确表态:"我是为了父亲牺牲自己,才答应和令妹结婚的。"举办婚礼时黎家也已经衰落,陪嫁的嫁妆并不丰厚,五姨太杨氏(克久生母)打开箱子过目,脸上呈不悦之色。

袁克久幼时与其他几个袁家子女一起赴美国留学,在美国待了十年,1930年回国后在天津耀华玻璃总厂担任英文秘书,后来又协助六哥袁克桓在启新洋灰公司办实业,出任过公司营业部主任。他对历史有浓厚兴趣,喜欢泡在故纸堆里钻研,然而在现实生活中他过得不太如意。

婚后一年余,黎绍芳病情加重,被送进了北京疯人院,1949年病故。

袁克久后来又娶了一个妻子,生活过得比较平淡,无儿无女,两位老人相依为命,直到1973年袁克久病逝。

曹锟(1862—1938),字仲珊,直隶天津人,幼年在家排行老三,读过私塾,好习武,稍大即以贩布为生。后入天津武备学堂学习,毕业后投奔天津小站的袁世凯,在新建陆军中历任帮带、管带、统领、统制、总兵等职。

这个人一生中最著名的事是贿选总统。民国初年,习惯了几千年封建帝王制的中国人还未完成政治转轨,民选意识仍在沉睡,选举总统本身就带有闹剧色彩。不过公开用钞票贿选总统的,他还是第一人。

两家的婚事,是袁家十四女祜祯嫁给了曹家长子曹士岳。

曹锟一生有一妻三妾,曹士岳为二姨太陈寒蕊所生,是曹家的长子。生曹士岳那年曹锟已有57岁,才得头生儿子,心头喜悦难于言表,下令庭园内外张灯结彩,庆贺半月。大概是从小过分溺爱的缘故,曹士岳长大成人后完全是一副浪荡公子的派头。北洋元老言敦源为其说媒,介绍的女方是袁世凯第十四女袁祜祯，两家门当户对，都是民国总统的后代，曹、袁二人见面后彼此印象也不错，于是在1937年底结了婚。

新婚燕尔，小夫妻俩感情还融洽，双方谈论各自父亲过去的辉煌，大有"昔日帝王旧时花"之感慨，非常有共同语言。可是结婚才四个月，他们发现生活并不是单纯靠谈情聊天就能够打发的，还有柴米油盐酱醋茶，样样都需要操心。起初是为一些家务琐碎事争吵，继而发展到大吵大闹。曹士岳从小养成了天不怕地不怕的性格，拿起挂在墙壁上的步枪威胁，气急之下扣动枪机，打中了袁祜祯的右臂。

年过七旬的曹锟大为恼火，袁祜祯住进医院的第二天，他就派家中另一个儿媳送三千元到袁家，并转达了他的歉意。听说袁家要打官司，又派老部下吴毓麟去做工作，疏通两家的关系。袁家主持家政的袁克定松了口，答应不再控告，给曹老三留面子，可是袁祜祯的生母八姨太郭宝仙不同意和解，一口认定曹家是欺负袁家无人，执意要与曹家对簿公堂，讨个公道。袁克定去劝解，八姨太对他说："以往袁家的事都是你做主，今天这个事我一定要做一回主！"袁克定赔着苦笑，也是无能为力。

最后还是袁祜祯站出来解围，她说这样的丑事闹到公堂上，对袁、曹两家都不利。在她的劝说下，八姨太才算作罢。之后双方签订了离婚协议，以后男婚女嫁各不相干，曹士岳赔偿袁祜祯医药费、赡养费等合计六万三千元，袁祜祯的陪嫁属于婚前财产，应予无条件退还女方。一桩轰动津门的婚变案至此画上了句号。

曹士岳离婚后情绪低落，经常去青楼买笑，却买不回失去的快乐。他在新中国成立后精神状态有所好转，努力钻研中医，在天津办了家曹氏针灸诊所，于1982年病故。

袁祜祯离婚后去了美国，再婚的丈夫是位联合国官员，定居纽约，与同住纽约的袁家骝、吴健雄夫妇经常来往。2005年底，袁祜祯因病去世，享年90岁，她是袁世凯32个子女中最后一个离开人世的，至此袁家克字辈的子女全部谢世。

段祺瑞是袁世凯在天津小站练兵时的心腹旧属，段祺瑞在民国政坛上步步高升，离不开袁世凯的提携。然而他们复杂的姻亲关系，却不为太多人所知。

袁家儿女个个称段祺瑞为"段姐夫"。袁世凯以"半子"之谊对待段祺瑞,段也始终将袁视作恩人。此中渊源,与段祺瑞的夫人张佩蘅关系极大。据曾在段公馆做过事的王楚卿回忆:"段夫人本名张佩蘅,张家和袁世凯是世交。袁世凯没有闺女,就把张佩蘅认作了义女。段祺瑞断弦以后,便由袁世凯主婚,把张佩蘅嫁给了段祺瑞,从此袁段二人除了多年的袍泽关系外,无形中又成了亲戚。这和袁世凯给冯国璋撮合婚姻一样,都是他笼络部属的惯用手段。"这段回忆中说袁世凯没有闺女,是说袁在收张佩蘅为义女之前还没有女儿。

关于张佩蘅,袁静雪在《我的父亲袁世凯》一文中曾有说明:"她是张芾的女儿。张芾死后,留下一妻一女,家境很贫寒。我父亲看到他们这种无依无靠的情形,就把她们母女二人接到自己府上。当时,张的女儿还正在吃奶。从这以后,她们就始终住在我们家里。我父亲和我娘还把这个女儿认作自己的大女儿,后来我们也就把她叫作大姐。其后经我父亲介绍,嫁给了段祺瑞。在她过门之后,虽然她的母亲也跟了过去,但还是认我家为娘家,来往是极其密切的。她每次到了我们家,对我父亲和我娘,仍然是爸爸、娘的叫得很亲热,我们也把段祺瑞叫作姐夫。"

张芾,字小浦,陕西泾阳人,清道光年间进士,授编修,曾任江西巡抚、广东巡抚。清同治年间,大西北回民起义,张芾奉命前往督办陕西团练。上任后身先士卒,率领数骑到了渭南仓头镇,见到起事的回民,晓以利害,回众很是感动。其中有个头头叫任老五,看到回众军心动摇,冲出阵来,照准张芾胸前就是一刀,张芾当场倒地,却骂不绝口,遂被肢解。接着任老五等回众大开杀戒,跟随张芾前往的五十多人全部遇难。事后有人前往寻觅遗骸,仅拾到几块骨头。

张芾死得极其悲惨,留下孤女无人照顾,袁世凯主动收留了她。张佩蘅一生都对袁世凯心怀感激。袁世凯搞洪宪帝制,段祺瑞明里不反对,暗中常玩小动作,每当张佩蘅听到段有什么对袁不利的风声,回到家里段便会受气,妻子当着客人的面骂他"没良心",段祺瑞不敢反驳,只好赔着笑脸。

袁世凯的二女婿薛观澜曾经讲述过这么一件事：民国七年（1918年），薛观澜带着老婆孩子到段公馆探亲，薛跪在地上行了个大礼，段祺瑞还礼时膝盖未着地，被夫人张佩蘅看到了，当场叫段重新还礼。段祺瑞叫薛观澜的名字，夫人又不依，非要段叫薛为二妹夫。这搞得段祺瑞很没面子。当面不好发作，只得暗暗向薛观澜做鬼脸，其场面庄重而又滑稽。坐下来聊天，张佩蘅仍然念念不忘袁家的好处，她对薛观澜说道："你大姐夫没有礼貌，他是老糊涂了，我们住的这所房子，都是爸爸（指袁世凯）赏赐的，你们住在这，千万不要客气。"

袁世凯去世后，袁家听到一个传闻，说段祺瑞要带兵来围攻总统府，并且要杀死袁府全家，袁府内大为惊慌。袁克定、袁克文跑到段府要问个究竟，段姐夫一听，鼻子都气歪了，拍着胸口保证绝无此事，叫袁氏兄弟别相信流言蜚语。为了保证袁家的安全，派夫人张佩蘅带着儿女到袁家一起守灵，让他们住在袁府，段祺瑞自己也天天过来看望，这才逐渐消泯了袁家人心里的疑虑。

纵观段祺瑞生平，其最敬仰者袁世凯，最信任者徐树铮，最深畏者夫人张佩蘅。他后期虽说反对帝制，但一生与袁世凯关系密切，一举一动，无不模仿恩公袁氏，甚至平日在家所戴方顶小黑帽，也同袁世凯的帽子一个样。袁世凯死后，段祺瑞以袁氏继承人自居，但是北洋旧属并不买他的账，尤其冯国璋，后来成为他在政坛中强有力的竞争对手。

认张佩蘅做义女这件事，后来还有一点延伸。张佩蘅嫁给段祺瑞后，生了三个女儿，其中大女儿嫁给了袁世廉的孙子袁家朗。袁家与段家的二度联姻，也曾是民国年间十分轰动的花边新闻。

这事说来话长，后面将另辟章节讲述，此处从略。

尽管袁世凯与段祺瑞的关系不错，但是袁克定却与段祺瑞的关系很糟糕。段祺瑞十分有个性，按照旧例，他要在袁世凯面前行跪拜礼，这他能接受。但是在洪宪帝制时期，还要在袁克定面前也行跪拜礼，段祺瑞心中十二万分委屈，更愤懑的是袁克定竟端坐不动，受之泰然。跪拜完毕之后，段祺瑞怒冲冲地发火："大少爷的架子比老头子还要大！我们做了上一辈子的狗，还要做下一辈子的狗！"事后袁克定听到了这话，不以为然，淡然地说:"这正是我希望看到的,他们都是老头子养大的,现在尾大不掉,我偏要折折他们的骄气。"

尽管段祺瑞对袁克定不买账,但他对袁世凯一直十分尊重,袁世凯也视段祺瑞为铁杆心腹。洪宪帝制取消之前,袁世凯日夜难眠,派人给段祺瑞送了一封密函,请段速到新华宫。那一天,袁世凯看着段祺瑞,情绪低沉地说:"你一定要帮我的忙啊!"看到自己跟随了二十多年的恩公这副模样,段祺瑞心情极其复杂,站起来说:"只要大总统取消帝制,一切善后事宜,当全力以赴。"

袁世凯死后,北京举行盛大的政府公祭,段祺瑞以国务总理的身份主祭,当送灵柩的专车从前门火车站出发时,段祺瑞肃立在站台上,目送徐徐驶去的列车,聆听着一声声渐渐消散的礼炮声,内心的复杂感情难以言表,他的眼睛有些潮湿了。

袁世凯与冯国璋联姻,用的是袁家的家庭教师周道如。

冯国璋的正室妻子名叫吴凤,是未发迹时娶的"糟糠之妻",生有三子一女,夫妻俩感情不错。宣统二年(1910年),吴凤在保定病逝,此时冯国璋已年过五十,暂时没有考虑续弦之事。到了民国元年(1912年),清皇帝退位,民国建立,冯国璋的仗也打完了,回京述职期间,他想到了娶个如夫人。袁家五姨太杨氏最先知道了这件事,回家就当花边新闻说给袁世凯听,袁略作沉吟,问道:"你看周老师如何?"

袁世凯说的"周老师"名叫周砥,字道如,祖籍安徽合肥,生于江苏宜兴,在袁家当家庭教师,她也是名门之后,祖父是淮军将领周盛传。冯国璋早年当兵习武,最初投奔的正是周盛传,依稀听说过这个知书识礼的将门千金。如此说来,袁世凯要将周小姐介绍给冯国璋,还是有点因缘的。

周道如原来是天津女子师范的女学生,在校勤奋异常,为晚清女才子吕碧城看重,毕业后原想进身教育界。恰巧袁世凯正要请一个女教师,解决家中几个姨太太的教育问题,听说有个品学兼优的高才生,特地派长子袁克定上门去请。周道如果然是个优秀女教师,不仅学问渊博,品行端正,而且举止娴雅,颇有大家闺秀风范,和袁家几个姨太太、大小姐关系相处很好。袁世凯罢官被黜,回到洹上村当"隐士",周道如经不住众多女眷怂恿,也随同归隐,其实袁家早已把她当作一家人了。

周道如小姐在袁家生活多年,只有一件事不如意,年龄已过三十,依然待字闺中,眼看成了明日黄花。袁世凯也曾想过替她物色佳婿,无奈他手下的北洋文武一个个都是妻妾成群,让周小姐去做姨太太,等于是逼她跳江。周道如自己的态度呢,年轻时提到婚嫁之事,她不为所动;等到年龄渐大,有人再提到这事,她干脆一口回绝,说自己这辈子不嫁人了。嘴里说得挺硬,心里却经常发虚,闻知袁世凯要将她许配给冯国璋的消息,心思便有几分活了。加上袁府姨太太们热心撮合,冯国璋那边很快回了话,不仅满口同意,而且还将北上"亲迎"。

这一场轰动南京的文明婚礼果然办得隆重热烈,盛况空前。袁世凯不仅派袁克定和三姨太做送亲的傧相,还委托江苏民政长韩国均代表自己为证婚人,并将袁府中一名能干的女佣送给周小姐做陪嫁老妈子,与周家的一大帮亲戚一起护送周道如到南京。袁府家眷和大小姐们听说周老师要出嫁,有的送首饰,有的送珠宝,有的送绸缎,袁世凯本人也送了奁资五万元作为新婚贺礼。袁家贺礼连同周家陪嫁物品,金银首饰、珠宝玉器等足足有一百二十余担之多,让一生爱财的冯国璋乐不可支。

老新郎官冯国璋这边也不敢怠慢,亲率军署人员过长江到下关迎亲,周道如下轿时,军舰上鸣二十一响礼炮致敬,规格相当于总统级别。周道如一行的汽车驶进公馆,沿途军乐队吹吹打打,更点缀了喜庆气氛。次日举行婚礼仪式,北京、上海、苏州等地远道而来的政界要人不计其数,冯国璋穿起上将礼服,佩戴勋位勋章,虽说有点老迈,却也还威风。

这虽然又是一桩政治婚姻,但是冯将军和周小姐婚后的生活还算幸福。蜜月刚过,冯国璋便陪周小姐去视察江苏女校,此后冯国璋有意让周道如参加与教育相关的社交活动,她曾担任江苏教育会会长。在南京的几年间,她热心参加一些扶助教育的社会募捐,尤其重视对儿童的教育。

有人说周道如是袁世凯安插在冯国璋身边的女特务,这实在有点冤枉袁世凯。据《冯国璋年谱》载,1914年5月4日,周道如偕江苏名绅许星璧乘火车北上,曾在北京盘桓数日。其时周小姐结婚不到四个月,她赴京是面谢袁家夫人和姨太太的,一些作家将这件事演义成传奇小说,完全是凭空想象出了一个女间谍,与事实相去甚远。

冯国璋与袁世凯的关系后期虽说有裂隙,但总体说来私谊还是不错。得知袁世凯的死讯后,冯国璋当场号啕大哭,后又转笑脸对家人说:这是件大喜事。正是冯国璋内心矛盾心态的真实写照。他是个讲感情的人,袁世凯病亡周年,他请夫人周道如赴河南祭奠;1919年,袁世凯的原配夫人于氏去世,冯国璋仍派私人秘书恽宝慧和长子冯家遂前往吊唁。他和袁世凯之间的复杂关系三言两语说不完。

袁克坚是袁家第十子。母亲白氏,是袁世凯所娶的三个朝鲜女子中年龄最长的一个,因此她是袁世凯的二姨太。

袁克坚的婚事,与民国史中的两个大人物徐世昌和陆建章有关。

袁世凯在世时,袁、徐两家定有婚约:袁克坚娶徐家次女徐绪根。按说这也是一桩门当户对的婚姻,袁、徐大半生的政治联盟,需要儿女用婚姻再加一个注脚。可是不知从哪里传出了一个消息,说十公子袁克坚在美国哈佛大学留学攻读政治经济学期间追求过哈佛大学校长的女儿,据说还翻过校长闺女的院墙,被校长逮了个正着,要给予他开除学籍的处分。这事传来传去,传到徐世昌耳朵里,成了一桩严重失实的桃色事件。

徐世昌坚持要退婚。袁克坚找未来的老岳父说理,谁知徐世昌根本不见,让仆人将他拦在门外。好不容易见到了,徐世昌叹口气佯装为难:"如今时代变了,这事我也做不了主,女儿追求自由恋爱,她要嫁给中央银行的许大纯。"袁克坚去问徐绪根,徐小姐低着头默默流泪,什么话也不肯说。

经历了退婚风波,袁克坚的情绪十分低落,对父亲在官场里的那些人际关系也看淡了。当时有不少同情袁家的北洋旧属,大骂徐世昌是不搽粉的活曹操,这让袁克坚感到了一丝温暖,更有热心人给袁克坚介绍对象,女方是陆建章的女儿——仍然没有脱离北洋系的范围。

陆建章(1862—1918),字朗斋,安徽蒙城人,北洋武备学堂毕业,历任哨官、帮带等职,民国二年(1913年)任军法执法处处长,杀人如麻,因此人们送他"陆屠夫"的称号。这个人在杀人前,一般会表现得特别温文尔雅,派部下送来一张请柬,约请在哪家酒楼共进晚餐,一番觥筹交错后,送客时背后打一黑枪,"客人"应声倒地,至死也不知道毙命的原因。时人将他送的请柬称作"阎王票子"。

陆建章恐怕做梦也没有想到,他经常用来对付"客人"的那套办法,会被人照搬了来对付他。这个人叫徐树铮(1880—1925),字又铮,江苏萧县(今属安徽)人,秀才出身,是段祺瑞的"小扇子军师",被认为是段祺瑞的灵魂。他在段祺瑞手下担任过北洋政府秘书长,权势冲天。有一天陆建章被卫兵带到后花园时,忽然似乎明白了什么,转过身问了一句:"又铮要杀我?"杀了陆建章后,徐树铮给段祺瑞打了个电话,段祺瑞一听陆建章被杀大惊失色,连连跺脚说道:"这个又铮,这个又铮,真是……"下边的话谁也不明白是什么意思。

徐树铮杀陆建章,是几乎所有人都没有想到的,因为他们两家的私人关系很不一般。徐树铮和陆建章的儿子陆承武是同班同学,陆承武的太太和徐树铮的太太也是同学,相互间走动得十分密切,经常在一起参加各种社交活动。为了政治利益,再亲密的关系也要下毒手,使人不寒而栗。

民国十四年(1925年),陆建章的内侄女婿冯玉祥发动北京政变,与陆建章之子陆承武密谋暗杀徐树铮。段祺瑞听到风声,告诉徐树铮不要来京,小扇子军师不以为然,进京第三天就被杀害。段祺瑞闻讯后失声痛哭,亲笔撰写《故远威上将军徐君神道碑》,并在段氏祠堂里供奉了徐树铮的神位。

陆建章之死,死得不是时候;徐树铮之死,死得又不是时候。这时候正是蒙古闹独立,徐树铮奉命任西北筹边使兼西北军总司令,率领边防军进发库伦,将长期谋反叛乱的王爷叛臣一网打尽,使百万平方公里的国家主权重新回到了民国政府手中。在这样的时候,冯玉祥杀有"爱国将领"美称的徐树铮,又是件让人唏嘘不已的事情。

徐树铮死后,徐世昌送的一副挽联是:"道路传闻遭兵劫,每谓时艰惜将才"。有意思的是,当年陆建章死时,徐世昌送的也是同样一副挽联。

真实的历史,确实比小说更有趣。

联结这几个人关系的是袁家十公子袁克坚的婚事。袁克坚与陆建章的女儿陆毓秀结婚后,跟随冯玉祥手下"五虎将"之一的宋哲元当过一段时间的英文翻译。新中国成立后在天津教书,1960年去世。

袁克坚有二子一女:儿子袁家禧、袁家诚和女儿袁家文。长子袁家禧1964年因不堪政治高压跳海河自杀,次子袁家诚是天津一家医院的放射科专家。我曾与他有过多次接触。听他讲述袁氏家族史及他个人的曲折遭遇,心里有种酸酸的感觉。为了避免这本书的枝节太过繁杂,这里就不多叙了。

袁门家风与生活习俗

项城袁门家规素以严厉著称,遗泽深长,代代相传。从袁世凯祖父那一辈起,叔祖父袁甲三的严厉人人皆知。前面举过一个例子:袁世凯生父袁保中在袁寨主持家族事务,十分注重培植大族家风。有一次他接到弟弟袁保庆的一封信,信上说京城风传一句话,项城官难做。袁保中读信后十分警醒,专门拟定了五条家规,张贴在袁寨的寨门口,如有违反者,严惩不贷。

袁寨地广人多,且多为穷人家。袁家儿女常与穷孩子在一起玩,发生争吵甚至打斗的事便免不了。袁保中定下一条规矩:凡穷人家孩子找上门来,必定是人家受了欺负,不然不会主动找上门来。因此,袁保中总是吩咐门人先拿糖果、点心安慰那些孩子。等他们走了,再把袁家犯事的子弟叫进来,关起门,轻者罚跪,重者挨棍棒。袁保中说,在袁寨,他们都是下人,俺们是主人,没有下人敢来告主人状的道理,一定是你们欺负别人了。

到了袁世凯这一辈,严厉的家规并无半点衰减。袁克定伪造《顺天时报》被其父知道后,暴跳如雷,令他罚跪,用皮鞭抽打,就是实例。那一年袁克定38岁,早已成家并有了孩子,是个能当家做主的成年人了。袁世凯对长子尚且如此严厉,对其他子女就更不用说了。袁克文有名士风范,像一只逍遥的野鹤四处飞,完全是一副什么都不怕的派头。然而到了父亲袁世凯面前,他总是低着头,垂着两条手臂,毕恭毕敬地站在那儿,连说话的声音都不敢太大。

袁世凯家眷们的合影。中坐者是正室夫人于氏,旁边八个女儿身着公主服,后排站立者是袁世凯的姨太太和儿媳们

在家族内部妻妾的管理上,袁世凯制定的家规也是很严厉的。比如说,新进门的姨太太,一定要服从早进门的姨太太管束。一切家规礼仪、言谈举止、起居穿戴等,都由早先的姨太太定规矩,新来的不能有丝毫违反。前面提到过的朝鲜金氏遭受沈氏毒打,就是一个真实的例子。

有时候新姨太太被打得受不了,会来找袁世凯告状。袁世凯看到被打伤的地方在流血,也会心疼,好言好语安慰几句。但是最后还是皱起眉头,让姨太太守规矩,不要自讨苦吃。在袁世凯心里,家规是决不允许更改的。

袁世凯对女儿的管教比较宽松。袁静雪在《我的父亲袁世凯》中回忆,有一段时间,她和二姐曾经让袁克文带出去听京剧名角王瑶卿、王惠芳等人的清唱,每天从袁府里进进出出,黄包车就停在大门口,袁世凯自然知道。但是他却佯装不知道,什么话也没有说。还有一件事,袁静雪在教馆里顽皮,把石笔研成粉末撒在讲台上,来授课的董文英老师当场滑倒。五姨太向袁世凯报告这一情况后,袁世凯只是把袁静雪叫来轻描淡写地说了几句:"你不好好念书,以后不给你饭吃。"相反,五姨太为这件事把袁静雪关在屋子里重重责打,被袁世凯知道了,板着脸对五姨太说:"下次你再敢这样打她,我就照这样打你!"

在家庭成员称呼上,袁家有他们一套独特的叫法。儿女们统一叫正室夫人于氏为"娘",对自己的生母叫"妈",对其他姨太太就在"妈"的前边冠上一个数目字,如五姨太太叫"五妈",依此类推。没有生育子女的姨太太,一律叫"姑娘",并冠上她的本姓,如姓张叫"张姑娘",姓刘叫"刘姑娘"。姨太太生了儿子,满月时由夫人于氏发给大红裙子和外褂。当三姨太金氏生袁克文时,由于袁世凯特别准许把袁克文过继给二姨太沈氏,所以沈氏和金氏同时都穿上了大红裙和外褂。如果姨太太生的是女儿,就只能发给水红色的裙子和外褂。

袁世凯对子女的教育历来都十分重视。他早年写给二姐袁让的家书中,曾多次提到袁克定读书受教育的事。其他子女长大成人后,袁世凯写信也念念不忘叮嘱他们好好读书,并传授他自己读书的方法和经验。

1905年,袁世凯在天津创办了北洋客籍学堂,专门招收顺天、直隶两省客籍官员及幕僚的子弟,校址在天津天纬路。学堂有四个班,设有地理、法政、理科、图画、英文、法文、算学、体操等新式课程,袁世凯及袁家亲属的子弟都在这所学堂里读书。

袁世凯担任直隶总督后,特地开设了女馆,让袁家到了年龄的女子全都入学,女馆里坐满了年龄大小不等的姨太太和千金小姐们。搬进中南海后,又开设了男馆,专门聘了名师讲经授课,如严修、方地山、董宾古、张肇松等。两个专馆的规模和课程安排,与一般学校没有什么差别,等于是在家庭里开办了两所私人学校。男馆设立在北海五龙亭北坡的一片房子里,开设有国文、英文、算术、历史、地理、体操等课程。除了严修等名师外,还聘请了洋人专门教英文。当时在男馆读书的有第四子、五子、六子、七子、八子、九子、十子等七个儿子,他们在同一个馆里上课,并且配有专门的厨子做饭,还配备了男用人负责摇铃、打扫教室及馆里杂役,共同负责袁家子弟的起居饮食。

女馆设立在中南海卍字廊后面假山上的一个院落里。学生有袁世凯的第二女、三女、五女、六女、七女、八女、九女、十女、十一女等九个女儿,还有五姨太、六姨太、八姨太、九姨太等四个姨太太及袁克定的两个女儿。女馆里按照文化不同程度分成了三个班。每天要上八堂课,每堂课的时间是40分钟。女馆里的老师有周道如、杨蕴中、董文英、唐尹昭、陆绍仪等,教英文的是一位英国人苏小姐。女馆里的考试制度分大考、小考两种。小考在暑假前举行,大考在年假前举行,同样记分数定名次,考试得第一名的有奖励。二女儿和三女儿是各门功课最好的,每次都是她俩轮流得第一名。因此,袁世凯对这两个女儿更喜欢。对几个姨太太,在课堂上不好称呼,袁世凯分别给她们取了学名:五姨太叫志学,六姨太叫勉学,八姨太叫潜学,九姨太叫勤学。

女馆里的女生平时不住馆,每天上学由随身的丫头或老妈子护送来馆。十一女当时还小,身边还要带个奶妈。她们坐在教室里上课,女佣们就坐在教室外面的廊条上,随时听候女主人的叫唤。常常会出现这样的情况:正上着课,一个姨太太忽然站起来报告"先生,我请假",说着便走出教室,问自己的丫头"总统吃的饺子煮好了没有",或者问一些其他的家务事。问完了再回教室听讲。

赴济南上任山东巡抚,袁世凯带着长子袁克定,有意对他进行培养和历练。对次子袁克文,也是倾注了许多感情和精力。《袁世凯家书》中有一封"示次儿书"是专门写给袁克文的,那时克文才10岁,袁世凯即对他进行严格要求:"近闻你行事喜效名士,此非具有真才实学者……安得将所读之经史子集,尽记头脑,以充腹笥,唯有勤动笔多思一法。于读书时,将典故分门别类,摘录于日记簿,积久汇成大观。"

他还为袁克文拟定了一份立身课程:

早起:黎明即起,醒后勿贪恋衾裯;习字:早餐后习字五百,行楷各半;读经:刚日读经,一书未完,勿易他书;读史:柔日读史,日以十页为限,见有典故及佳句,随手分类摘出,以资引用;作文:以五十为作文期,以史论时务间命题,兼作诗词;静坐:每日须静坐一小时,于薄暮时行之,兼养目力;慎言:言多必败,慎言,即所以免祸;运动:早起临睡,须行柔软体操;省身:每日临睡时须自省,一日做事可有过失,有则勿惮改,无则加勉;写日记:逐日记载毋间断,将每日自早至夜,所见所闻所作之事,一一记出。

课程表列得如此细致,可见严父的一片慈爱之情。即使这样他仍不放心,官位稳定之后,索性将袁克文接到济南,跟在身边亲自督促。

1913年,民国教育家严修从天津出发,赴欧美国家考察各国的教育状况。临行之前,袁世凯专门宴请严修,并托付给他一个任务:带袁家三个公子袁克权、袁克恒、袁克齐去欧洲,找一个合适的地方让他们留学读书。这一行严修途经了俄罗斯、德国、比利时、英国、法国、瑞士、荷兰等国,最后决定将袁家三个公子放在英国的齐顿汉姆镇上留学。小镇上有一所很有名的贵族学校叫齐顿汉姆公学,"一战""二战"期间培养过许多优秀军官。如今那所学校还保存着袁家兄弟三人的学籍资料。前几年,袁克权的后人专程赴英国寻访到了那所学院,当年严修日记中记录的情境没有多大变化,林荫道、钟亭、校门里的雕塑、尖顶和圆顶的房子,甚至当时乘坐的几号公共汽车,如今仍然还是那个号。时光仿佛回到了一百年前,他们追寻着祖父的身影,依稀并不遥远。

袁世凯和子女们的合影

据袁世凯第七子袁克齐回忆,袁世凯性情刚烈,态度严肃,寡言笑。他每天起床很早,上午办公,午饭后睡一小时午觉再出来。他的记忆力很强,见过的人,隔数年后仍能说出其姓名、籍贯。袁世凯不好古玩,他经常挂在嘴边上的一句话是:"古玩有什么稀罕,将来我用的东西都是古玩。"这话显示出了袁的大气魄,倒也是事实。

袁世凯军人出身,所以无论是站着还是坐着,他都是挺直了腰杆,威风凛然,即使是坐在沙发上和人谈话,也不改变这个习惯。他坐下的时候总是两腿交叉,两只手经常放在膝盖上,由于腿短,总是两腿垂直,仿佛"蹲裆骑马"的姿势,从来没有人看到他有架起二郎腿的时候。他说话的神情很严肃,语气斩钉截铁,从不絮絮叨叨。袁有一个口头禅,每当和人谈话告一段落时,都要问一句"嗯,你懂不懂?"其实这只是个习惯用语,表示他"重言以申明之",使听他说话的人不至于忽略他所谈的内容。袁世凯手里始终不离一支雪茄烟,有时走路也叼在嘴上,显得很神气。

袁世凯经历过诸多人生历练,为人处世非常圆通,很少能见到他骂人。下属或者仆人做错了事,他认为忍无可忍,或者是心情不好,就会将脸色一板,随口而出"混蛋!"两个字,气愤到了极点就变成"混蛋加三级!"袁世凯一直担任高官,后来又身为大总统,无论是在家里还是在下属面前,权威性都极高,不怒自威,凡是同他接触过的人,没有一个对他不抱有畏惧心理的。

夜间休息,袁世凯并不是到各个姨太太房里去,而是姨太太轮流前去"值宿"。轮到哪一个姨太太当值的时候,就由她本房的女佣人、丫头们把她的卧具和零星用具搬到居仁堂楼上东间袁的卧室里去。袁当总统时,大姨太、二姨太、三姨太这三个姨太太已经不和他同居了,轮值的只有五姨太、六姨太、八姨太、九姨太,每人轮值一个星期,其中九姨太年纪轻,有时候伺候得不如意,因而不到一星期袁世凯就让她搬回去,另行调换别的姨太太。

在前清做官时,袁世凯除了上朝要穿袍褂以外,到家就换上黑色制服。他这种爱穿短装的习惯保持了若干年,在彰德隐居时是如此,后来住进中南海也未改变。他所戴的帽子,夏天是"巴拿马"草帽,冬天是四周吊着貂皮、中间露出黑绒平顶的黑绒皮帽,帽子前面正中镶着一块宝石。他所穿的鞋,夏天是黑色皮鞋,冬天是黑色短筒皮靴,靴内衬有羊毛,两旁嵌有两块马蹄形的松紧带。袁世凯是从来不穿绸衣服的,他的衬衣裤夏天是洋纱小裤褂,冬天除了小裤褂外,外穿厚驼绒坎肩一件,厚毛线对襟上衣一件,皮小袄一件,厚毛线裤一条,这时外面的黑呢制服也换成皮的了。

他喜欢缠足的女人,他所娶的太太和姨太太,除了朝鲜籍的三个是天足外,其余都是缠足的。特别是他所喜爱的五姨太,其得宠的原因之一,就是她有一双缠得很小的"金莲"。朝鲜籍的三个姨太太原是天足,嫁到袁家后,也仿照从前京剧中花旦、武旦角色"踩寸子"的办法,做出缠足的样子来取悦袁世凯。后来她们离开"寸子"时,反而不会走路了。

他的起居饮食,一年四季都有一套严格的规矩。早晨6点起床后,先吃一大海碗鸡丝面汤,7点拄着藤皮手杖下楼,走到门口还会发出"哦"的一声,像是咳嗽,又像是在提醒人们他的到来。上午半天是办公和接待客人,11点半吃午饭。他所用的碗、筷、碟等餐具,都比其他人的要稍大一些。所吃的菜,不仅花样很少变化,就连摆放的位置也从不变换。比如说,袁世凯喜欢吃清蒸鸭子,每年入冬以后,必定有这个菜,位置也必定摆放在桌子中央。肉丝炒韭菜摆在东边,红烧肉摆在西边,像护卫队的两个士兵,永远站在那个位置上。他喜欢吃鸭肫、鸭肝和鸭皮,吃鸭皮的时候,用象牙筷子把鸭皮一掀,一转两转,就能把鸭皮掀下一大块来,手法异常熟练。袁世凯爱吃的菜有高丽白菜、朝鲜熏鱼、绿豆糊糊等,都是常见的菜肴,对于那些山珍海味,他没有太大兴趣。

第六章 传说中的老六门

大哥大哥你好吗——长门袁世昌

袁世凯兄弟六人,依次分别是袁世昌、袁世敦、袁世廉、袁世凯、袁世辅和袁世彤。他们的父亲袁保中娶了一妻一妾,都姓刘。六兄弟中,袁世敦是正室夫人刘氏所生,其余五人均为如夫人刘氏所生。对袁家六兄弟,外界习惯称为"老六门",袁家自己人也都爱这么称呼。

长门袁世昌,实际上在袁家没有什么地位。没有地位的原因,是因为他在家中虽然年龄最大,但却是如夫人所生,不是嫡子。依照过去的老规矩,只有嫡子才能继承家业,是整个家族下一任的接班人。嫡子在家族中权力极大,几乎在所有方面都具有优先权,被称之为家族正宗,至于其他子弟,都只能是别支。袁门六兄弟中,袁世敦是嫡子。因此家族中的霸主地位属于他。

袁世昌一生没做过官,一直在项城老家务农经商,算得上是个殷实人家。袁世凯在朝鲜任总理交涉通商大臣时,大哥袁世昌曾前往汉城探亲。嘴上里说是探亲,实际上是想谋个差事,混口饭吃。袁世凯是个不含糊的人,他办事有原则,不允许家人和亲属参与自己的政事,一口回绝了袁世昌。袁世昌不甘心,提出要一笔钱。袁世凯问他要多少?袁世昌说要1800元。这不是一个小数目,袁世凯接着问,要那么多钱做什么?袁世昌回答,将来娶儿媳妇用。袁世凯一听火了,大哥的大儿子也才七八岁,哪有这么早预备娶儿媳妇钱财的道理?当场狠狠说了大哥几句。袁世昌没多少文化,脑子里塞满了长幼尊卑的旧思想,如今见四弟说话口气那么凶,心里也没有好气,上来推了袁世凯一把。袁世凯是年少习过武的人,顺势还了一掌,袁世昌被推搡得坐到了地上。

这一场兄弟纠纷,也不是什么大不了的事。后来为外人大肆渲染,增添了许多演义成分。事实上,袁世凯对大哥袁世昌还是挺好的。天津小站练兵时期,各方面条件都还不错,袁世凯专门请大哥到天津小站来住一段时间。

袁世昌娶的妻子张氏,也是出身名门。她的哥哥是张镇芳,清朝时中过进士,曾担任直隶总督,也是晚清、民国政坛上的一个知名人物。张镇芳的两个子女先后夭折,以胞弟张锦芳之子张伯驹为嗣子。

张镇芳一生与袁世凯关系很好。民国初年,他在袁世凯手下担任河南都督兼民政长。洪宪帝制,张是拥护派的积极分子,又是袁家的私人账房,袁世凯遇事总爱与他商量。民国后张镇芳在天津担任过盐业银行董事长。嗣子张伯驹(1898—1982),字家祺,他一生与袁克定、袁克文关系融洽,是莫逆之交。张伯驹还是民国四公子之一(其余三位分别是袁克文、张学良及溥仪的族兄溥侗)。张伯驹出入过军界,从事过金融,最后扬名在文物收藏及诗词上,所谓"诗词歌赋,无所不晓;琴棋书画,无所不精",指的就是张伯驹这样的人。

袁门六兄弟中,袁世昌过世最早。

袁世昌留下了三个儿子:袁克明、袁克暄、袁克智。袁克明长年居住项城袁寨,守着祖业过日子,家境一般。他少年时爱习武,曾赴湖南衡阳拜一个叫龙佐才的人为师傅学习剑术。洪宪帝制时期,袁克明到了京城,住在表哥张伯驹家中,想从四叔父袁世凯那儿谋得个一官半职。然而袁世凯此时已是自身难保,没能帮得上他,在京城住了一阵,他便回到老家项城去了。

袁世昌去世后，次子袁克暄一直跟随在四叔父袁世凯身边生活，后被收为养子。袁世凯在天津兴办的北洋客籍学堂中，就能找到袁克暄的名字。他受袁世凯的影响也最大，一生从事外交事务，曾担任驻美使馆参赞、民国外交部次长，在中国政治转型的途中，隐约能看见他的身影。

嫡出的儿子大过天——二门袁世敦

二哥袁世敦，字厚甫。因他是袁保中的正室夫人刘氏所生，所以虽非长子却是袁氏家族长门。参加科举考试不中，出钱捐了个"盐大使"的虚衔，按清制是正八品官员。

要说起来，袁世凯对这位长门二哥并不薄。任山东巡抚期间，袁世凯疏通关系，给二哥谋了个实职，将袁世敦调到山东保奏为修补知府，兼管营务处事宜。山东闹义和团，给朝廷出了个大难题。洋人抗议后，清廷又拿义和团开刀，并处置了一批官员。袁世敦也被撤职，并遭驱逐回籍。据清史专家骆宝善考证，袁世敦实在是"代弟受过"。皆因为袁世凯的政敌拿他没办法，就拿他二哥袁世敦开刀，安了个"纵勇扰民"的罪名赶回了老家。

袁世凯后来与袁世敦的关系闹得极僵，以至于袁世凯指天发誓，死也不再回项城。兄弟之间那个解不开的死结，缘于袁世凯的生母刘氏之死。

袁世凯在山东担任巡抚后，将生母刘氏夫人、妻子于氏等家眷接到了济南。当时山东义和团闹得厉害，袁世凯怕母亲大人受惊吓，密令侍卫队严加防守。他是个孝子，一日三次到母亲房里请安，有空便陪母亲说话。母亲生病了，袁世凯更是日夜守护在旁，亲侍汤药，尽心照顾。

不久母亲病逝，袁世凯十分伤心，电奏朝廷要请假回籍守制。朝廷认为时局维艰，没有批准，谕令照常上班，不过放宽了政策，准许他在巡抚衙门内穿孝服。袁世凯郁闷万分，胸中装着个难解的心结：当年嗣母牛氏夫人病逝后，他在朝鲜任钦差，未能回家处置后事，已成终身遗憾。如今亲生母亲去世，又不允许他回家安排，子欲养而亲不在，他的心头之痛再也无法隐忍。于是再次向朝廷恳请回项城安葬母亲。不料朝廷还是没有批准，只好将母亲的棺材暂时移到济南城外存放。

经过袁家几个兄弟的反复协商，最后定在第二年秋天为母亲厚葬。袁世凯又一次给朝廷打报告，奏请赏假两个月。这一次朝廷恩准了，慈禧太后还专门下了道懿旨，赏予40天丧假回籍葬母，并加恩赏给刘老夫人正一品封典，派河南巡抚专程前往项城致祭。

袁世凯感到特别有面子。这时候他已是直隶总督，为了让母亲的安葬仪式更加隆重，他亲自带着仆从、护卫兵及大群地方官员数百人，浩浩荡荡开赴河南项城。衣锦还乡，八面威风，本以为这趟回项城要风光一回，谁知事与愿违，二哥袁世敦竭力反对这桩丧事，袁世凯气急败坏，与二哥大吵一架，闹到最后两个人差点动手。

袁世凯与生母刘氏夫人

袁世敦的理由貌似也很充分：有资格与父亲袁保中同葬一个墓穴的，只有正室夫人刘氏。继室刘氏，只能另砌一坟安葬。为这件事，从京城前来参加葬仪的徐世昌及河南陈夔龙都出面进行调解，无奈袁世敦硬是不听，摆出一家之主的派头说："不要以为官大就能压我，袁家的事，还是我说了算！"

那场窝囊的葬仪让袁世凯刻骨铭心。他和其他三个同父同母的兄弟世廉、世辅、世彤商量，只好另择墓地，安葬了生母刘氏夫人。离开项城时袁世凯指天发誓，这个伤心地，他再也不会来了。

刘氏夫人的墓地埋在红冢洼。2009年冬天，我和电视台的朋友一起前往拍摄时，老地名叫"红冢洼"的那个地方已经很难找寻了。幸亏有袁氏后裔袁晓林先生带路，又问了附近几个乡亲，总算是找到了。地点在项城与沈丘交界的师寨桥南，可是墓地已不复存在，堤岸上是一排柳树，堤岸下是一片绿油油的麦苗，附近乡亲们大致指了一个方位，他们也不敢肯定。

我曾看过刘氏夫人墓地的一张老照片。那是用汉白玉建造的一座牌坊,柱石上有麒麟、狮子等动物浮雕,两根立柱架起的横石上悬挂着风铃,当地老人说,遇到刮风时,那些铃铛发出的声音清脆悠扬,在旷野上传得很远很远。

据《项城县志舆图》记载:"清光绪二十八年(1902),壬寅孟冬朔月十六日癸卯,太子少保直隶总督袁世凯亲奉母亲灵柩归葬于此。苗园占地百余亩,翠柏成行,气势宏伟。北建袁氏祠堂并有一兵营看守。苗园大门朝东,两侧立石狮高三米,大风吹来,呼呼作响,人称'喝风虎'。石狮两侧各立石旗杆,上书'教子有方'四个大字。牌坊两侧,石碑林立。有两湖总督南陂人张之洞撰《袁太母刘夫人墓表》、袁保纯撰《刘太夫人碑记》、侍郎安徽人沈云沛撰《袁母刘太夫人墓表》等,多属颂德之词。安葬之日,四方来观礼者车以千计,络绎咸集。"

从以上史料中能看出,袁世凯葬母时盛况空前,奢华至极。

站在麦苗地里回望那段历史,心中泛起一阵苍凉。之后刘夫人的墓地被邱清泉的新五军士兵扒过墓,盗走的东西谁也不清楚是什么,听说有金银珠宝和一盏万年灯。当地老人们说,士兵黑压压围了一大片,站了几道岗,老百姓谁也不能靠近,事后只见棺材板散落一地。

新中国成立时,刘夫人的墓地还在。20世纪60年代破"四旧",公社革委会强扒了墓冢,扒出的砖块和白灰整整装了200多辆架子车,全部都倒在了谷河东侧河堤旁。过了几年,当地乡亲们在墓地原址用土堆了座小坟包,他们说,袁世凯母亲那座墓有灵气,不能坏了风水。

2009年秋,我到河南项城参加袁氏家族第三次联谊会。袁世凯去世快一百年了,袁氏家族后裔集中在一起祭祖、商讨家族事务这还是第一次。参加联谊会的有来自美国、加拿大、新加坡、台湾、北京、天津、成都、河南等地的袁氏后裔,有清史研究专家骆宝善,也有一两家闻风而来的媒体。

在这次家族联谊会上,袁氏后裔们要商讨的一件大事是为刘氏夫人迁墓,但这件事后来没有下文。没能迁墓的原因是:刘夫人的墓被扒这么多年了,如今她的尸骨都找不到,要迁也是随便找些尸骨放入墓穴,是对刘夫人的不恭敬。再说如今袁氏后代已从劫难中走出来,刚刚过上了还算幸福的生活,如果迁墓动土,破坏了风水,也许会对袁氏后人不利。

刘氏夫人的墓,终归是没有迁成。

其实,袁家百年的沧桑变迁,远远不只是一座墓地的事。

小曲一阙《哥俩好》——三门袁世廉

袁家"世"字辈兄弟中,袁世凯与袁世廉的关系最好。

袁世廉少年时胆识过人,以素有才干享誉乡里。当地有个土匪头子张天罕,横行乡里,抢劫杀人,官府多次通缉,都没有捉到。袁世廉得知后,带着几个团练去抓获了张天罕,交给衙门。这事在项城轰动一时。

袁世凯赴朝鲜后,陈州府家中留下嗣母牛氏等人,常年无人照顾,袁世廉从项城迁至陈州府,帮助四弟主持家务,侍奉饮食起居,像亲生儿子一样。袁世凯的嗣母牛氏深受感动,又不放心在朝鲜的嗣子,便叫袁世廉前往朝鲜汉城去辅佐四弟。袁世廉初到汉城时,袁世凯并没有给他安排什么事,只是让三哥帮他管家。后来帮他谋了个电报局总办的职位,负责架设从汉城至釜山的电线。

袁世廉上任电报局帮办没几天,就深切感受到了做实事的艰难。架设电线,需经受日晒夜露之苦,和工人们同吃同住,吃了不少苦。这些都还好说,关键是如果饷银不能按时发放,还得忍受诸多辱骂——而饷银是由上头划拨的,经常拖欠,一拖欠就是一两个月。这让袁世廉两头受气,经常感叹自己里外不是人。

干了半年多,他深知虎口夺食不易,又请袁世凯帮他另谋差事,此时正好有湘人李兴锐被任命为出使日本大臣。李兴锐原是曾国藩的幕僚,委办粮台事务,后来当过两江总督,袁世凯通过周馥的关系说通了李兴锐,让袁世廉随同去日本任领事。谁知事到临头风云忽变,李兴锐忽然患了一场大病,出使日本的计划被取消了,袁世廉当领事的美梦自然也泡了汤。他只好打起精神,硬撑着干完了督修电线工程的苦差事。

在袁世廉任电报局帮办期间,他的妻子携带小女儿来到了朝鲜,居住在袁世凯府中。谁知这件家务小事,却差点引起兄弟间的一场误会。袁世廉从朝鲜辞官回到河南老家后,听到一些莫名其妙的谣传,说他指使妻子女儿赴汉城"打秋风",让袁世凯很感难堪,甚至有人说他是骗取了袁世凯的钱财后逃跑回了老家。这些谣传使袁世廉十分伤心。他对天发誓,今生再也不到朝鲜去了。

袁世凯从二姐的来信中得知了这些情况,也相当难受。几十年的兄弟情谊不能轻易毁于一旦。在给二姐的家书中,袁世凯详尽剖白了自己的心迹,托二姐帮忙制止那些闲话,并亲自给袁世廉写信,让他释去心中的愤懑。

此后,袁世凯与袁世廉哥俩的感情恢复如初。

庚子年间,山东义和团闹腾得厉害,不巧母亲刘氏夫人又在济南病了,袁世廉得知消息后身着便衣潜行赶赴济南,一方面照顾母亲,一方面帮四弟袁世凯处置内外的一些杂事。袁世凯拿银子帮三哥捐了一个知府官衔,在山东设立"减成捐局",为其剿灭义和团筹集资金。

母亲刘氏夫人去世后,袁世廉被河南巡抚委任为军队的翼长,正好赶上一个灾年,开封一带的民众想开垦荒地,地方官要征收租税,这一举动激怒了老百姓。灾民们联合起来抗拒,群情汹涌,差点酿成了一场大变。袁世廉出面调解,一方面说服官府缓征,减免租税;一方面说服灾民,平息事态。

中日甲午战争后,袁世廉被调到武昌,办理淮盐总局的督销事务。不久又奉命出任徐州府兵备道。谁知刚刚上任,还未来得及施展才能,老毛病风痹症又犯了,整天躺在病榻上不能动弹。他请辞养病,这时候正好袁世凯被罢官后到洹上村休养生息,袁世凯派袁克文专程赴徐州府,将三叔父袁世廉接到了洹上村。

在彰德洹上村,袁世廉的病情时好时坏。袁世凯特地花重金请了法国医生梅尼为他治疗。梅尼医术精湛,在中国行医十多年,屡次获得清廷颁赏的宝星职衔。在梅尼极尽心力的治疗下,袁世廉有所好转。然而在梅尼赴哈尔滨防疫期间,袁世廉病情忽转恶化,痰气涌塞,呼吸困难。在袁世廉弥留之际,袁世凯和次子袁克文日夜守护在他的病榻前。对袁世廉之死,袁世凯异常悲痛,他亲自为三哥选坟地,定于秋天下葬。后因辛亥革命爆发,等着要袁世凯办的事极多,此事便再无下文。

袁世廉遗有两子:长子袁克智,父亲病逝时尚在读书,后来情况不明;次子袁克成,民国时任河南军事稽查,顶头上司是赵倜。赵系河南汝阳人,北洋武备学堂毕业,曾被袁世凯封为德武将军,长期任河南督军兼省长。他对袁氏家族的这个后裔特别关注,打报告要将袁克成破格提拔为少将,后因未获袁世凯批准而作罢。赵倜又请授以二等勋章,袁世凯大笔一挥改成了三等。

匆匆并非烟云——五门袁世辅

袁世辅是袁家老五,关于他的史料并不多见。

只知道袁世凯在朝鲜期间,袁世辅也曾前往汉城,并居住了一段时间。估计是临走时想找四哥要钱,被袁世凯狠狠训了几句。袁世凯在给项城二姐袁让的信中还愤愤地说:"人既无兄弟之情,我何必有手足之谊。不相闻问可也,可恨,可恨!"

清朝末年,袁世辅通过纳捐获得了一个小官,不过并没有上任,不久辛亥革命爆发,清朝换成民国,他便始终在项城老家赋闲,直到1927年去世。

袁世辅生前有一妻两妾,只生了一个儿子叫袁克庄,据说年轻时才华过人,很有希望通过科举考试进入仕途。正在他准备大展宏图时,清廷垮台了。袁克庄行走在京津两地,通过四伯父袁世凯的关系认识了不少政坛要人,段祺瑞就是其中之一。

袁克庄认识段祺瑞后,两人称兄道弟,关系热络。当时袁克庄的夫人和段祺瑞的夫人都有了身孕,于是他们在一次酒宴上约定,如果生下的是一男一女,就结为夫妻。不久,袁家生下了袁家馫,段家生下了段式巽,按照约定,段式巽嫁到了河南项城袁府,两家亲上加亲。

袁克庄死得很早,28岁那年就匆匆离开了人间。袁家馫与段式巽结婚后,夫妻俩搬到了天津,住在日租界须磨街的段府大院里。

段式巽从小被人娇惯,养成了一副大小姐脾气,什么事都要依着她的个性办。她没有儿子,只生了个女儿,叫袁迪新。若干年后,这个袁迪新也成了个传奇色彩很浓的人物,后面再讲。先说段式巽喜欢上了她大姐的儿子李家晖,便不肯放手,提出要"借回家玩几天"。大姐知道段式巽的火爆脾气,也没有多说什么,眼睁睁地看着自己的儿子被妹妹"借"走了。过了段时间,大姐要来接回儿子,段式巽却怎么也不肯放手,大声说:"想把孩子抱回去,除非拿枪先把我打死!"大姐也毫无办法,最后只好把儿子让给了段式巽。

　　这个李家晖,父亲是李鸿章家族的后裔李国源,也是名人之后。李家晖被段式巽强要过来之后,为他改名叫袁缉辉。袁缉辉后来读复旦大学,毕业后留校任教,退休后去了美国。前些年,年龄已过七旬的袁缉辉先生从美国给我打了好几次电话,同我探讨袁世凯家族的一些史实。袁缉辉的身世太富有传奇色彩了,他承载了袁世凯、李鸿章、段祺瑞这三个豪门之家的故事。袁缉辉与妻子王爱珠还联名出版了一本《同爱生辉》,讲述他们夫妻俩的人生经历和生活感悟。

　　段式巽年轻时身体瘦弱,人们都认为她活不了多大岁数,谁知道她却活到了92岁高龄,1993年病逝于上海。

　　段式巽与袁家骝的独生女儿袁迪新从小跟在外公段祺瑞身边长大,天生丽质,冰雪聪明。段祺瑞执政北洋政府期间,北平学生抗议日本等八国的无理通牒,举行"三一八"请愿游行。有士兵悍然开枪,引发一场惨案。段祺瑞闻讯后赶到广场,低头向学生下跪。这场风波的最后收场是段祺瑞下野,他从此隐居天津,成了个虔诚的佛教徒。袁迪新说,外公每天早上起来,头件事便是念经诵佛。等到吃过早饭,他的老部下王揖唐就过来帮外公整理历年来的诗文,准备刊印一部《正道居集》。午睡过后,外公照例是下围棋,晚上偶尔也搓搓麻将。

　　1936年,段祺瑞在上海病逝时袁迪新只有14岁。随着年龄增长,她渐渐出落得亭亭玉立,貌美如花,学习成绩优异,英文尤佳,不少豪门子弟都倾心于她。

　　1946年下半年,袁迪新来到了北平,在国共停战谈判的"军调处北平执行处"下属的新闻处当翻译。"军调处"由国共两党和美国代表三方面的人员组成(各方代表分别是周恩来、张治中和马歇尔将军),主要任务是调解国共关系。袁迪新从小受过良好的教育,英语基础非常好,周围又都是耀眼的政坛人物,于是她也顺理成章成了一颗瞩目的明星。

新中国成立后,袁迪新当了几十年的中学英语教师,直到1979年退休了,仍然被聘请到上海大学、上海财经大学、中华职业学校等院校教授英语。

真隐士自风流——六门袁世彤

项城袁氏家族"世"字辈的六兄弟中,最小的是袁世彤。

袁世彤,字孟昂,年轻时曾在袁甲三爱将周文炳幕下供职,深得周的器重。1893年10月,龚照瑷出任英、法、美、比大臣,袁世彤随行为参赞。三年期满,他随龚返国,被奏以道员保用。但是不知什么原因,袁世彤后来并没有去当官,而是在老家河南项城住下来,栽花种竹、写诗画画,以此为乐,大半辈子没有再离开。在河南项城,袁世彤有不错的口碑。他不以贵显子弟自居,无论对何种身份之人,总是那么和气。

袁世凯全盛之时,许多项城人纷纷跑到北京去活动关系,谋得一官半职。袁世彤不为所动,依然在老家过宁静的隐士生活,不做辎重京阙之想,即使有事必须去京城办理,也是来去匆匆,决不停留。

袁世彤平时最喜欢的事是绘画和书法。台湾作家高拜石评价他的画作:"向无师承,唯抚摹南田草衣的花卉,兼用着色勾勒,和没骨、渲染二法。"袁世彤绘画只为自娱自乐,不轻易示人,所以很少为外人所知。但是他的画作,颇有神气,至今在台北故宫博物院里仍有收藏。

有一则传说波及很广。说的是袁世凯洪宪称帝期间,五弟袁世彤和妹妹袁张氏公开登报声明,要与袁世凯断绝关系。

这则传说确有其事,却并不是事情的全貌。话说袁世凯洪宪称帝,反对的人不计其数,立场不同,角度不同,反对的理由也不同。有人反对,是因为中国好不容易走上了共和之路,复辟帝制无异于开历史倒车,当然要反对;还有人反对,是因为他们忠诚于清朝,是晚清遗老遗少。袁世彤和袁张氏属于后者。

袁的家人对袁世凯"帝制自为"的看法,代表了晚清遗民的一种认识水平,并没有什么新意,本来不足为训。但是许多历史研究者据此得出结论，认为袁世凯称帝连他的家人都反对。实际上是小看了袁世凯称帝这件事的复杂性。

袁世彤不仅口头上反对四哥称帝，还扯起旗帜，招募军队，自任为讨袁军大统领，罗列袁世凯罪状二十四款，印成传单四处散发。时任河南都督的张镇芳（袁家老大世昌的妻弟）得到这个情报，也不大敢过问，于是密电袁世凯请示如何处置。袁世凯哈哈大笑："老六与我闹家庭革命了，无怪乎老张束手无策。"袁略作沉思后复电张镇芳，让其派兵勒令解散，如敢违抗格杀勿论。张镇芳捧着袁世凯的手谕，让袁世彤看了，袁世彤冷笑一声反问："张都督将如何处置我呢？"张镇芳说："你总不能让我为难。"过了几天，袁世彤率领所募军士数百人离开河南进入陕西，后为陕西都督陆建章所遣散。

关于袁世彤之死有多种说法，一般认为他老年病故于河南项城，也有说他在陕西死于陆建章刀下的，说是陆建章遵从袁世凯的密嘱，此说证据不足，难以为信。

袁世彤有四个儿子：袁克正、袁克伦、袁克艮、袁克灵。

其中第三子袁克艮，字叔武，生于1898年，毕业于燕京大学。

袁克艮一生乐善好施，每逢饥荒年境，他必在袁寨设置粥棚，赈济灾民。逢年过节，为了不使受助人尴尬，常差人于夜半时分塞钱于穷人门缝里。乡邻有难，他也经常慷慨解囊相助。袁克艮的善举，在河南项城传为佳话。

袁克艮重教育，终生致力于办学，不仅使项城袁氏子女学有所成，也惠及四周乡邻。

袁克艮先后娶妻三人。发妻单氏病故后娶豆氏，与豆氏离异后娶付氏。三个妻子共生育有五子八女。

其中第三子是袁家琤。1945年秋，袁家琤与祖籍浙江绍兴的徐淑贞结婚。新中国成立后在河南开封、项城等地教书。袁家琤喜欢打篮球、乒乓球。1965年的"四清"运动中，因管理学校食堂粮票错账46斤，被开除公职，回袁寨劳动。十一届三中全会后平反，分配到项城某校任教，1987年病故。

袁家骙有二子三女,其中次子袁晓林,原为项城县政协副主席。正是因为他的这一双重身份,近三十年来,袁晓林成了项城官方、项城故里与散居在世界各地的项城袁氏后人联系的一根纽带。袁家骝回国探亲访友期间,袁晓林是袁家骝与袁氏后裔牵线的主要联系人;前几年成立项城袁氏家族联谊会,袁晓林也是重要牵头人之一。他对袁氏家族的往昔较为熟悉,也亲眼见证并亲历了其中的某段历史,面对那些支离破碎的家族史碎片,他觉得自己应该做点什么。

最近几年,袁晓林先后撰写、编辑了不少与袁氏家族史有关的文字和画册。他编辑的《袁氏家族影像志》搜集了大量珍贵的家族图片,如今坊间已难以找到了;他编辑的另一本《淡出豪门的逝水流年》搜集了大量袁氏后人的回忆文章,如今也已成为研究项城袁氏家族史不可或缺的宝贵史料。

关于他自己的人生,其实也是一本书。袁晓林曾写过一篇文章《兵团岁月》,回忆他那逝去了的青春岁月,他在文章中说:"人生是一种大写的记忆。因了记忆,生命才充满喜怒哀乐,才显得色彩绚丽。岁月像一条流淌的河,无论多么坎坷的经历,无论多么辛酸的泪水,经过三十年的沉淀,河水也会清澈见底,舒缓从容。"

袁晓林的原名叫袁启义。那时候他还是学生,有人说,你取这个名字,难道是想造反起义不成?袁启义听了这话,吓得不行,第二天就改了名字,从此叫袁晓林至今。

那样的家庭背景,他求学无门,感到前途迷茫。1964年,父亲袁家骙因管理学校食堂的粮票出了差错,被贬职还乡,从开封到了项城。袁晓林和三个妹妹一起,也跟随父母回到了项城。

回到项城后的第二年,袁晓林身上发生了三件事,使他伤心和迷茫,决定告别项城,远走他乡。

第一件事:1964年11月,项城县民政局分配他到项城国营农场上班。说是农场,其实不过是培育苗圃的一个小单位。工作之余,袁晓林报考了北京林学院函授生院,被顺利录取。这样一来,他的情绪由苦闷变得愉快,工作也带劲儿了。可是有一天,他帮农场一位老大爷牵一头牛,路上碰见农场的一位领导,随口答了几句腔。谁知道那位农场领导事后到处宣传"袁晓林牵牛打滚",并且说,牛不打滚那个青年学生急得直哭。这事传到袁晓林的耳朵里,气得脸红脖子粗。那时候他还年轻,就尝到了被人冤枉的滋味,心里特别不好受。

第二件事:在农场劳动期间,袁晓林积极要求进步,参加了共青团。三个多月后,人民公社的一位女团干部找他谈话,问道:"你家在袁寨?"袁晓林点点头。那位女团干部说:"你入团的事就算了吧,只当没入过。"袁晓林不理解,申辩道:"咋的啦?我都填了表,宣了誓,交了团费,你一句只当没入过,就一笔勾销啦?"女团干部轻声轻气地劝他:"好啦好啦,这事你也别生气,算了就算了,只当没入过,这事你也不要对外人说啊?"与公社女团干部谈话后,袁晓林回到宿舍里蒙头大睡了一天,情绪大受影响。

第三件事:因为出身袁氏家族,袁晓林一直想找个贫下中农做干爹。听母亲说,他生下来后奶不够吃,找了个奶妈,吃了她一个多月的奶,认了干娘。那么自然而然,干娘的丈夫就成了干爹。有一天,袁晓林抽空去看望干爹干娘。他们家住的是两间旧草房,屋里光线昏暗。老两口见袁晓林提着礼品来看望,显得手足无措。他们坐下来聊天,老两口说话吞吞吐吐,看上去像是有什么心事。袁晓林一问,才明白了事情的原委。干爹说,土改那年,他才20多岁,家庭出身好,当上了民兵,背支汉阳造步枪,挺神气的。一天,乡政府派他押送一个人到县城,刚走不远就下起了瓢泼大雨,路变得泥泞难行,干爹累得气喘吁吁,一气之下举起枪,将他押送的那个人一枪搁到了泥地里。过了几天,县城里见押送的人始终没有来,到乡下来一问,大为惊讶。县城里的人说,"那人是个地下党员,你们怎么草营人命?"于是干爹被关押起来,后来虽被释放,还是戴上了坏分子的帽子,一辈子接受贫下中农的监督。而对于袁晓林来说,本来是想拜个贫下中农干爹帮助自己减轻"罪孽"的,干爹也成了坏分子,对社会的失望又增加了一分。

自此,袁晓林心灰意冷,下决心要离开河南项城。

正好那几天报纸上大张旗鼓在宣传周恩来到新疆兵团看望上海支边

青年,号召青年人到广阔天地施展才华。袁晓林马上到县民劳科报名,要求去新疆建设兵团支边。

和袁晓林一起去县民劳科报名的还有一个人。这个人叫薛斌,项城李寨人,革命烈士子弟,父亲在淮海战役中牺牲了。薛斌当过兵,从部队转业后分配到项城林场。袁晓林记得他报到的那一天,左手拿着个半导体收音机,右手拿着本《毛选》,身后背着个方方正正的背包,黑黝黝的脸上流淌着喜气。但是没过多久,薛斌就与林场场长闹翻了。场长叫张春枝,也是部队转业干部。薛斌自认为他与张场长都是从部队转业的,应该有共同语言。于是给张场长建议,林场要像部队那样,每周集中一次时间让全场干部职工学习《毛选》。张场长当时嘴上没说什么,心里却十分不耐烦,在一次学习结束后,张场长讲话了,他说:"什么这个主义那个思想,有些年轻人成天空想,干活靠出劲,种田靠上粪,没有了劲,没有了粪,屁都不管用!"这一席话说出后,薛斌脸上挂不住了,当场与张场长大吵起来。这件事过后,薛斌心里越想越不对劲,他跑到县委监察委员会去告状,说场长反对学习毛主席著作,监察委员会的同志做了记录,但是事情过了很久,也没见到有任何处理。薛斌心里有点后怕,他担心官官相护,说不定县委监察委员会的人将情报捅给林场场长,合伙来整他。于是,三十六计走为上,他跑到县民劳科报了名,坚持要求去新疆农场。

1965年9月,袁晓林和薛斌揣着项城县政府民劳科的介绍信,来到新疆乌鲁木齐兵团司令部。换了介绍信,去农六师报到。

就这样,袁晓林在新疆建设兵团农六师干了几年,结识了一些战友。到了"文革"后期,1972年6月,建设兵团师直属单位中的"黑五类子女"及"站错队的人",被一纸命令发配到遥远的大山深处——大黄山煤矿。

袁晓林是这批人员中的一员。被发配的原因,是因为河南项城政府发来了一份公函:袁晓林系袁世凯的孙子,其母亲对抗群众运动,投井自杀未遂,云云。事后袁晓林弄清楚了,那份公函是他母亲所在学校的造反派头头伪造的,公章是用胡萝卜雕刻的。但是在那个特殊的年代,建设兵团接到了这么一份公函,必须严肃对待。

袁晓林在煤矿上干了几年,终于有一位政策水平高又有怜悯之心的领导提议,让袁晓林当教师。袁晓林在大黄山煤矿一直干到1980年,河南项城老家那边为他父母落实了政策,父母多次捎信让袁晓林回项城,他这才离开了新疆,回到了项城老家。

袁晓林回项城后,历任中学教员、教导主任、校长等。1984年进入政府部门工作,曾任项城政协副主席。如前所述,他不仅整理、撰写了许多袁氏家族的文字、图片和书籍,还是袁氏家族内外联系的一个牵线人。

第七章 一言难尽袁克定

◎

在历练中成长

人们印象中的袁克定不苟言笑,为人处世端庄严肃,其实并不完全如此。

年轻时的袁克定也有过风花雪月的光阴。好友张伯驹回忆道:"克定有断袖癖,左右侍童,皆韶龄姣好。辛亥,先父(张镇芳)在彰德总办后路粮台,居室与克定室隔壁,有童向克定撒娇。克定曰:'勿高声,隔壁五大人听见不好。'……但先父已闻之矣。"张伯驹为此还戏题一绝句:"断袖分桃事果真,后庭花唱隔江春。撒娇慎勿高声语,隔壁须防张大人。"

张伯驹与袁克定从小是玩伴,他对大公子知根知底,应该不会有假。

袁克定在京城风月场上最让人咋舌的一件事,是在天仙戏院与李莲英的亲侄子大城李抢风头。大城李名叫李福堃,见袁克定在天仙戏院常年备包厢,每次进戏院都是人前人后吃五喝六,心里不服气,借故找碴儿滋事,抓住袁克定手下一个跟班,以装大爷为由大打出手,从口角争执演变成一场轰动京城的群殴。

消息传到袁府,袁世凯大发雷霆,吩咐人将袁克定叫来,提着鞭子狠狠抽了他一顿。又派人拿着袁世凯的名片去请大城李,袁世凯低下架子,一口一个贤侄地叫,当庭叫袁克定给大城李赔礼道歉,奉大城李为上宾,摆酒设宴,好鱼好肉招待。此后不久,又让袁克定与大城李磕头烧香,结拜为兄弟。经过这么几个来回,大城李心中的怨气烟消云散,逢人便说袁世凯了不起,宰相肚里能撑船,是做大事的人物。

父亲袁世凯治人的手腕,让袁克定佩服得五体投地。大约在此前后,袁氏父子间有过几次推心置腹的谈话,对袁克定人生观的改变起了举足轻重的作用。袁世凯曾经也是心性浮躁一少年,当年多亏叔父袁保恒、袁保龄栽培,接到京城悉心栽培,方成正果。如今,袁世凯用叔父袁保恒、袁保龄教导过他的那一套方法,因人施教,循循善诱,激发调动袁家长子内心蛰伏的另一种激情——对政治和权力的欲望。这一招果然奏效,袁克定收拾起玩兴,告别花花世界,一门心思投入到权力游戏的旋涡之中,成了他父亲袁世凯的得力助手。

袁克定

20世纪初,经历了义和团、甲午海战、日俄战争等一系列灾难,清廷统治摇摇欲坠,朝野上下呼吁立宪的声浪日益高涨。随着清末新政改革的渐趋推进,晚清官员出国游历考察形成风气,考察外国政治(尤其是宪政)也被提上了议事日程。

最著名的是五大臣出洋,诏书一下,朝野震动。这次清廷派出考察的大臣十分慎重,人选几经变动,最初人选是庆亲王奕劻之子载振、军机大臣荣庆、户部尚书张百熙、湖南巡抚端方,后因荣庆、张百熙有事推托,改派军机大臣瞿鸿禨和户部大臣戴鸿慈。又因载振、瞿鸿禨公务在身,不能出洋,改派镇国公载泽、军机大臣徐世昌,不久又追加商部右丞绍英。

五大臣出洋考察还选调了大批随员,其中不乏政坛和外交界的风云人物,包括部分京官,如御史、内阁中书、翰林院编修、各部郎中、员外郎、主事等,也有地方官,如道员、知府、知县,海陆军官如参将、都司及地方督抚调派来的随员和留学生,有的是精通外语、熟悉欧美国情的归国精英。这批随员中,有后来声名鹊起的熊希龄、陆宗舆、章宗祥、施肇基等人,正有待冉冉升起的政治新星袁克定也名列其中。

1905年9月24日,北京举行了一场隆重的欢送仪式,祭拜了祖先之后,五大臣(载泽、徐世昌、绍英、戴鸿慈、端方)在社会各界人士的簇拥下,在洋鼓洋号震天响的喧嚣声中,如同即将踏上征程的英雄,在北京正阳门火车站登车出发,大批随员也尾随其后。火车还没有开动,忽然听见前边车厢传来了爆炸声,一时间人声喧嚷,不知道发生了什么事。

这次事件被称为"吴樾刺杀五大臣案",是清末的一个著名案件。

吴樾这年春天写了一本书《暗杀时代》,书名颇有象征意义。20世纪初,无数热血青年发誓救国,却又不知道这个国该从何救起。迷茫中,革命和暗杀成了主旋律,一个铁血时代弥漫着血与火。许多仁人志士壮烈殉国,既惊心动魄、可歌可泣,又成了后人心头的伤痛,为之扼腕长叹。

那次爆炸案,吴樾当场被炸身亡,五大臣中绍英受伤最重,载泽、徐世昌受伤略轻。这一意外事件使得清廷不得不改变出洋人选和延缓出洋考察时间。直到这年年底,出洋考察的大臣才重新启程,人选则再次更换,他们是载泽、李盛铎、尚其亨、戴鸿慈和端方。

这次五大臣出洋考察的随员名单中没有袁克定。具体什么原因不得而知。从史料中考据,1906年的袁世凯十分忙碌,这一年他仍在天津小站练兵,1905年和1906年,北洋新军连续两年举行了大规模的军事会操,袁世凯是清廷钦定的阅兵大臣,长子袁克定是其左右手。

1906年,清廷将工部和商部合并,成立农工商部,这是清廷为促进发展实业而专门设立的中央机构,掌管全国农工商、森林、水产、河防、水利、商标、专利诸事。原商部右丞绍英在吴樾爆炸案中受重伤,空缺出的位置正好由袁克定顶上。

农工商部尚书是庆亲王奕劻之子载振。熟悉近代史的人应该都知道,袁世凯与庆亲王奕劻的关系非同一般,袁家与庆亲王府的家眷之间经常走动,关系都非一般。后来,袁克定还和贝勒载振结拜成了兄弟,此是后话。

袁克定先后结拜的异姓兄弟有载振、汪精卫、蔡锷、杨度等人，这些人物在晚清及民国初年无不占有举足轻重的位置，有的甚至直接影响到近代史的方向和进程。由此也透露出袁克定在近代史中的重要性。遗憾的是，我们的近代史上一直把他当作一个简单的反面角色符号对待，要还原一个活生生的有血有肉的袁克定，路还远。

经过父亲的教诲，袁克定变得志向高远。然而无论是在观察大局上还是在为人处世上，他的胸襟、见识及谋略，都比父亲袁世凯差得远。

这里举两个例子就能了然。

其一：袁世凯遭遇贬职罢官，跪接诏书后心惊肉跳，回到袁府，调息静心坐定，想想这件事仍是后怕。如果诏书内容是赐死，这会儿脑袋恐怕已经搬家了。当时袁府中，心腹幕僚张一麐等人借故逃避，其他男女仆从也张皇失措作鸟兽散，风声鹤唳，处处惊惶，不知道还有什么大祸将要从天而降。

袁世凯到天津后，住进了一家德国饭店。吩咐随从给其旧属、代理他出任直隶总督的杨士骧传信，然后静静等候杨士骧的到来。谁知一直等到晚上十点多钟，还是没见杨士骧的影子。第二天上午，杨士骧的儿子杨梧川悄悄溜进了袁世凯的房间，递上一张支票，脸上神情有几分不自然。不需要多说，识人无数的袁世凯已经明白了是怎么回事。果然，杨梧川吞吞吐吐说他父亲有难处，乞求世伯鉴谅。袁世凯一拍桌案，想骂一句"混蛋"，又一想还是忍下了。世态炎凉，落水的凤凰不如鸡，当年一手保荐的心腹亲信杨士骧尚且如此，遑论他者？心灰意冷的袁世凯当机立断，回京城！值此紧急特殊时刻，不能指望任何一个人帮自己。

——有知情者透露，当时建议袁世凯去天津找杨士骧寻求政治避难的，就是大公子袁克定。按照袁克定的建议，先去天津躲一阵，万一形势不妙，可从天津乘海轮逃往日本。

其二：袁世凯在洹上村垂钓当隐士期间，武昌起义爆发，身居京城的袁克定在第一时间得到消息，乘车匆匆赶赴安阳，将这个消息报告给父亲。听过情况汇报，袁世凯表情依然沉稳，袁克定耐不住了，几番欲言又止,想表达个人看法。袁世凯见状小声问道:你什么意见？袁克定果断地表达了他鲜明的观点:当年清廷欲置父亲于死地,如今报仇的机会来了,清廷气数已尽,趁此机会树起旗帜与清廷分庭抗礼,联合革命党人打进京城,掀翻太和殿里的那张龙椅。

袁世凯鼻孔里哼了一声,没有再搭理大公子袁克定。

武昌起义第三天,清廷派陆军大臣荫昌统率北洋军两镇南下讨伐。几乎与上述命令发出的同时,洹上村来了个秘密客人。此人是袁的旧属冯国璋,也是被清廷派往南下作战的北洋军首要统领。冯国璋是来向袁世凯请示机宜的,袁世凯没有正面回答,用手指头蘸着一碗水,在桌上写了六个字:"慢慢走,等等看。"这六个字道出了袁世凯内心的韬略。

直到庆亲王奕劻、军机大臣徐世昌说服了清廷起用袁世凯"讨伐叛军",并表示"要收拾这个混乱的局面,非袁不可"。清廷无奈,任命袁世凯为湖广总督兼办剿抚叛军事宜。奕劻、徐世昌代表清廷来到洹上村当说客,袁世凯提出了他复出的六条条件:明年召开国会,组织责任内阁,开放党禁,宽容武汉起义人物,授予指挥前沿军事的全权,保证粮饷充分供给。

此时清政府已成骑虎之势,继武昌起义后,湖南、陕西、山西、云南、上海、浙江、安徽、广东、福建、广西等地纷纷扯旗响应,宣布独立。南下征讨的北洋军,全部停留在信阳与孝感之间,兵车阻塞不通,荫昌下达的军令常常被推诿不执行。革命党乘虚而入,在汉口发动了新一轮攻势,兵力推进到三道桥,势不可挡。清廷高层终于下令解除荫昌总指挥的职务,任命袁世凯为钦差大臣,节制冯国璋的第一军、段祺瑞的第二军及水陆各军。

命令下达的当天,北洋军露了一手,奉袁世凯的秘密指示向汉口革命军发动了猛烈进攻,打了个大胜仗。北洋军没有乘胜追击,袁世凯的谋略是"养敌自重",一方面给革命军一点颜色,一方面给清政府一点甜头,就这样打打停停、进进退退,袁世凯于不动声色中慢慢动摇了大清王朝的根基。

袁世凯把他这套方法比喻是"拔大树"。在一次同手下幕僚杨度的谈话中他说:"专用猛力去拔,是无法把树根拔出来的。过分去扭,树一定会折断。只有一个办法,就是左右摇撼不已,才能把树根上的泥土松动,不必用大力一拔而起。清朝是棵大树,还是三百多年的老树,要想拔起这棵又大又老的树,不是一件容易的事。闹革命的都是些年轻人,有力气却不懂得拔树;闹君主立宪的人懂得拔树,却又没有力气。我今天的忽进忽退就是在摇撼大树,现在泥土已经松动,大树不久也就会拔出来。"袁世凯这番夫子自道,即使在今天看来也充满了哲学辩证的味道。能说出这番话,说明袁世凯在政治上已经非常成熟和老练。到后来兵不血刃逼迫清帝退位,从而结束了清廷三百多年的统治,也从形式上结束了中国几千年的帝制,袁世凯的政治手腕更是发挥得淋漓尽致。

与此同时,袁克定的头等大事仍是报仇。他预谋在北洋军内部发动武装政变,私下与北洋军中的革命党人吴禄贞密谋,准备趁乱打进紫禁城,推翻清廷,活捉摄政王载沣。袁克定还和四川的几个革命党人联手,弄了一批炸弹,计划放进清廷宫殿里。

这两件事,其胞弟袁克文在晚清民国掌故集《辛丙秘苑》中均有记载。

袁克文在《大兄酿祸》一节中如实描述了当时的情景:辛亥八月廿日,家中正为先父袁世凯祝寿,京津的亲故们咸集洹上村,第二天准备继续演戏,武昌起义的电报传到了,座上客人相顾失色。袁世凯咕哝,这次起义非洪杨起义可比。过了几天,命袁世凯督师南下的军令下达,袁世凯准备行装,召集部属,临行前将张士钰、袁乃宽、袁克定、袁克文四人叫来,一一吩咐。对袁克定说:"你跟我出征。"又对袁克文说:"你留守,如果我和你大兄以身许国,家事你便做主。"接着吩咐:"士钰统守兵,乃宽掌军需,助克文守护洹上村。各敬职守,我方能心安于外。"

先父袁世凯为什么会要袁克定跟他去出征?袁克文叙述道,武昌起义后,袁克定曾游说先父趁乱反戈北指,推翻清廷,遭先父叱责。此时暗藏的革命党人吴禄贞被清廷新任命为山西巡抚,袁克定知其有异志,拜为兄弟,每夜吴禄贞以巨幅覆首,轻车过锡拉胡同,直抵袁克定寓宅,深室密谈。旧仆田鸿恩感觉此人形迹可疑,于是潜在暗处偷听,当他听到"夺彰德,断后路"等语,大惊失色,急忙将消息报告给了袁克文。当袁世凯从袁克文处知道这一消息后,并不声张,挥师南下时让袁克定跟随身边,如同软禁,实为高妙之举。

关于炸弹放进清廷宫殿一事,袁克文是这样叙述的:"大兄袁克定采纳某川人献计,广招亡命之徒,购置炸弹,拟掷入清宫。恰逢先父袁世凯拜总理内阁之诏,袁克定力阻袁世凯北上,日与唐天喜(袁世凯的亲信卫兵)及某川人密议克日举事。又邀来袁世凯旧属倪嗣冲,告诉他说:'已招炸弹队数百人,以唐天喜统之,约定明日之夜行动。'袁克定交给倪嗣冲的任务是保护主座袁世凯,一旦爆炸事成后,袁世凯在天津即位。倪嗣冲听完袁克定这番话后,预感到事态严重,急忙找到段祺瑞,一起去见徐世昌。时夜色已深,徐世昌已入睡,倪、段告知事情紧急,务请徐中堂赐见。徐世昌听倪、段讲完事情经过,深夜去袁府叩门。睡眼惺忪的袁世凯听闻大公子袁克定将有如此举动,脸上并不动声色。"

次日一早,袁克定来见袁世凯,袁世凯说,你母亲病了,病中想念你,你速回彰德去看看她。袁克定支吾说,今日有事,明日再归。袁世凯说,不可!车已备好,在门口等你。袁克定不敢违抗父亲的意旨,只得怅怅而行。袁克定走后,袁世凯叫来唐天喜,厉声询问今夜将有何事?唐天喜伏地不敢仰视,再问,唐天喜跪下磕头不止,说:"大爷之命,天喜焉敢违拒"。袁世凯说:"他叫你去死,你死不死?既然你不敢违抗,为何不来告诉我?今天免你一死,速以资遣散所招徒众,立即销毁炸弹。此事若对外走漏半点风声,斩头!"

袁克文讲述的两则掌故都事涉袁克定干政。事实上,自从袁世凯赴朝鲜率兵作战,袁克定就始终跟随在父亲身边历练。要说袁克定介入他父亲的政治生活,从那个时候就开始了。有个故事很能说明袁克定在袁世凯政治棋局中的作用。

冯国璋被清廷封为一等男爵后,意欲一鼓作气,渡过长江拿下武汉三镇,袁世凯急电冯国璋切勿打过长江。冯国璋莫名其妙。有一天,一个不明身份的人从武昌渡江北上,被前沿哨所截获,以为是革命党的间谍,要拉去枪决。那人急忙称自己名叫朱芾煌,是奉袁克定的密令来与黎元洪接洽和谈的,并从内裤里摸出了一张龙票,上头果然有"钦差大臣袁"五个字。冯国璋致电袁世凯询问此事,很快袁世凯的回电来了:"此事须问克定。"不久,袁克定的电报也来了,电文中称:"朱即是我,我即是朱,若对朱加以危害,愿来汉与之拼命。"冯国璋只好放人。袁克定玩政治还是嫩了点,字里行间透露出的霸道,让冯国璋感到很不舒服。

在袁世凯的政治棋局中,袁克定始终是一枚重要的棋子。这枚棋子后来一步走错,导致棋局满盘皆输,这是谁也没有想到的。

袁大公子挖了个巨坑

袁克文在谈到兄长袁克定时,有一句中肯的评语:"大兄因骄致败。"纵观袁大公子一生,这句评语确实很到位,他一日三餐,正襟危坐,不苟言笑,无论见到谁都一本正经,即使到了晚年,家庭境况潦倒至极,仍然不减当年的自负,这个人的派头实在是太大了。

在北洋旧属中,他最讨厌的人是徐世昌,称徐为"活曹操"。对冯国璋,他也打心眼儿里瞧不起。和段祺瑞的关系闹得也很僵,虽经袁世凯一再调和,仍然隔阂很深,袁大舅和段姐夫互不买账。北洋将领中,只有一个王士珍是他所尊重的。无奈王士珍心中装着个大清遗民情结,无论是对袁世凯当大总统的民国,还是对袁世凯当皇帝的洪宪,都没有什么兴趣,他看破宦途,归隐还乡当遗老,也帮不了袁大公子什么忙。

袁克定要在政治上站稳脚跟,必须培植自己的亲信。

筹划成立"模范团",实际上等于是办了个军官短训班,抽调北洋各师下级军官为士兵,中高级军官为模范团下级军官,拟定每期半年,培训出两个师的军官。第二期,由袁克定亲任团长,他挑选出的团副陈光远和陆锦虽说是很听话的跟屁虫,指挥起队伍来却是两个草包。陈光远不学无术,敛财倒是一把好手,此人后来成了北洋系著名的富翁;陆锦是个看风使舵的人,袁世凯上天坛祀天,原来安排亲自走上天坛,下轿后陆锦抢上前,搀扶即将登基的袁皇帝走上台阶,在场官员为之侧目。对这么两个废物袁克定感到失望,不过要他挑选驾驭优秀人才,还真是件难事。比起袁世凯来,大公子实在差得太多了。

洪宪帝制时期,袁克定是最忙碌的一个人,除了伪造《顺天时报》欺骗父亲外,他的主要精力都用在了网罗人才上。1914年7月,袁克定以养病的名义移居汤山,抽调了京畿拱卫军的三个分队担任警卫,此后杨度也迁到那里,于是汤山成了洪宪帝制的重要策源地。袁克定曾经打过立宪派首领梁启超的主意,约梁任公至汤山赴宴,大谈共和体制不适合中国国情,想探询梁启超的口风。梁启超也是政治老手,无论袁克定说什么他始终是一脸微笑,安静聆听,自己不发表任何意见。梁启超在政海浮沉多年,深知玩政治的危险性,随时会有性命之忧,从汤山回到北京的第二天,梁启超率领全家悄悄搬到天津,溜掉了。事后梁启超回忆道:"先是去年正月,袁克定忽招余宴。至则杨度先生在焉。历诋共和之缺点,隐露变更国体求我赞同之意。余为陈内部及外交上之危险,语既格格不入,余知祸将作,乃移家至天津。"

袁克定物色的另一个人物是蔡锷(1882—1916),此人字松坡,湖南邵阳人,从小家庭贫寒,父亲是个铁匠。16岁时,蔡锷进入长沙时务学堂读书,老师是大名鼎鼎的梁启超。此后留学日本士官学校,1904年毕业回国,在江西、湖南军事学堂任教官。1911年调云南任新军37协协统(相当于旅长),响应辛亥起义,被推为总指挥,后任云南都督。袁克定看了这样一份干部履历表,自然心动,心动不如行动,经请示父亲袁世凯,要将蔡将军调进京城提拔重用。

电报发到云南,蔡锷深感疑惑:云南是块好地方,在这里当都督山高皇帝远,连北洋政府的势力也鞭长莫及。如今袁世凯调他入京,莫非是官场上常用的"明升暗降"之手段?这么一想,蔡将军心里老大不愿意,但是又怕不答应,会成为袁世凯对云南用兵的理由,在一种矛盾的心态中,蔡将军依依不舍地离滇,取道越南河内,搭乘海轮到上海,袁世凯派出的代表范熙绩早已在上海恭迎。

蔡锷到京后,立马被袁世凯任命为陆军部编译处副总裁,总裁是段祺瑞。到了第二年,北京参政院成立,蔡被委任参政院参政,不久又被授予昭威将军。显然,无论是袁世凯还是袁克定,对蔡锷都是极其重视的,但是蔡锷毕竟不是北洋嫡系,以前和袁氏父子也没有任何瓜葛,这样的人再有才干,如果政治上不可靠也是白搭。

这时候三公子袁克良派上用场了,他所管辖的侦缉队日夜出动,又是监视又是跟踪,偏偏又不注意保密,动作做得很大,闹得蔡将军心情很是不爽。有一天,棉花胡同66号门前人声嘈杂,蔡将军刚起床,就听见有个天津口音大着嗓门说:"我们奉上头命令,兄弟们,进去搜!"一群军人一拥而入,在每个房间里翻箱倒柜搜了一通。当然所谓的违禁品是没有的,蔡将军是玩政治的人,不会这么大意。

事后蔡锷愤愤不平,打电话给袁克定询问情况,袁克定的回答是:纯属误会。据袁克定的解释,这个案子关系到袁家的一桩家务纠纷:原来,蔡所住的棉花胡同66号,是袁世凯的儿女亲家、天津大盐商何仲璟的旧宅。宣统三年(1911),何仲璟在天津欠下外国商人一笔巨款,几乎倾家荡产,何的姨太太曾派人携带珠宝细软到北京,将贵重物品寄存在这所旧宅内。事隔多年,何仲璟死了,何的姨太太也不知去向,只剩下当年携带珠宝细软来此寄存的人,此人即为那个天津口音,如今的身份是"刘排长"。刘排长并不知道旧宅易主,现在住的是蔡锷将军,鲁莽闯入其内,上演了一出闹剧。袁克定告诉蔡锷,这个"刘排长"因强闯蔡公馆,已被绑赴西郊土地庙军法处置了。

袁氏父子把蔡锷当作座上宾,可是在蔡锷看来,自己好像是被软禁了,没有行动自由,思想更是不敢轻易流露。无奈之下,蔡将军只好开始演戏,和杨度等人在八大胡同征歌逐舞,诗酒风流。杨度也是湖南人,又曾留学日本,和蔡锷私交相当好,二人在一起很谈得来。蔡锷被袁氏父子看中,杨度起了穿针引线的作用。但是现在,杨度是袁世凯洪宪帝制的设计师,蔡锷感到他和这位昔日同学老乡之间,隔起了一堵无形的墙壁。

蔡锷出身寒门,生活上吃苦耐劳,也懂得自律,平生从未沾染风流韵事。8岁时订了一桩婚事,女方是湖南武冈县刘家,叫刘侠贞,后成为蔡的正室夫人。在云南担任都督期间,蔡锷刚过而立之年,经人撮合,在昆明娶了一位姨太太潘氏。此次北上京城,他就带着这位姓潘的如夫人。思来想去,蔡将军只好牺牲一下潘姨太了。

蔡锷要导演一出戏,女主角是云吉班的当红妓女小凤仙。这个风尘女子不寻常,原是江南大才子曾朴花八十两银子买的一个婢女,见其秀色可餐,就来了个近水楼台先得月。不料被特爱吃醋的妻子张彩鸾发现,大闹河东狮吼,曾朴只好赠送银子,让她离开曾家另寻出路,于是小凤仙流落风尘,成了京都妓馆的一颗明星。小凤仙不懂政治,也没有传说中的那么矢志不渝,在她看来,总统和皇帝并无什么区别,推翻不推翻干卿何事?他对蔡将军的感情,也并不像电影中那样美妙。

蔡锷初识小凤仙是缘于一次狎妓活动。小凤仙垂着眉睫,柔声问道:客官做什么的?蔡锷闷着头撒了一个谎:皮货商人。其实一切都瞒不过小凤仙那双眼睛,客官气度不凡,外欢内郁,绝不是来买笑的商人。小凤仙也想过脱离妓籍,但她要找的是一个牢靠的男人。蔡锷用意何在,识人无数的小凤仙心里有谱,她并不想成为别人的一枚棋子,因此当蔡锷急吼吼地同妻子闹离婚,又急吼吼地要纳她为妾时,小凤仙轻言细语对蔡将军回答道:"落花有主,小女子不能耽搁大人的前程。"言下之意是:在一起玩玩可以,婚配之事免谈。

蔡锷将军从北京出逃,是极生动而又富有戏剧色彩的一幕。故事版本有多种,但都与小凤仙有关。因蔡锷本人没有这方面的记录留存,传说中的情景都是由其他当事人事后回忆的。在此选取一种:这天,云吉班中有人摆酒做生日,小凤仙遂叫了蔡将军在房中饮酒,大衣皮帽挂在衣架上,拉开窗帘,让监视蔡锷的人可洞察室内。等到开往天津的火车将启程时,蔡锷不取衣帽,假装去洗手间,却趁院中人多杂乱之际,径直去了火车站,直奔天津。

袁克定本想将蔡锷结为政治盟友,期望这位俊逸之才为奥援,结果却是挖了一个巨坑,断送了袁氏父子的"锦绣前程",最终还断送了袁世凯的性命。好比下围棋没留眼,必成死棋。

蔡锷离开天津前,对他的恩师梁启超说了一席话,很是慷慨激昂:"此次维护国体,大任落在老师和我身上。成功呢,什么地位都不要,回头做我们的学问;失败呢,就成仁,无论如何不跑租界,不跑外国。"

所谓哀兵必胜,蔡锷将军持背水一战的心态,其成功也在情理中——何况袁氏父子搞洪宪帝制早已闹得众叛亲离了。蔡将军回到云南举义旗时他的兵马并不多,起事之初只有三千多人,但是袁氏江山像是一副多米诺骨牌,轻轻一推就接连倒塌了。

最难消遣是黄昏

袁世凯病故后,袁克定开始了他一生中最难熬的几年。

由于黎元洪、段祺瑞等人的庇护,惩办帝制祸首的风波没有殃及他,但是内心的抑郁灰暗是可想而知的。脑袋侥幸保住,应该算是幸运,然而太子梦断,接踵而来一个个的家庭战争,给他这只破船又劈头浇了几盆水。

袁克定的正室妻子是吴大澂的女儿吴本娴,按照生辰八字,袁克定属虎,吴本娴小他两岁,属龙,夫妻龙虎斗,不是好事,要找个属鸡的来牵一牵。婚后第二年,袁克定又娶了个小妾叫马彩云。正室妻子吴本娴虽说是名臣之后,可惜耳朵有点聋,袁克定很难和她沟通;马彩云出生在小户人家,长得又不好看,处处谨小慎微只想讨老公喜欢,袁克定懒得正眼瞧她。好在袁克定热心政治,婚姻生活幸福与否,他并不是太在意。

袁克定在京剧髦儿戏班里相中了一个女坤角,名叫章真随,模样长得漂亮,身段看着也舒服,但是美女都有脾气大的毛病。袁克定起初倒是乐于接受这个美女姨太太的大脾气,包括章真随偷吸鸦片,袁克定也予以宽容。哪知道这样一来,章真随恃宠而骄,脾气变得越来越大,动不动在家里摔脸盆镜子,闹得袁克定心情很郁闷。

袁世凯去世后,袁氏家族在袁克定主持下分了家,袁克定带着一妻两妾及儿女、佣工仆人搬迁到天津德租界威尔逊路,本想过几天清静日子,没想到章真随却天天喊头痛,只好请了个西医大夫,隔三岔五来袁家医治。过了一段时间,袁克定慢慢看出症结:章真随喊头痛是假,搞婚外情是真,她和那个西医大夫眉来眼去,甚至在袁府里干出了苟且之事,被袁克定抓了个正着。戴了绿帽子,还不能对外声张,袁大公子只好请章真随搬出袁府,暂时不办离婚手续,每月付她点生活费。章真随搬出袁府以后不断地给袁克定写信,诉苦求援,袁克定也时常给她一些接济,这样断断续续坚持了七八年。

有一天,袁克定听到,章真随打着他的招牌竟然暗张艳帜,且听说上门的"主顾"有北洋旧属,袁克定气急败坏,叫来老管家袁乃宽一商量,让人把章真随送往河南辉县的旧宅中,生活费用在该县的地租中按月支付,眼不见心不烦。

刚把二姨太章真随的问题解决,又出现了一系列新问题。

袁克端是袁氏家族第四子,其生母是朝鲜籍三姨太吴氏,在袁世凯任直隶总督时病故。弥留之际,吴氏将袁克定叫到跟前,噙着眼泪将亲子克端及女儿祺祯托付于克定,请他代为抚管。长兄为父,此后袁克定尽心尽力,对克端全家生活照顾达30年之久,并将祺祯嫁给清廷陆军大臣荫昌之子荫铁阁为妻,亲自操办婚事,馈赠了丰厚的奁妆。

可是自命不凡的袁克端,对这位跛足大哥并无什么感激之情,反倒是满肚子怨气,经常在袁克定耳边念叨,父亲(袁世凯)死后分家时,他应得的一份没有得足,言下之意是有的财产被袁克定侵吞了。袁克定板起面孔训了他一顿,说道:"老四,人要知足,你从小到大是我带大的,哪有亏待你?分家产时每人一份,你的二十万当初在我手上不假,可是后来全被你一次次拿去抽了大烟,怪谁?"袁克端闷着头在心里盘算了,算来算去似乎并没有从袁克定手上拿齐二十万。过了几天,他向法院递了份状纸,将袁克定告上了法庭。这时候新中国刚成立,审案那天,袁克定准时出庭,袁克端却不知为何未去,法院以原告无故不出庭,判决袁克端败诉。官司虽然赢了,袁克定仍然感到十分生气。

袁世凯的六姨太叶氏,原是江南苏州钓鱼巷的妓女出身,被次子袁克文介绍给其父为妾之后尚能循规蹈矩,袁世凯一去世,袁克定就听到有传闻说在天津舞场上看见了叶氏的身影。袁克定心里窝着一把火,怨叶氏辱没门楣,要将她逐出袁府。继而又想,如果将她逐出家门,肯定是特大号新闻,报纸将要大炒特炒,闹得满世界都知道袁世凯的遗孀不守妇道,这样反而不好。两害相权取其轻,袁克定放弃了先前的想法。

袁世凯的九姨太刘氏,娶进袁家时间最晚,又一生信奉佛教,搬到袁府外边另住,到民国十六年(1927)悄然辞世时,其子克藩、女经祯都才十二三岁,袁克定将年幼的弟妹接到他家一起过日子。谁知才几个月时间,袁克藩得了一场大病,不幸身亡。到分家时,袁克定没将这个夭折的十六弟计算在内,已经出嫁到苏州陆家的袁经祯大为不服,跑到上海法院起诉,要为死去的胞弟克藩争这份财产。接到上海方面的传票,袁克定这个在政治上触霉头的人更加郁闷。他给袁经祯写了一封信,声称要与她断绝兄妹关系,袁经祯未予回复,此事后来不了了之。

后院起火的原因,表面上看起来都与分配袁世凯遗产有关,暗地里隐含着袁家子弟对袁大公子的不满。在他们看来,如果不是袁克定一意孤行想做太子,怂恿袁世凯搞洪宪帝制,袁家并不会像后来这么惨。庶母和兄妹们的怨气,细想之下还真是很有道理。

袁克定有一子二女:子家融;长女家锦,次女家第。

长女袁家锦嫁北洋旧属雷震春之子。次女袁家第多才多艺,能书善画,袁克定甚为喜欢,后嫁给江南费树蔚之子费巩为妻。

独子袁家融(1904—1996)16岁时,父亲袁克定给他弄到了留学美国的内部名额,随克久、克坚、克安等几个叔叔乘船漂洋过海,先到马萨诸塞州私立中学读书,后转入宾夕法尼亚与新泽西交界处的拉法叶学院,专业是地质学。袁家融从小对石头兴趣浓厚,学习很是用功,后来又拿到了哥伦比亚大学的地质学博士学位。但是他没有留在美国,原因一是当时正值美国经济大萧条,华人求职很难;二是听从父母媒妁之言,奉命回国成亲。

袁家融的妻子,是民国时期湖北都督王占元的侄女王慧。她自幼父母双亡,由王占元带大,情同父女。王慧长得白白胖胖,一看就是富态相,进袁府后果然立下汗马功劳,一连生了五女二男七个子女,其中老六袁始是美籍画家,后边章节另叙。

1930年,袁家融回国后先是到开滦煤矿当工程师,这当然是袁克定的特意安排,想让他历练一番。但袁家融很快跳槽自立门户,到北京大学去任教。到了40年代后期,经济萧条,大学里工资发不出来了,妻子王慧又一直没有工作,眼看着一大群孩子饿得嗷嗷叫,袁家融也不得不为五斗米折腰,到袁家参股的启新洋灰公司当了个副经理。但此人对做生意兴趣不大,干了不到两年,在华北物资交流大会上认识了绥远省长董其武,董省长知道袁家融的学业经历后,请他去绥远主持地质勘探。新中国成立后,袁家融参加了包钢的地质勘探工作,在白云鄂博、大青山等地发现铁矿矿苗,为国家建设做出了贡献。后来调到武汉地质学校、贵阳工学院先后任教,直到1964年退休。

袁克定、袁家融的父子关系相处得并不大融洽。40年代后期,在北京大学发不出工资、袁家融一家生活无着落之时,他的父亲袁克定经济上也极度拮据。卖掉天津特一区的一幢住宅所得85万元,被贴身佣人白钟章偷走了,京津两地所有的古董又被另一个佣人申天柱以开古玩店为名全部骗去。袁克定手中仅有的一点股票,本来是用作养老的,袁家融百般恳求,要拿去投资天津新懋交易行,为袁家融换了个副经理的位置。

袁克定的晚年有点落魄,也有点凄凉。袁世凯临死前那句"他害了我",像一根鞭子悬在他头上,使他的灵魂难以安宁。他的太子梦祸国误父、害人害己,也使袁氏家族半个多世纪以来始终与黑暗相随,很难走出那道阴影。

据晚年与袁克定在一起生活的张伯驹回忆:"到了抗战时期,克定的家境就每况愈下,手头拮据。那时他还想通过关系,请求蒋介石返还他被没收的袁氏在河南的家产。老蒋没答应,克定只好以典当财物为生。华北沦陷,有一次曹汝霖劝克定把彰德洹上村花园卖给日本人。袁家的亲戚听说这个消息,也都议论纷纷。赞同的、怂恿的颇多,其目的无非是每个人借机能多分得些金条罢了。克定坚决不同意,说这是先人发祥地,为子孙者不可出售。"

1937年前后,袁克定表现出的民族气节经常被人称道。当时占领华北的日本陆军长官土肥原贤二,以前与袁世凯熟悉,想拉拢袁氏之后,尤其是长子克定。如果袁克定能在华北伪政权任职,恐怕对北洋旧部还能施加些影响。袁克定以年迈多病为由婉言谢绝。过了几天,《新民报》上登出《拥护东亚新秩序》的声明,签名者中赫然地列着袁克定的名字。袁克定提笔给《新民报》及各个报馆分别写信,澄清他不在联名之列,可是所有报馆均不敢刊登。他又辗转托人,得到了一个亲华的日本人野畸诚近的帮助,才将他的这则声明登在了报纸上。原文大意是:本人身体多病,任何事情不闻不问,并拒见宾客;拥护东亚新秩序的声明未经本人同意,署名不予承认。

他60岁的寿辰,张伯驹前来祝贺,亲笔书写了一副寿联:"桑海几风云,英雄龙虎皆门下;蓬壶多岁月,家国河山半梦中。"并赠寿仪二百金。那天袁克定情绪本来还不错,见了这副寿联,脸上顿时黯然失色,当场退还了张伯驹的寿仪,变成了一个沉默的人。张伯驹事后为此懊恼不已,说道:"我不该送这样的寿联,勾起了他对往日的怀念,以致他数夜未能安稳入睡。"

到新中国成立前夕,袁克定的生活已经穷困潦倒了,家里的所有佣人已全部辞退,只剩下了个忠心耿耿的刘姓老仆人,说什么也不愿意离开他。实在揭不开锅盖了,这位老仆人就会上街去转悠,想方设法弄点吃的东西回来。即使到了这个地步,袁克定依然保持着"太子"遗风,进餐时胸戴餐巾,正襟危坐,用刀叉将窝头切成薄片,蘸着咸菜就餐。后来老仆人也去世了,只剩下袁克定和马彩云相依为命。

1949年以后,北京文史馆馆长章士钊得知袁克定的情况后,聘他为北京文史馆馆员,每月领取薪水60元,挂空衔不坐班。不久有人提议,像袁克定这种身份的人,怎么还能让他坐享其成?于是薪水停发了,他生活实在没有着落,就到街道办事处每月领20元救济金。据张伯驹的女儿张传彩回忆:夏天时经常看见他在空阔的大门楼子里纳凉,总是一个人孤单单地坐在那儿,透过树林望着天边的晚霞,像一尊陈旧的雕像。

1958年,袁克定病逝在张伯驹家中,终年80岁。

第八章 风尘游子断肠人

◎

名士出自王公贵族之家

袁世凯在朝鲜娶的三个姨太太中,金氏生了袁克文。

关于他的出生有一个传说。那天中午袁世凯正在睡午觉,恍惚之间,看见朝鲜国王牵着头金钱豹笑眯眯地走来,那只金钱豹的颈脖上套着个金黄色的项圈,一边走一边朝四处张望。快走到门口,金钱豹忽地向空中一跃,猛力挣脱了项圈直奔内室而来。袁世凯从梦中醒过来时,室内传来了婴儿的啼哭声,接生的老妈子跪在地上报喜:恭喜老爷添了二公子。

因为这个梦,袁克文被父亲赐字"豹岑"。

袁克文出生后不久,被大姨太沈氏收为养子。按袁家规矩,后进门的姨太太归先进门的姨太太管,沈氏是袁世凯患难之中结识的夫妻,感情深厚,袁对沈十分宠爱,在五姨太杨氏未娶进袁家之前,三个朝鲜姨太太都交归沈氏管。

沈氏没有生育,十分喜欢孩子,收袁克文为养子后,更是百般疼爱。娇宠的结果是让袁克文有了个无忧无虑的幸福童年。但从另一层意义上来说,过分的溺爱也害了袁克文,使这只长着漂亮羽毛的鸟儿总是飞不高。

出身青楼的沈氏是个多才多艺的女子。袁克文从小在她身边生活,受环境的熏陶和影响,对琴棋书画、诗词歌赋兴致浓厚,及至稍长大后,他终日无非是弹琴、弈棋、品酒、吟诗、作画、赏花而已,极尽风雅。这个极富才情的风流才子,一生侠义多情,充满灵性,用今天的话说叫情商高。

袁克文从小聪慧过人,读书有过目不忘的本事。平时没见他比别人多用功,但是诗词文赋样样精通;没见他正经练过书法,写在纸上的字却别具一格,说袁克文是神童并不过分。然而这个小神童待人行事的风格却与袁家其他人格格不入,他身上有名士气。袁世凯大概是看出了这一点,告诫他说:名士派头要不得,此非具有真才实学者所为。袁克文毕恭毕敬地点头,避开父亲之后依然我行我素,人间处处逍遥游。

袁世凯任直隶总督时,在天津创办了北洋客籍学堂,招收顺天、直隶两省客籍官员及幕僚的子弟,袁家弟子更是该学堂里的主角。聘请的一批老师中,有名噪津门的方地山、董宾古、张寿甫等人。袁克文在这所学堂里读书,进步神速,深得老师们的喜爱。方地山尤其欣赏他的才华,教导他说:"五经、二十一史藏十二部,句句都读便是书呆子;汉、魏六朝三唐二宋诗人,家家都学便是蠢材。"袁克文心领神会,懂得了读书也有深学问,分寸掌握得当方是真才学。

纵观袁克文的一生,除了喝酒吟诗、醉卧花丛、当名士四处云游,过闲云野鹤似的逍遥日子外,好像并没有做过什么正事。其实在他年轻的时候,还是有过从政的念头的。在一次与父亲袁世凯深谈时,袁克文流露出了他的心事。袁世凯感到奇怪,说道:"如今你有做官的想法了,真是太阳从西边出来。你这个名士也想跻身高位,殊不知时也命也,做官也需要有好运,这个好运现在轮不到你头上。你父亲我得到荣禄、李鸿章两位朝中大佬的赏识,又得到太后宠遇,始有今日。然而一个人地位愈高,倾跌愈危。前月在政务处与醇亲王发生冲突,几乎想饮弹自杀。宦海风波瞬息万变,我手握兵权,身居要职,尚且朝不保暮,岌岌可危,屡次想急流勇退。无奈太后倚重,懿旨难违。一旦冰山倾倒,太后不在了,你父亲我就辞职归隐。你今日无知,也想投入政治旋涡之中,不知有没有认真想过结果?我不指望子孙高官厚禄,但愿能俭朴持家,诗礼家声历代相传,就心满意足了。"

话虽然是这么说,袁世凯还是在官场上为袁克文谋了个职位:法部员外郎。所谓"员外郎",是指正员以外的官员,类似于虚设的挂职干部。尽管是虚职,正常上班那是必须的。普通人都能做到的事情,对于袁克文却是难事。他上班迟到,进了衙门也不好好办事,别人外出跑公务,他抱一本书靠在座椅上翻阅。法部主管刑事犯罪,经常要外出侦查,调查案情,不是尸体横陈,就是鲜血淋漓,袁克文说他神经衰弱,碰到那样的场面他会睡不着觉,甚至噩梦连连。因此,遇到办案的差事他总是推三阻四,找借口逃避。有一次,部里指定袁克文去京城东华门大街会同验尸,他心里一百二十个不愿意,当着上司的面又不好直说,只好勉强去了,用墨汁将眼镜片涂成黑色,匆匆忙忙走了个过场,回家后用肥皂将双手洗了七八遍,仍有种想要呕吐的感觉。

思来想去,法部员外郎这份差事他干不了,于是辞退了工作。袁克文的第一次也是唯一的一次仕途生涯,就这么草草结束了。

俄罗斯文学长廊中有种"多余人"的形象典型,那些出身贵族、生活在优裕的环境中、受过良好的文化教育的青年人,他们虽然有高尚的理想却远离人民群众,虽然不满现实却缺少行动,既不愿意站在政府一边同流合污,又不能同人民群众站在一起反对农奴专制。袁克文跟这种"多余人"很类似。他对长兄袁克定的那套做法反感,导致对政治提不起兴趣,于是回到风月场上,诗词歌赋、琴棋书画,样样都精通;吃喝玩乐、赌博嫖妓抽大烟,也是老本行。中国酱缸文化为失意文人创造了独特的生存方式,"多余人"的痛苦和烦恼,在中国知识分子身上往往被转化成玩世不恭。

十二 红楼成小住

野史中的故事是这样的:有一天,袁世凯来到颐和园觐见慈禧太后,汇报完正事,慈禧拉起了家常,问袁世凯有几个儿女,如今多大了?袁世凯回答说:长子克定,已经完婚,亲家是江苏吴大澂。慈禧问:次子呢？袁世凯答:次子克文,年方十七。慈禧太后一听,兴致上来了,说道:我有个侄女待字闺中,论年纪倒蛮相配,要不撮合撮合？袁世凯沉稳回答:回老佛爷的话,此子驽骀之躯,能与金枝玉叶婚配求之不得。只不过小儿已经定亲了。慈禧太后"哦"了一声,结束了这个话题。

袁克文的正室妻子是刘梅真,是新、旧式婚姻结合的产物。

袁克文夫人刘梅真（前排中）与儿孙们在一起。前排右为大儿子袁家嘏,左为大儿媳方初观,后排是三个孙子袁壁承、袁羃承、袁钻承

温文尔雅的刘小姐出生在天津盐商刘家,祖父刘瑞芬,安徽贵池人,是晚清外交英才,曾担任过英、俄、法、意、比等国公使,为淮军办理军火事宜建功累累,后任广东巡抚。父亲刘尚文另辟蹊径,将人生战场从政坛转移到商海,迅速蹿红成为一名成功的商界精英。这个人是一名儒商,生意做得好,诗文也研究精深,还是个有名的碑版鉴赏家。家中小女也争气,不仅模样长得俊俏,填词赋诗、写字绘画样样精通,尤其是弹得一手好筝,让无数青年才俊暗暗艳羡。这种才貌双全的美女,很难逃过袁克文的眼睛,即使用挑剔的目光看,也觉得刘梅真是做妻子的合适人选。正好袁世凯从宫中回家,说到太后有意成全的事,袁克文大胆说出了自己的求婚愿望,袁世凯略作沉吟,即表示全力支持,秘密安排媒人前往津门刘家提亲。很快,刘梅真的庚帖送进袁府,经过课算,八字相合,随庚帖附来的还有刘小姐亲笔写的诗词和字画,验证为真才女无疑。于是袁府送去聘礼,选择

吉日,大摆筵席,完成了两人的婚姻大事。

郎才女貌,夫唱妇随,袁克文、刘梅真婚后的夫妻生活有过一个短暂的甜蜜时期。刘梅真善吟咏,是个才华横溢的女子,著有《倦绣词》,有人将她比作李清照,她浅浅一笑,不置一词。一对才情鸳鸯,心心相印,志趣相投,所有的人都祝福他们白头偕老,演绎出世界上最浪漫的故事,但那对于从小在妓馆里泡大的袁克文来说,却根本是不可能的。

这个爱情故事从一开始就是一出悲剧。刘梅真没有想到,性情率真的才子袁克文竟会移情别恋,而且还有那么多的红颜知己。刘梅真大哭大闹,向公公袁世凯哭诉。袁世凯压根不把这个当作一回事,摆摆手对她说:"有作为的人才娶三妻四妾,女人吃醋是不对的。"刘梅真目瞪口呆,说不出一句话。后来袁克文纳妾多了,她终于见怪不怪,任凭袁克文走马灯式地将一个个新姨太太娶进门,只是在财务上管得紧了些。

袁府对袁克文纳妾的方式有个形象的说法:"有子去母。"具体说,就是纳一个新姨太太进门,就将前边的姨太太想方设法弄出去。因此,袁克文虽说纳妾无数,家庭里能常伴左右的姨太太只有一个。名士毕竟是名士,无愧为花间高手,即使从经济学的角度看,也是相当划算的,且可以最大限度减轻妻妾间的摩擦,减少家庭战争。

袁克文一生究竟纳妾多少?这恐怕是一笔糊涂账,很难算得清楚。据不完全统计,他的侍妾有薛丽清、小桃红、栖琼、小莺莺、眉云、无尘、温雪、雪里青、苏台春、琴韵楼、高齐云、花小楼、唐志君、于佩文等。至于没有小妾名分的临时宠侍,更是数不胜数。袁克文就像是人世间的一名匆匆过客,始终在追求什么,也始终在逃避什么,那些女人对他而言,精神渴求的意义远大于肉体占有的意义。在解释和她们分手的原因时,袁克文无奈地说:"或不甘居妾滕,或不甘处淡泊,或过纵而不羁,或过骄而无礼,故皆不能永以为好焉。"把责任全部推到那些女性身上,倒也轻松省事。

薛丽清,艺名雪丽清,克文亲昵地称之为"雪姬"。那句为袁克文惹下弥天大祸的诗"莫到琼楼最高层",就是他在《乙卯秋,偕雪姬游颐和园,泛舟昆池》为雪姬所作的两首诗中的名句。

薛丽清天生丽质,冰雪聪明,是天地间难得一遇的尤物。这个女子姿色并不出众,但是皮肤白里透红,性情温柔娴雅,谈吐举止高贵,袁克文一见倾心,引为知己,将雪姬带进新华宫,藏进高墙深锁的院府。遗憾的是,雪姬是一只在野林子里飞惯了的金丝鸟,灵魂每个角落里都充塞着自由的天性,对袁克文的自作多情并不买账,不久便劳燕分飞,跑到汉口去重张艳帜,她所寓居的福昌旅馆成为狎客们关注的焦点。

在回忆录《汉南春柳录》中,薛丽清对这段往事记述如下:"予之从寒云,也不过一时高兴,欲往宫中一窥其高贵。寒云酸气太重,知有笔墨不知有金玉,知有清歌不知有华筵,且宫中规矩甚大,一入侯门,均成陌路,终日泛舟游园,浅斟低唱,毫无生趣,几令人闷死。一日同我泛舟,作诗两首,不知如何触大公子之怒,几遭不测。我随寒云,虽无乐趣,其父为天子,我亦可为皇子妃。与彼此祸患,将来打入冷宫,永无天日,前后三思大可不必。遂下决心,出宫自去。克定未做皇太子,威福尚且如此,将来岂能同葬火坑,不如三十六计,走为上着之为妙也。袁家规矩太大,亦非我等惯习自由者所能忍受。一日家祭,天未明,即梳洗恭听已毕,候驾行礼,此等早起,尚未做过。又闻其父亦有太太十余人,各守一房,静候传呼,不敢出房,形同坐监。又闻各公子少奶奶,每日清晨,先向长辈问安,我居外宫,尚轮不到也。总之,宁可做胡同先生(妓女的别称),不愿再做皇帝家中人也。"

如此奇女子,也是一绝。在她眼里,什么皇宫嫔妃、高官厚禄,都如粪土般不值一提,唯有放纵自我的情色生活才是生命的终极追求。

薛丽清离开新华宫时,是个风情万种的少妇,她刚刚生下孩子不久,竟毅然诀别老公和孩子,确实需要勇气。然而她遗弃的这个孩子,却给袁克文出了道难题。此时是民国四年(1915 年)九月,正逢袁世凯的生日,袁家男女老少按辈分分班拜跪,祝老爷子寿比南山。孙辈行中,有一老妪格外刺眼,只见她怀抱婴儿,局促不安,袁世凯疑惑地问道:"这是哪来的一个孩子?"老妪趋前答道:"二爷又添新少孙,恭喜恭喜。"袁世凯看了看襁褓中的婴儿,问道:"他母亲呢?"老妪神色慌乱,不知如何回答,旁边有人帮腔说:"其母现居府外,因未奉旨,不敢入宫。"袁世凯眉头紧锁:"母子分离,岂有此理,即刻令儿母迁居新华宫,候我传见。"

袁世凯要传见的这个人,此时正在汉口做皮肉生意,让袁克文哪里去找?情急之中,他去同府中老臣袁乃宽、江朝宗等人商量,袁、江也无计可施,有人提醒说:"现在只好找人代替了,二爷在京城可有旧相好?"袁克文一拍脑袋,天大的难题迎刃而解。当天夜晚,江朝宗派兵包围了石头胡同清吟小班,将苏州籍妓女小桃红捉入宫。姐妹们知道了事情的缘由后,羡慕小桃红好福气,不仅进宫当皇子妃,还白得了个儿子。

小桃红在袁府中陪伴袁克文度过了一段艰难的岁月,在被囚禁中南海的日子里,除了正室妻子刘梅真外,身边的女性只有这位俏佳人。然而三年之后,小桃红还是和他分了手,易名秀英,去天津妓寮落籍。袁克文与小桃红是协议离婚,分手后彼此关系依然不错,经常邀约一起看看电影,兴致所至偶尔也到包厢小酌。直到民国十五年(1926年),袁克文还不忘旧情,为小桃红填词两首:"提起小名儿,昔梦已非,新欢又队。漫言桃叶渡,春风依旧,人面谁家?""薄幸真成小玉悲,折柳分钗,空寻断梦。旧心漫与桃花说,愁红泣绿,不似当年。"无尽的惆怅与忧伤弥漫纸上,让人嗟叹。

袁克文的诸多小妾中,与他在家庭生活上最为默契的是唐志君。唐是浙江平湖人,善理家政,对老公的伺候也很到位。克文是瘾君子,平时爱躺在床上吞云吐雾,古董书籍堆砌枕旁,会客或者写文章,仅只欠一下身子,安排照应一概由唐志君打点。唐志君也是才女,写的文章经袁克文润色后,曾在上海《晶报》发表过,计有《陶疯子》《白骨黄金》《永寿室笔记》等篇。

袁克文对唐志君殷勤有加,曾陪伴她一起回浙江娘家,写有《平湖好》《平湖灯影》《平湖琐唱》等文章,为同赴平湖纪事。其弟唐采之,长期是袁克文的管家,掌管袁家经济大权。唐志君有一妹,名叫唐志英,年纪轻轻就不幸得肺病去世了,志君悲痛欲绝,提出要以克文所珍藏的价值连城的宝物玉盏贮酒酹祭其妹,克文满口答应,由此可见袁克文对其器重程度。

与袁克文离异后,唐志君去了上海,生活无着落,只好捡起看相算命的老本行。江湖女术士的生意并不怎么好,有人给她建议,在报纸上刊登一则广告,就凭洪宪皇帝袁世凯儿媳妇的名头,足以招揽诸多顾客。唐志君摇摇头,她的心里仍然装着袁克文,不愿意伤他的心。后来克文逝世,消息传到上海,唐志君亲临《晶报》报馆询问详情,声称要为夫君袁克文写一小传。

袁克文这位花帅,似乎从来就没有停歇的时候。民国十三年(1924年),他与小莺莺邂逅,一见钟情,迅速跌入又一场情场的旋涡,疯狂程度丝毫不减。小莺莺,本名朱月真,也是沪上妓家的当红明星,克文为其撰写《莺徵记》《怜渠记》,又作《春痕》诗十首,以清宫旧制玉版笺四帧,画朱丝栏,精楷写赠小莺莺。不久在北京饭店举办婚礼,在鲜鱼口租房金屋藏娇。这桩桃色花边新闻在当时颇为轰动,曾有娱乐记者撰写八卦文章《寒莺夜话》在报纸上炒作,红遍了京城半个天。

过了段时间,忽然发生了一场政变,京津两地的火车阻隔不通,克文和小莺莺遂成为牛郎织女,望天长叹。既而袁克文别有新欢,思念之情渐渐被新欢替代。此时小莺莺已有身孕,不久生下一女,名为三毛,貌酷似其父,极聪慧。几年后袁克文听说了这个消息,托人到上海与小莺莺相商,希望能破镜重圆。小莺莺答应了,正准备带三毛赴京与生父重晤,不料袁克文病逝,小莺莺闻讯,甚为悲痛。

在袁克文所纳妾中,唯有一个女子为正室妻子刘梅真所喜爱。此女姓苏,名栖琼,江苏华墅人,长得乖巧,嘴巴也甜,为了帮她脱籍离开妓馆,刘梅真从私房钱中拿出了银元三千。常常偕同前往光明社看电影,或赴共和春、百花村等酒家宴饮,三人结伴而行,也是津门一道独特的街景。袁克文残存的诗中,有首是纪念他带栖琼同登天羊楼的:"荒寒向夜漫,海天转萧沉。入市孤怀倦,登楼百感深。东风舒道柳,朔月黯郊林。何处歌声咽,愁闻变徵音。"

袁克文有四子三女:长子袁家嘏,次子袁家璋,三子袁家骝,四子袁家楫;长女袁家颐,次女袁家华,三女袁家祉。

忍对无边风月,如此江山

对于身处政治权力旋涡的袁克文来说,即便他想躲避,也难以摆脱政治权力的纠缠。最明显的例子,是洪宪帝制时期他与"皇太子"袁克定之间日益尖锐的矛盾。

袁克文本质上是一介文人,他不擅长也不热衷于权力斗争,帝制再热闹,也与他这个袁家次子没多大关系。因此仍然成天泡在"花丛"之中,写诗作画。有一天,一帮文人诗友聚会,喝了几盅酒后有点感伤,诗兴阑珊中写了一首诗:"乍著微棉强自胜,阴晴向晚未分明。南回塞雁掩孤月,西去骄风动几城。驹隙留身争一瞬,蛩声吹梦欲三更。绝怜高处多风雨,莫到琼楼最上层。"袁克文作诗向来不留底稿,随写随扔,也并不怎么放在心上。他没有料到因为这首诗,差点惹出了性命攸关的一场大祸。

当时在场的名士们见了这首对帝制不满的诗,纷纷为袁克文喝彩,其中有个朋友叫易顺鼎,人称易疯子,将这首诗略作修改,然后拿到社会上到处传抄,后来又在上海的报纸上发表,遂被反对帝制的政治势力和舆论利用当作反对袁世凯称帝的重磅炸弹,一时间闹得沸沸扬扬。后世评论依据这首诗称袁克文"极力反对帝制",实在是对历史的一种误会。其实袁克文只不过表达了他厌恶政治的一种情绪,并不会反对他的父亲。然而,他随手写下的这首诗,已转化成了政治斗争的工具,与他的初衷相去甚远。

面对袁克文的这般做法,袁克定极为恼怒。袁家老大和老二之间关系向来不和,经常是这个住在京城,另一个就去了彰德,二人像捉迷藏似的参差避面,互不往还。听说袁克文写了这么首歪诗,且被反袁势力利用,袁克定气急败坏,瞅一个机会讲给了袁世凯听,乘机煽风点火,说了一大通袁克文名士派头误事的坏话。袁世凯听后很生气,下令将袁克文软禁于中南海,再也不准他与那帮名士相互往来。

袁克文成为一个不明不白的囚徒,被关在中南海享受政治犯待遇,每天和宠妾小桃红诗文唱和,打发时光。小桃红虽是女流之辈,却有头脑,提醒说:你不怕袁府闹血滴子事件?袁克文如同醍醐灌顶,猛然想起历史书上那些流血的宫廷斗争,不寒而栗。

恰好此时,不知从哪里传出风声,说袁世凯将"传贤不传长",大公子袁克定并不一定是袁世凯的接班人,老二袁克文、老五袁克权都是皇位强有力的竞争对手。据袁静雪《我的父亲袁世凯》一文中回忆,那段时期袁克定曾到处扬言:"如果大爷(袁世凯)要立二弟(袁克文),我就把二弟杀了!"

即使不介入政治,仍然可能会有性命之忧,袁克文现在对"不幸生在帝王家"那句话有了深切的理解。他去找父亲求救,袁世凯微微一笑:"既然你没有那份心思,何必庸人自扰?"看见袁克文孤独无援的模样,袁世凯暗暗摇头,觉得这个怯懦的名士儿子真是可怜,叫人给他刻制了一枚"皇二子"的印章,叮嘱他快快使用,可以避祸。从此,袁克文拿着这枚"皇二子"的印章到处显摆,在藏书上、字画上、扇面上到处都留下"皇二子"的印镌,此举就是告诉袁克定:袁老二并无争当太子之心。

袁克文喜欢唱昆曲,这是一门比京剧更为古老的高雅艺术,问津者极少,然而袁名士偏偏就好这一口。洪宪帝制时,袁大公子忙于组织人进京城请愿"劝进",各省请愿代表列队游行至新华门前,高呼万岁,完毕后每人各赠路费百元,远道者二百元。各位代表请求增加费用,不增加就狂骂,后来每人各增加二百元,这事才算了结。袁克文对这类政治滑稽戏没有兴趣,他忙于和一帮票友演唱昆曲。据他的好友张伯驹在《春游记梦·洪宪纪事诗补注》中说:"乙卯年北京闹洪宪热,人弥集都下,争尚戏迷……克文亦粉墨登场,采串《千忠戮》昆曲一阕。"

一年后,袁世凯驾鹤西去,帝制也成了历史,袁克文再演唱昆曲,心情大不相同。张伯驹在《春游记梦·洪宪纪事诗补注》中说,当时袁克文演唱的剧目仍然是《千忠戮》。剧中建文帝剃度为僧,逃窜在外,一路上看到群臣被杀,以及遭受牵连的臣子和宦门女眷押解进京时的各种惨状,不忍目睹,因而悲愤万分,唱出了《千忠戮》这最有名的一折:"收拾起大地山河一担装,四大皆空相。历尽了渺渺程途,漠漠平林,垒垒高山,滚滚长江。但见那寒云惨雾和愁织,受不尽苦雨凄风带怨长。雄城壮,看江山无恙,谁识我一瓢一笠到襄阳。"

袁克文"演唱此剧,悲歌苍凉,似作先皇之哭"。真情演出使袁克文成为票友中的耀眼明星,也成了当时圈子里议论的话题。这位满肚子不合时宜的名士,内心复杂的情感偶尔流露一二,常常让人唏嘘不已。

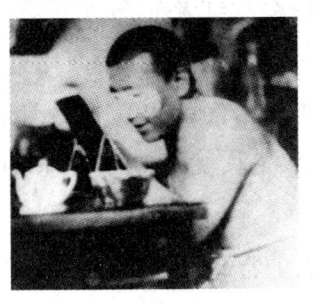

袁克文是京剧票友,这是他演出前夕的化妆照

倚栏看,落红缤纷……

袁克文一生著述无数,但大多是随写随扔,有的也散见于京沪两地的报纸杂志。他的另一个特点是做事首尾两端,写文章虎头蛇尾,甚至有头无尾,为这个缘故,还与老友张丹翁一度关系闹得很僵。

不过毕竟是名士,他的诗词文章一出手,就会引起文坛的阵阵喝彩。

《辛丙秘苑》是他最负盛名的代表作,袁克文是为纪念父亲袁世凯而写这部书稿的,书中人物故事多是他的亲历亲见,有为袁世凯洗刷涂抹的意味。因此写稿时态度慎重,反复修改,请人誊录,按期刊登在《晶报》上,使得报纸发行量激增。然而连载到第十六期,稿件供应戛然而止,《晶报》主持人余大雄大为惶急,关键时刻掉了链子,读者还等着往下看呢!余大雄绰号叫"脚编辑",意思是腿杆子跑得勤,和作者联系密切,三天两头登门求索,哪知袁克文却提出了一个条件:想得到张丹翁的匋瓶为酬谢,否则没有兴味续写。

怪才张丹翁是《晶报》主编,平素与克文关系不错,张恨水曾将"丹翁"二字翻译成白话文:通红老头子。克文为此戏作联诗一首:"极目通明红树老,举头些子碧云残。"张丹翁的匋瓶,是他在做陕西总督幕僚期间,在西安古玩市场上淘到的几件宝物,其中以汉朝熹平元年的一只匋瓶最为珍贵,且有铭文101字,其文韵而古、简而趣,书作草隶,飞腾具龙虎象。

"脚编辑"余大雄将袁克文的苛刻条件吞吞吐吐说了,张丹翁一听哈哈大笑:"寒云拿文稿要挟'通红老头子'了!"答应是答应了,不过也有条件,克文为《晶报》必须写足十万字的《辛丙秘苑》,稿酬抵给张丹翁。为防止袁克文有头无尾,不守诺言,书稿完成之前先将克文的三代玉盏、汉曹整印、宋苏轼石鼓砚、汉玉核桃串这四件宝贝质押在张丹翁处,期以一百天完稿。

袁克文得到了甸瓶,非常高兴,稿件自然要接着往下写。谁知连载到第二十八期,又一次中断了,原因是他的姨妹唐志英病故,袁克文助理丧事,无暇执笔。姨太太唐志君又反复催促,要袁克文取回质押的三代玉盏,斟酒祭悼她的妹妹。袁克文去找张丹翁索取,丹翁摇头说,文章没完稿,怎能取回?袁克文的理由已经想好了:"《辛丙秘苑》已写了一万字,现在取回一件,并不违约。"张丹翁态度也坚决:"稿件仅交十分之一,三代玉盏不能归还。"双方各走极端,争执不下,袁克文大发公子脾气,拍拍屁股走人,临走时丢下一句话:稿子我不写了,爱咋咋的。

这样拖延着,《辛丙秘苑》不续写,三代玉盏也不归还,读者天天催报馆,张丹翁给袁克文写了封信,措辞很不客气。克文看信大怒,写了篇《山塘坠李记》揭发丹翁的隐私。丹翁也不示弱,写了篇《韩狗传》回骂克文。克文又用洹上村人的笔名写了篇《裸体跳舞》,谈霜月家丑事,以霜月影射丹翁。丹翁第二天即以霜月的名字给袁克文写了封信:"……小说绝妙,仆之逸事,得椽笔写生,且感且快。仆颜之厚,不减先生;而逸事之多,恐先生不减仆也,一笑。草草布颂上村人撰安,霜月顿首。"袁克文写了封信:"不佞以道听途说,偶衍成篇,但觉事之有趣,而不论所指为谁,假拈霜月二字以名之,竟有自承者,奇矣。而自承者又为我好友丹斧,尤奇。迷离惝恍,吾知罪矣。寒。"

文字游戏,笔墨官司,二人在那里打来打去,急坏了"脚编辑"余大雄,居间调和,两头说好话,好不容易总算有了转圜的余地:袁克文同意续写,唯以必得玉盏为先。在丹翁方面,只有一句话:能取回甸瓶,什么都不再说了。余大雄找了个富商,投资一笔钱,将质押在张丹翁处的四样珍宝赎回,除玉盏归还克文外,其他宝物暂放在富商处,等克文的书稿完成后再归还。至于稿酬则转为富商领取。至此笔战告一段落,《辛丙秘苑》接着写了数则,袁克文再次停笔,从此不再续写,《辛丙秘苑》最终还是成了断尾巴工程。而克文和丹翁的友谊,久久不复。恰巧丹翁获得了汉赵飞燕玉环,克文艳羡得不得了,结果丹翁与之再易古物,二人方才言归于好。

除了这个未完成的《辛丙秘苑》外,袁克文的重要作品还有《洹上私乘》,最初刊载于《半月》,后由大东书局印成单行本行世。该书分七卷,分别为先公纪、先嫡母传、慈母传、先生母传、庶母传、大兄传、诸弟传、诸姊妹传、养寿园志等,并附袁氏家族世系表,是研究袁氏家族必备的一本书。继《洹上私乘》而作的有《新华私乘》,那是为纠正坊间流行的《新华宫秘史》《洪宪宫闱秘史》等虚构谬误书籍而写的,应是袁氏一家之言,可惜他太善于搞烂尾楼工程,《新华私乘》只写了三四篇,也不明不白地辍笔了。

克文擅长诗词,曾刊印有《寒云诗集》,由易实甫选定,共收诗作一百余首,分上中下三卷。诗集当时印数不多,流传也不广,过了几年,连袁克文自己手上也一部都不剩了。他曾在《半月》杂志上刊登过几篇小说:《枕》,白话短篇小说,以一位豆蔻年华少女的枕头为故事主角,写少女难嫁意中人的忧愁和烦恼;《夷雏》,文言短篇小说,是翩翩公子落入桃色陷阱的故事;《侠隐豪飞记》,文言短篇小说,是一则类似唐传奇聂隐娘的故事;《万丈魔》,白话短篇小说,上海某市区经常失窃,居民不安,名探明察暗访,层层推理,抽丝剥茧,最后成功破案,颇有福尔摩斯侦探小说的味道。这几篇小说后来由大东书局合印为《袁寒云说集》一册,印数极少。

其他较长的作品有《三十年闻见行录》,题目何其大,却也是兴之所至,兴尽即止,最后仍然逃脱不掉不了了之的结局;杂作《戊戌定变记》,也是子为亲讳的作品;《瓶盦琐记》,记端方入川前往彰德,宿养寿园三夕事;《美艺杂言》为书话杂忆,记叙民国初年艺术家的作品及点评;还有《听朱荇青弹琵琶记》《闻声对酒谭》《思旧记》《春明十日记》《宾筵随笔》《婉转词》《艳云嘉耦记》《新年之回顾》《团圆乐》《惜秋华》等。

袁克文辑录的有《圭塘倡和诗》,收录有袁世凯、沈祖宪、凌福彭、史济道、权静泉、陈夔龙、费树蔚、丁象震、闵葆之、吴保初等人诗词,是研究袁世凯在彰德做"隐士"的重要史料。他辑录的作品集还有《豕尾集》,收录有其妻子刘梅真、小妾唐志君、三子袁家骝及好友步林屋、刘山农、周南陔、周瘦鹃等人作品。此外袁克文还有大量赠予妓女的诗词联语，像遗落散失在民间的珍珠，尽管曾经闪烁过绿色光芒，如今却已不为人知了。

袁克文的书法有三样绝活：一是悬书，写字时宣纸并不平铺在桌面，而是让两个丫鬟各提宣纸一角，袁克文悬腕飞龙走蛇，笔力刚健遒劲，宣纸却不污不破；二是巨书，将宣纸铺在地上，拿出一杆如同扫帚般的巨笔，站在纸上自如挥洒；三是仰书，这与名士的懒散有关，躺在床上，一手拿纸一手握笔，居然能写出清秀工整的蝇头小楷，观者莫不称奇。据说，袁克文的日记就是这样躺在床上写出来的。

悬书、巨书和仰书，被时人称作"袁氏三绝"，袁老二后半生落魄了，就靠这个"袁氏三绝"给他换了不少贴补生活的碎银子，才不至于饿肚皮。那十几册《寒云日记》，曾有少量几册落入另一个民国公子张学良的手中，后来也不幸失散，如今存世的是其四子袁家楫保存下来的丙寅、丁卯日记，仅仅是袁克文日记中一小部分。

穷愁潦倒，卖文买粥，袁克文经常在报纸上刊登"卖字价目表"，以广告形式招徕顾客。如1926年12月1日，他刊登的价格是："榜书，每字五元，一尺以外，每加一尺加五元，篆书倍之；堂幅，每尺五元，行书；屏条，每尺二元，行书；直幅，每尺四元，楷篆倍之；横幅卷册，每方尺四元，楷篆倍之；联帖，四尺，每幅八元，每加一尺加二元，篆书倍之；扇，每柄五元，小楷、篆书倍之。其他书件面议，恶纸不书，泥金笺，绫绢倍例，磨墨费加一，代拟文字别议，寿挽各件撰书别议。"广告打出去了，生意还是不怎么好，过了几个月，袁克文再次刊登"卖字启事"："三月南游，羁迟海上；一楼寂处，囊橐萧然，已笑典裘，更愁易米。"即使到了穷愁潦倒的境况，仍然丢不掉名士派头。

袁克文还是民国时期的大收藏家，他的收藏范围十分广泛，涉猎古玩、金石、字画、藏书、钱币、集邮等诸多领域，甚至在《晶报》上刊登广告：收集女子裸体照片和名牌小狮子巴儿狗。袁克文舍得花重金，是收藏界的一条"大鳄"，但是袁克文的收藏癖也同其他爱好一样，其聚也速，其散也快，是类似于猴子掰苞谷的行为艺术，掰一个丢一个，最后留在手上的

"苞谷"并不多。

到了晚年，迫于生计，一次次清仓大甩卖，那些曾视若性命的宝贝最后都杳无踪迹，唯其藏书被一大藏书家收购，归诸一处，即广东人潘宗周的宝礼堂。

他的弟子俞逸芬撰文《寒云小事》记叙："搜罗之广博，考证之精审，皆足以自成一系统。"袁克文收藏古籍时间不长，但因实力雄厚，舍得投资，迅速蹿红为藏书界一颗新星，所藏宋版古籍二百种，为自家藏书楼取名"皕宋书藏"，坐拥百城，世人瞩目，尤其是宋代巾箱本《周易》《尚书》等八部经书，字画细如发丝，精丽无比，克文特辟"八经阁"以贮之，秘不示人。他收藏的宋刻本《鱼玄机集》，为清人黄丕烈旧藏，跋识累累，且有曹墨琴、张佩珊、玉井道人三人所题，甚是难得，后亦因生活窘迫，转让给了老友傅增湘。此书现存于北京市图书馆。

古泉收藏一直是袁克文的至爱。如王莽布泉、铅泉、银泉、金错刀、宣和元宝银小平泉等珍稀钱币皆收囊中。从董康经处淘得一枚元承华普庆泉，银质，为元小泉中所仅见，克文甚为喜爱。不料有一天换衣服，忘记拿出，被洗衣妇窃去，他非常痛惜，出高价二百元索求，不得。洗衣妇知道，从袁名士手中出来的宝贝价值何止二百？过了几年，袁克文在淘宝市场上闲逛，忽然看见有人出售此枚古泉，当场掏腰包买下。失而复得，他大感庆幸，次日办了一桌酒席，接来一帮大玩家同庆同乐。对于古钱币，他不仅是收藏家，还是眼力独到的鉴赏家、研究者，著有《钱简》《古逸币志》《古泉杂诗》《货腋》《还泉记》等作品，曾在民国报刊上连载。

邮票也是他集藏的一部分。他于1926年初开始集邮，经天津邮商张维廉介绍，以一千银元的价格从德国侨民苏尔芝手中购得福州、汉口"临时中立"时的正式发行票12种，引起了他搜罗珍邮的兴趣，从此一发不可收拾。1927年，军阀张宗昌交给袁克文一个任务，让他携带三万银元赴上海办报纸，克文到上海后，却拿这三万银元用作集邮，每遇珍品邮票不惜重金竞购，上海集邮界争相议论，邮市随之上涨，不少人因此大赚了一票，袁克文也一跃而为沪上集邮大亨。他所搜集的清末库伦寄北京的邮函，是蒙古初设邮政第一次寄出，印文"蒙古库伦己酉腊月初四"，该日即为蒙古邮政局成立日,价值不菲。另有函背贴海关大龙文券五,函面贴法兰西券二十五生丁一枚,西元一千八百八十六年自天津寄往德意志者,等等,皆为罕见珍品。他曾在《晶报》上开辟专栏,以《说邮》为题逐期刊载,记叙他的集邮情况和他对邮品的评论。张宗昌知道袁克文拿了他的钱不办报纸,而是投资到那些花花绿绿的邮票上,大为恼怒,发了一道通缉令,要缉拿邮票大王。袁克文闻讯后廉价抛售了部分邮品,匆匆离开沪上,结束了短暂而愉快的集邮生涯。

袁克文集藏成癖,占有欲无限膨胀,见到珍爱之物便想据为己有。有一天,在老朋友毕倚虹家中做客,见到一枚牙笏(古代君臣在朝廷上相见时手中所拿的狭长板子,一般用作记事),经考证,是唐代段太尉用以击朱泚的笏,有殷红斑斓,作紫褐色,如出土的汉玉。克文喜不自禁,拿出珍藏的宝贝贞观通宝相交换。牙笏到手,将其置于床头,每晚摩挲数遍,爱不释手。忽有一日,牙笏上沾染了一些鸦片烟的污垢,擦拭不掉,即用水冲洗,不料牙笏忽然软化,再加冲洗,竟成了一团黄纸,隐约还有秽气。袁克文心生疑窦,凑近眼前一看,原来是折叠而成的几张手纸,外边涂抹了一层油漆。袁克文去问毕倚虹,毕倚虹捂嘴大笑。袁克文便向毕倚虹讨还贞观通宝,毕倚虹居然赖账,笑着说道:"我细看那枚贞观通宝也不像是真的,已拿去换了酒钱。"袁克文苦笑,谁让他担了个名士的头衔呢,名士是不应该为区区小事计较的,只能吃个哑巴亏了事。

四海之内皆兄弟

袁克文喜欢结拜金兰契友,他的结拜兄弟有著名辫帅张勋、号称天王老子的张树声、内廷供奉老乡亲孙菊仙、龙阳才子易实甫、林屋山人步翔棻、纲师园旧主人张今颇、书法家刘山农、著述家周南陔与周瘦鹃等。

在上海逗留期间,他牵头成立了中国文艺协会,开成立大会那天,到会者60余人,均为沪上名流。推举袁克文为主席,余大雄、周南陔为书记,包天笑、周瘦鹃、陈栩园等9人为审查,严独鹤、钱芥尘、丁慕琴等20人为干事。不过这个民间文艺团体并没有开展什么活动,后来袁克文北上,该组织即陷入瘫痪状态,无人问津。

他还与步林屋、徐小麟等发起了全国伶选大会,这是一场大规模的全国选美,参加者皆是国内演艺圈的名角。袁克文任会长,专门聘请了评委、顾问若干,结果也是有组织无行动,轰轰烈烈开场,无声无息了事,袁名士做事向来就是这么有头无尾,许多有创意的想法做不到头,等于什么想法也没有。

带有黑社会性质的青帮组织,袁名士也要去搅一趟浑水。他拜青帮头子张善亭为师傅,位列大字辈,在组织内辈分很高。上海的大字辈,黄金荣、张啸林、杜月笙等,皆是名头极响亮的人物,都与袁克文经常往来聚会。张善亭死后,袁克文单独开香堂,收弟子若干,此事一时成为爆炸性新闻,外间传得沸沸扬扬,有不少人冒附在他名下,鱼龙混杂。袁克文为此专门登报声明,排列了他门下的16个弟子:沈通三、沈恂斋、邱青山、金碧艳、孔通茂、朱通元、温廷华、李智、董鸿绶、庄仁钰、周天海、唐敦聘、戚承基、徐鹏、金珏屏、陈通海。除此之外均为冒认者,与他无关。

既然收了徒弟,袁克文还是认真负责的,16人中有金碧艳、金珏屏弟兄二人因行为不检,克文将他们逐出组织,还特意写了篇文章《小子鸣鼓而攻之》,拿到《晶报》上刊登。后来王瑶卿来当说客,为金家弟兄求情,克文又写了篇文章《勖碧艳》,大有留在组织里观察,以观后效的意味。

1931年春节期间,袁克文长女家颐去世,白发人送黑发人,他十分伤心。来到老友方地山家中喝闷酒,并与其商议葬女之地,拟将爱女葬在以桃花出名的江苏西沽义地,席间袁克文莫名其妙地冒出一句:"何不多购些地?"方地山不解,问他:"多购些地做什么?"克文沉默不语,不再回答。

方地山感觉此非吉兆,果然不过月余,袁克文因患猩红热,又与一个名叫小阿五的妓女淫乐,完成了他最后的疯狂,之后不久就去世了,享年42岁。

性情中人袁克文,一生交友无数,死后他的丧事也称得上风光旖旎,据他生前好友唐鲁孙说:"灵堂里挽联挽诗,层层叠叠,多到无法悬挂。"他的后事由平生契友方地山和大徒弟杨子祥主持,杨子祥按照帮规,给克文披麻戴孝,四千徒子徒孙跪满一地,哭声响成一片。前来送行的人群中,最为醒目的是数百妓女,平时穿红戴绿的红粉知己们清一色素装,头上插一朵小白花,眼角挂着泪痕,默默地为袁克文送上最后一程。张伯驹为他写了幅挽联:"天涯落拓,故国荒凉,有酒且有歌,谁怜旧日王孙,新亭涕泪;芳草凄迷,斜阳黯淡,逢春复伤逝,忍对无边风月,如此江山。"

第九章 劫后余生,家风依然

◎

每过空堂泪满襟

端方是满族官员中的革新派。他先后担任过湖广、两江、闽浙和直隶总督,一生历任南北,总督一方,思想开明,行为正派,是晚清政坛上一个举足轻重的人物。

有这么一则掌故,慈禧太后召见端方,一席谈话后,太后问端方:"一切新政都在施行,朝廷该办的都办了吧?"端方沉吟片刻,答道:"还有一事,尚未立宪。"太后问:"立宪又能如何?"端方说:"朝廷如果施行立宪,则皇上可世袭罔替。"这句话让慈禧太后沉思良久。过后不久,清廷一改以往抱定祖宗之法决不更改的顽固做派,将立宪提上议事日程。1905年,清廷派五大臣前往日本、英国、德国、比利时、瑞士等国考察宪政,端方名列其中,对西方各国政治进行了第一次近距离地观察。

端方归国后,对立宪的热情溢于言表。他经常对知己说,欧美立宪,官民一体,毫无隔阂。无论是君主、大总统,还是普通平民,都一视同仁。平民想和大总统照相,也不会被拒绝。真乃法制精神也。中国今后要是也能这样做,国家就有希望了。

晚清政坛表面上看起来风平浪静,实际上处处是刀光剑影。满脑子新思想的端方两面受敌,革命党认为他是"假维新",对他刻毒地攻击诋毁,甚至几次想派人暗杀他;清廷内部的顽固派则认为他太喜欢追逐新潮,老祖宗的家业不能交到这种人手上。

于是便出现了如下一幕:为慈禧太后举行葬礼时,端方安排人砍掉了路边几棵碍事的老槐树,又从天津请来一流摄影师,给葬礼场面拍了一组照片。结果他因这两件事遭到弹劾。理由貌似很充足,砍树是破坏了陵园风水,照相更是摄取了皇室的魂灵,大逆不道,居心叵测。隆裕太后把案子交部奏议,几经折腾,端方被罢官。

相对于他后来惨死的悲剧来说,罢官只是一个开始。

1911年,铁路风潮骤起,清廷任命端方为粤汉、川汉铁路大臣。出京南下赴任途中,经过河南彰德,端方专门下火车去拜访了老朋友袁世凯。这时候袁世凯已在洹上村隐居三年,对端方的到来十分高兴,专程让人从京城送来了电影拷贝,安排了一场电影——这在那个年代十分稀罕。二人这次见面,谈论最多的是时局和对策,此外两家还订立了两门亲事:一是袁世凯的五子袁克权娶端方的独生女儿陶雍,另一是袁世凯的二女儿袁仲祯嫁给端方侄子。

端方到了南方,四川保路运动兴起,他被清廷当作救火队长,紧急派往四川"扑火"。行至四川资阳,已是风声鹤唳,武昌城头响起了枪声,革命军占领了湖北,四川赵尔丰也已被保路同志军折磨得生不如死,政权保不住不说,脑袋也有可能保不住。端方手下无兵,赴四川时湖广总督瑞澂拨出两个标的士兵为他保驾护送。端方敏锐地觉察到,这两个标的官兵中,到处都潜伏着革命党的身影。

事实确实如此。1911年,革命已是那个时代的主要思潮,暗杀和暴动成了当时最时髦的话语,革命党也持续呈现出风起云涌之势。瑞澂拨给他的两个标的队伍中,江国光、单道康、邱鸿均、梁维亚等数十人皆是革命党激进分子。当队伍行至宜昌时,他们就曾有过杀端方祭旗起义的想法。有人说,武昌起义尚在准备中,贸然杀了端方,会过早暴露目标,对将来的武昌起义不利。这样端方才暂时没有被杀掉。

队伍越往长江上游走,端方的情绪越是紧张。他周围的气氛十分诡异,弥漫着仇恨、恶毒、恐惧、血腥和杀戮,这种冷冰冰的感觉一直像阴影一样潜伏在他身旁,尽管季节是秋天,端方却觉得寒彻入骨。

眼看杀机已动,端方决定连夜逃跑。十月初七凌晨,端方密备了两乘小轿,要和弟弟端锦趁黑夜逃遁,才走出数十步,突有数十个提枪的军人冲出,将小轿团团围住。

"你们这是干吗?"端方声音发抖地问。

"请大帅升天!"队官刘凤怡大声说。

连推带搡,众刀齐下,砍了六刀之后,端老四一颗血淋淋的脑袋滚落到了地上。弟弟端锦见此惨景,万分悲痛,转身大骂那帮兵丁,有个叫贾志刚的兵丁冲上来,照准端锦的脖颈就是一刀。端家兄弟的首级被当作战利品装入铅箱,放入石灰,沿途示众,最后拿到武昌去报了功。据说,黎元洪见了这两颗人头,不由得连声叹息,让人暂存在武昌洪山禅寺。

端方兄弟的无头尸体,被端方的幕僚夏寿田(这个人后来成了袁世凯的重要幕僚)收殓后放入棺木,一路护送北归,辗转回到京城。端方被清廷赠以"太子太保",谥"忠敏"。

第二年,袁世凯当了民国大总统,派人把端方兄弟的头颅从洪山禅寺取出,与尸身连接起来,予以厚葬。据说埋葬端方的地方是在安阳洹上村一带,袁世凯担心端方被害后再有人闹坟,因此安葬在他能够保护的地方,也体现了好友之间的一份生死情谊。

据袁世凯家人回忆,端方兄弟被杀身亡后,他们在京城的家眷来到彰德洹上村找袁世凯避难,在那里度过了最为艰难的一段岁月。

袁克权(1898—1941),字规庵,号百衲,是朝鲜二姨太白氏所生,为袁门第五子。洪宪帝制时,袁世凯曾让他和长子袁克定、次子袁克文同穿太子服,由此可见袁对这个五儿子的器重。袁克权也确实聪明过人,他从小最佩服的人是严修,1913年,他和袁克桓、袁克齐一起跟随严修出游欧洲各国,就读于英国齐顿汉姆公学,一年后归国。1916年,袁克权刚满18岁,骤然遭受失怙之痛,袁氏家族也从权力的巅峰跌落到地狱,其心灵的创伤是不言而喻的。

末世王孙的出路在哪？他年纪轻轻，深深陷入困顿与疑惑之中。仕途是再也不能指望了，沉沦又于心不甘，唯一能供他选择的恐怕只有"隐逸"二字。好在新婚妻子陶雍能理解他，他也十分同情命运相似的妻子陶雍，同样遭受了家破父丧的剧痛，这对苦命夫妻相惜相怜，相互搀扶着往前走。

端方生前是闻名遐迩的大收藏家，家中古玩珍品不计其数，其中毛公鼎更是中国青铜器中的扛鼎之作。袁克权、陶雍定亲之时，端方夸下海口，要将此鼎作为女儿的陪嫁品。谁知天不作美，竟在四川死于非命。这个毛公鼎后来被其后裔抵押到天津华俄道胜银行，无力赎回，遂流落于民间，现收藏于台北故宫博物院。不过陶雍的陪嫁依然不薄，完婚之日，端方家以百衲本《史记》、仇十洲的名画《蜡梅水仙》和陈鹤的名画《紫云出沙浴图》等三件稀世珍宝馈赠，也算得上是价值连城了。

有岳父的收藏珍宝垫底，袁克权夫妻的隐逸生活也还过得不错。有相当长的一段时间，他们靠典当家产过日子。袁克权经常和严修、方地山、张伯驹等人诗酒唱和，也与报馆文人混得很熟，张恨水创作小说《金粉世家》，很多故事就是从袁克权那儿听来的。

袁克权流传后世的诗集有《百衲诗选》和《忏昔楼诗存》二种，诗风淡雅，感情浓郁，一任忧深似海，于无法言说处泄露隐情，常能令人反复吟诵，韵味无穷，因此有不少拥趸。袁克权的诗作中有不少叙述家史的，对父亲袁世凯，他的感情复杂而又奇特，他有一首诗题为《故园接叶亭前梨树》，诗前小序中写道："故园接叶亭前梨树，先君己酉退居时手植也。每当清暇，辄扶依啸傲，流连竟日。丙辰遘变，先君弃养，而斯树亦枯萎同谢。因为短章以志感云尔。"诗云："星坼龙飞直到今，画亭春暖不成阴。孤鸾别向蓬池远，双桧看依魏阙深。只为遥怜辞庙日，可堪重少济时心。当年昼锦筹觥在，每过空堂泪满襟。"这类怀旧伤怀的诗，传达出物是人非的苍凉，叫人不忍卒读。

袁克权的妻子陶雍也是才女，文采颇佳，能红袖添香，夫妻二人感情笃深，袁克权一生未纳妾，育有四男四女，分别是子家诒、家说、家誉、家谭;女家训、家诜、家谱、家诒。袁克权死于1941年,年仅43岁。

苦甜参半的追忆

袁克权有个孙女儿叫袁忻,为人沉稳低调,生活态度乐观开朗。生了一场大病后,她似乎被一根神奇的魔杖点化了,在博客中说自己过了那一关后,就活得更加洒脱了。她每年都要与丈夫杨大宁先生出外旅游,英国、美国、加拿大、日本及国内的云南、海南、广东、江苏、浙江等地都留下了他们的足迹。屐痕处处,美丽的生命得到了写意的延伸。袁忻还喜欢看电影、听音乐、看京剧、读书、折纸等,她说她喜欢一切美好的事物,坐在躺椅上,面对着大海,不用去吸收书的内容,它们就自己溜进你的脑海。

我在天津采访她和杨大宁先生时,袁忻说她也想写写天津袁家大院最后的时光,写写那些人和事,小时候她是在那里长大的,熟悉那里的一切景物,包括若干生活细节,还包括各种难以被人觉察到的声音和气味。她说,所以想写,是因为看了一些写袁家后人的书,不大满意,有许多与史实不符,"与其让别人说错,不如我自己来说"。

袁家大院是袁世凯生前在天津的主要住所,据传有196间。袁忻说,她知道的是二姨太白氏夫人所生的四个儿子袁克权、袁克齐、袁克坚、袁克度,每个人都有20多间。袁克权从英国留学归来后,自己又设计了一幢楼房,取名为"南楼",英国式的建筑风格,高贵优雅,又不失轻逸的灵性。袁克权带着他的八个儿女住在南楼里,度过了他生命中最后的一段时光。

天津袁家大院旧址一角

袁忻听上辈人讲,祖父人到中年之后精神有些忧郁,去世前他不吃不喝,家里人抓来中草药,煎好了端到他面前,他也摇头示意拿开。就像出家人打坐一样,袁克权木然地坐在那把雕花靠椅上,将王孙贵族的悲剧命运演绎得纤细动人。

袁克权出殡，陶雍卖掉了家藏的古玩，又添上自己的金银首饰，购买了金丝楠木棺材，倾其所有为丈夫厚葬。袁忻说，祖父死后，祖母也不想活了。家里的佣人们跪在地上求她进食，祖母神情坚毅，什么话也不说，她是抱定了死的决心，要去和祖父在忘川相会。

这样的爱情故事让人唏嘘不已。身为名门贵胄的袁克权，一生没有纳妾，只与命运孤苦的妻子陶雍相依为命。而妻子陶雍对落难公子袁克权的那份爱，也让天地为之动容。民间有个说法，有些相亲相爱、依恋过重的夫妻，会在同一年内相继离开人间。他们夫妻正是这样，袁克权病故后不到一年，妻子陶雍也在天津袁家大院南楼里咽下了最后一口气。

1913年，袁家三兄弟跟随他们的老师严修一起赴英国留学，那一年袁克权才15岁。次年留学回国后，他遵从父辈之约与陶雍结婚，虽说是父母之命，却也是一对情投意合的小儿女，陶雍是个冰雪聪明的才女，袁克权有许多爱情诗都是献给她的。杨大宁说，《袁克权诗集》中凡是标名为"无题"的，大多与陶雍有关。两小无猜，青梅竹马，那是袁克权一生中最快乐的时光，他留下的许多小诗甜蜜温馨、清新飘逸，不像后来的诗作那么悲苦。

《袁克权诗集》是袁忻和杨大宁为祖父整理的一本诗集，已经由天津古籍出版社出版。杨大宁先生是个旧学修养深厚的人，他介绍说，1916年，袁克权刚刚满18岁，忽然失怙，家国俱骤遭巨变，不难想象他的心情。袁克权的第一本诗集《弄潮集》是1918年自印的，次年出《百衲诗存》，再次年出《忏昔楼诗存》，三本诗集是他19岁至23岁的诗作。这几本诗集国内已不见踪迹，流落到日本一家图书馆，袁忻、杨大宁夫妻是请朋友帮忙从日本复印过来的。

袁世凯一生最痛恨日本，他的几个儿子留学德国、英国、美国，就是没有留学日本的。何以袁克权的诗集会流落到日本？在复印件中他们找到了答案。诗集封面上有杭州名士廉泉先生的手书，内容写的是袁克权的生平。据此推断，袁克权诗集是廉泉先生带到日本去的。杨大宁谦逊地说，他在整理袁克权诗集过程中有个感受：袁克权才情茂盛，家学渊源深厚，当时还不到20岁的袁克权的诗作，让年近花甲的大宁先生钦佩有加。

袁忻告诉我,祖父袁克权去英国留学那件事,以前她只隐约听说过,具体是什么情况并不清楚。1990年她第一次去英国援建项目时,父亲袁家说希望女儿能找到那段历史的真相。但是袁忻到英国后打听了,却毫无线索。将近一百年的历史了,当时的人早已离开了人世。袁忻站在伦敦霓虹灯闪烁的街头,想要在时光隧道里回溯祖父的音容笑貌,心里充满了萧瑟之感。直到有一天,她从天津《城市快报》上读到一则消息。有一位名叫叶从德的民间收藏家,无意中买到了一个旧册子,有两百多张民国早年的明信片精心插放在收藏册中,让他大吃一惊。那些色彩斑斓的明信片来自不同的国家,分别有俄罗斯、德国、法国、英国、比利时、瑞士、荷兰,明信片上的风光是当时各国的一些标志性建筑及著名风景区,如英国的造币厂、意大利的角斗场、瑞士的雪山、美国的林肯塑像、俄罗斯的叶尼塞河等,包罗万象。更重要的是,那批明信片的寄信人是著名教育家严修。

袁忻读到报纸上那则消息时,呼吸变得急促,甚至有一点点幸福的眩晕。严修寄出那批明信片的时间和路线图,正是他赴欧美等国考察教育的1913年。那次西行他还带有一个重要任务,为大总统袁世凯的三个儿子寻找一所理想的留学学校。报纸上的消息也明确无误地写着:那些明信片,分别是严修、卞俶成(严修女婿)及袁世凯的三个儿子邮寄回来的。

顺着这条线索,袁忻和杨大宁又一次开始了他们艰难而又愉悦的追寻之旅。

袁忻想方设法弄来了《严修日记》,祖父1913年的身影,在那本竖版繁体字的日记中清晰地浮现出来。严修在日记中对那次西行考察记录得十分详细:一行十二个人在俄罗斯酒馆里的一顿饭钱145卢布;柏林街市新修建的楼房皆五层,路则莹洁如镜,人影可鉴;凯旋门左近买物,余买织画一张,画耶稣母子,将以赠哲甫表叔;由使馆转来袁大总统电告国内大局渐平息;三袁兄弟往裁缝店试衣服,余与旷生、毓生、圣章、二下游油画馆,人像之外,兼有写生者,种种佳绝,固不待言。严修还对西洋油画与中国国画进行了对比,他认为在某些细节的处理上油画更逼真,尤其是夜景的写实让人惊叹,其中一幅老翁在月光下读书图,月光透过窗纸照射在书的左侧，老翁就着月光读书，神态可掬，十分迷人。诸如此类，事无巨细，西行沿途的见闻、轶事、风景、时尚、民俗及考察教育的诸多细节，一一收入他的日记中。

严修日记中多处提到袁克权和袁家三兄弟，如"晨规庵来谈""规庵以所携《香山诗》借与余，为途中遣日之助""饭后三袁兄弟去看电影""饭后游花园，克权乘船，克桓、克齐乘飞车"，等等。

7月31日，严修一行乘火车离开比利时。中午11点，在荷兰阿姆斯特丹港口登上轮船前往英伦三岛。下午3点钟抵达英国。英国之行是严修欧洲游历的重要一站，在这里他要为袁家三兄弟物色留学的学校。

袁忻读到这里，目光不由得更加专注起来。

严修在8月3日的日记中记录了这么一件事：伦敦北山下有一片森林，常常有英国人坐在林中歇息，他们一行也去观光游览。归途中，克权、克桓兄弟掉在后面，想另外找一条没有走过的路，结果迷路了，耽搁了时间。其他人在森林入口处久候，迟迟不见克权、克桓的人影。本来当天晚上严修安排了就近看电影的，因为这件事取消了此议，以示警戒。从严修这天的日记中，袁忻读到了祖父当年的调皮与贪玩，微微一笑。转瞬想起祖父后来的悲惨遭遇和凄凉心境，无边的愁绪又像雾一样悄悄在心头弥漫开来。

严修的日记中还透露了一个细节。袁世凯对三个儿子的留学，采取了一种开明自由的态度。袁世凯让严修征求三个儿子的意见，如果愿意在国外读书就留下来，如果不愿意则回国。曾祖父袁世凯在子女的教育上如此开明，是袁忻过去所没有想到的。

通过阅读严修日记，袁忻厘清了一段被埋没了的史实。当年祖父袁克权等人到达英国伦敦后，找到了民国驻英公使刘玉麟，据刘玉麟讲，他已经找好了一所学校——位于齐顿汉姆镇的齐顿汉姆公学，刘公使曾经在那里读过书，小镇距离伦敦不远，乘火车三个钟头的路程。

齐顿汉姆镇以温泉而闻名，这座古老小镇的格言是"健康与教育"。齐顿汉姆公学是维多利亚时代开办的一所公共学院，培养过不少优秀军官，"一战""二战"期间的欧洲许多高级将领都出自于这所学院。刘公使去找学院院长,院长听说民国总统的三个公子要来留学,马上流露出极大的热忱,他说他对古老神秘的中国一直有极浓厚的兴趣,那个出产精致瓷器的东方古国,大总统之子,OK！院长翘起大拇指,爽朗的笑声从一百年前传来,袁忻说她仿佛听得真真切切。

2007年秋天,袁忻、杨大宁夫妇一起再次启程去了英国。他们沿着祖父当年的足迹,从伦敦来到了齐顿汉姆镇。同行的一位老先生是在伦敦认识的,老先生自豪地自我介绍,他也是从齐顿汉姆公学毕业的。老先生问袁忻、杨大宁夫妇:"你们找齐顿汉姆公学,是来看孩子的?"袁忻摇头微笑,回答说:"不,我们是来看祖父的。"当老先生了解到事情的原委后沉默,车厢里十分安静,只听见火车行进时的咣当咣当声。

一百年了,一切似乎都还没有变。他们搭乘的那列火车,据那位老先生说,还是一百年前的火车;他们到达的齐顿汉姆火车站,也还是一百年前的老模样;沿途的公园、建筑、教堂、雕塑、喷泉、钟楼等,也和一百年前没有多大变化,甚至当年祖父乘坐的二号线、五号线公共汽车,如今仍然还是二号线、五号线。老先生边走边向他们介绍,如数家珍般的神情溢于言表,英国人优雅舒适的慢生活让袁忻夫妇感叹不已。

齐顿汉姆公学是一所真正意义上的英国贵族学校。它不仅仅只是燕尾服、白衬衫、马术、棍球与赛艇的汇集之地,踱步于学院的每一个角落,你都能强烈感受到高贵的精神在空气中弥漫;哪怕是最不经意的某个细节,也都无不在含蓄雅致中流露出贵族的气息。

齐顿汉姆公学的院长热忱接待了他们。第二天,院长脸上带着愉快的表情通知他们:很庆幸,找到了当年的资料。院长介绍说,当年袁家三兄弟来齐顿汉姆公学留学,就住在老院长的家里。老院长对他们像对待自己的孩子一样,袁家三兄弟对老院长也十分尊重。他还带袁忻夫妇去看了老院长的小洋楼,百叶窗呼吸着新鲜的空气,尖尖的阁楼顶在太阳下闪光。从英国回到天津后,袁忻、杨大宁夫妇专门查找了《袁克权诗集》,果然有几首诗是怀念英国老院长的。

后来,在图书管理员的协助下,袁忻、杨大宁夫妇在一大摞发黄的老档案中找到了袁家三兄弟的入学登记表,落款处的签字人是严修。袁忻说,严修是当年袁氏三兄弟的监护人。在另一摞档案中,袁忻、杨大宁夫妇还找到了几张老照片,袁家三兄弟正在参加学校里的运动会,他们红扑扑的脸庞上挂着汗珠,虽然隔着一百年的时光,照片依然清晰生动,仿佛触手可及。照片下方有一行说明文字:中华民国大总统之子参加运动会。

看到这句话,袁忻、杨大宁夫妇对视一眼,沉默无言。

清风拂心,诗文传承

有一天,我收到了袁忻从天津寄来的快件,是两册诗集。一为《仲圭诗集》,一为《袁家诜诗集》,均为竖式排版的自印本,装帧风格古朴素雅,从外到里透着一种大气,让人情不自禁地喜欢。

袁忻在快递中附了一封短信,简略讲述了她编印两册诗集的缘由及小注等。仲圭是袁忻父亲袁家说的字,袁家诜是她二姑,1948年去了台湾,前些年听说已经去世了。

大概是受家风影响吧,袁克权四子四女都爱写诗,尤以二子袁家说、二女袁家诜最为出色。

袁忻说,她的父亲袁家说一生平淡,还是不讲了吧。

虽然袁世凯去世后,袁氏家族经历了大起大落,袁家的许多后代几经颠簸沉浮,曲折悲惨的命运固然值得一书;然而更多的是普通平常者,他们像袁家说一样默默地生活在社会底层,也曾试图改造自己,可是烙在他们身上的袁氏烙印却怎么也抹不掉。从这个角度来说,袁家说的故事,不是具有另一种特殊的意义吗?

20世纪40年代天津有个达人学院,商科专业,从那所学院毕业的学生后来大多从事与经济有关的职业。袁家说当时是达人学院的学生,他穿一身蓝色的中山制服,上衣口袋里插着一支钢笔,一副标准的新中国成立初期青年人的装扮。那时候,袁家说一心努力想跟上时代的步子,从骨子里想重新做人,为建设新中国贡献自己的一份力量。

袁家说有个同学叫古敏求,出身于天津的平民之家。当别的同学对落魄公子袁家说,要么冷漠,甚或欺负时,偏偏这个古敏求不仅不歧视,反而与袁家说关系十分亲密。瘦高个子的古敏求每天都准时出现在大营门袁家大院的大门口站在那儿喊:袁家说,袁家说!不一会儿,袁家说从院子里快步跑出来,两人站在那儿说了几句话,然后肩并肩迎着太阳走去。

天津受西洋风影响深,社会风气开化比较早,各种娱乐场所也比较多。他们一起滑冰、游泳、跳舞……不知道从什么时候开始的,两个玩伴的身后多了个女孩子的影子——她叫古志求,是古敏求的妹妹。

年少时的古志求瘦瘦小小,梳着两条小辫子,看上去楚楚可怜,像是一只可爱的小猫咪,既温婉可人,又需要人保护。也许是她身上那种特殊的气质吸引了袁家说,爱情悄悄发生了,一朵花正在羞答答地开放。

然而,古志求的妈妈说什么也不同意。袁家说硬着头皮找上门来,脸上写满了苦闷的表情。古志求的妈妈没好气地说:"你是名门之后,我们家志求高攀不起。"背转身又低声嘀咕道:"以前的富家公子没有钱,却爱摆架子,志求,你要是嫁过去,将来要受委屈的。"

话语像一把刀子扎在袁家说的心上,泪水在他眼眶里直打转。袁家说忍住了辛酸,尽量用谦卑的口吻回应道:"阿姨,我保证改。坚决改掉少爷作风,好好对她。"沉静一会儿他又说:"阿姨,大户人家规矩多,管束严,体会到家庭的温暖少。我就是想过一种平常人的生活,才和志求走到一起的。"

袁家说真诚的态度打动了古志求的妈妈,她最终答应了这门婚事。

1953年,袁家说与古志求结婚了。

新中国成立后袁家说分配到人民银行工作,单位地址就在劝业场对面。古志求在工商联上班。打从结婚那天起,厄运像跟在身后的影子,始终与他们那个想过安静生活的家庭纠缠在一起。袁家说的家庭背景不用说了,"窃国大盗"袁世凯的曾孙子,他本人在学生时代又参加过三青团,顺理成章是重点监管对象,没完没了的审查、没完没了的交代和过关,他也不知道这样的日子有没有尽头。古志求被派去参加农村土改工作队了,带队的头头是王光英——当时国家主席刘少奇夫人王光美的哥哥。袁忻说,她出生后不久妈妈就给她断奶了,把她交给家里老人,袁忻是跟着外婆长大的。

袁忻说,她从小住在袁家大院里,家里还有佣人,虽然背后也听到有人纷纷议论,但是在她内心中,对自己的老式贵族家庭一直抱有优越感和自豪感。及至后来她长大了,知道了事情的真相以后,才明白其中的艰辛与苦涩。

所谓的真相是:经历了新中国成立后的历次政治运动后,袁家大院的房屋产权早已易主,袁忻能住进袁家大院,是因为七爷爷袁克齐从别人手里租了几套房间,父亲袁家说又从七爷爷那儿租了一间,才勉强将全家人安顿下来。

原以为这样的情境只有在故事书中能够读到,没想到自己身边的生活比故事书中的情境更凄婉。原本是自己的房子却只能出钱租住,而且越住越小,想到这些,袁忻躲在袁家大院的一个角落里悄悄哭泣。在袁忻的印象中,她家里始终充满着压抑的气氛。每次"运动",父母都会躲在屋里小声交谈,紧张与恐惧挤满了房间的每个角落。父亲的政治问题对母亲的影响也很大,曾经有一阵,古志求当上了单位的工会主席,最终还是被拿掉了。

最让人难受的是那些说不清的政治问题还影响到了孩子。有一次,单位让袁家说给女儿袁忻的学校校长带一封信,袁家说也不知道信上写的什么内容,一边走一边在心里猜测。走着走着,他还是忍不住了,私自折开了那封信,只见信上说,该女生的父亲有严重历史问题,不宜重用。袁家说气得脸色发青,身体颤抖着不能自持。然而在那个特殊的年代,他只能忍气吞声,被欺凌与侮辱的灵魂只能顺从。他将拆开的信重新封好,决不能露出任何私拆的痕迹。当袁家说将那封信交给校长的时候,他的心在流血。

1965年——爆发"文革"的前一年,袁家说一家被勒令从袁家大院里搬出来了。他们搬到了靠近袁忻外婆房子的附近,好互相之间有个照应。之后是红卫兵抄家,袁家的老人上台接受批斗……

到了"文革"后期,袁家说进了五七干校。每隔一段日子,袁家说从干校农场回到天津家里,总是要带回一叠要缝补的破旧衣服。女儿袁忻在那些破旧衣服中扒拉着,捡起一件破得不能再补的衣服大声嚷嚷:"这样的衣服您还穿?"她拿着手中抖落着,顺手要去扔掉,却被父亲止住了。

父亲说,不能补了也要补。袁忻只好拿起针线给父亲补衣服。她坐在院子里,一针一线地缝补,想起长辈们讲过的家族昔日繁花似锦的荣耀,泪水从脸颊上滴落下来。

袁家说的少年时代,父母就离开他去了另一个世界。后来他的大哥袁家谞也不幸早亡,他便成了这个家庭(袁克权之家)的顶梁柱。可是他略偏软弱的性格及近似诗人的气质,又注定了难担大梁角色。更重要的是他生在一个容不下他家族背景的时代,个人悲剧与时代悲剧交织在一起,于是生命之沉重让人手足无措。

袁家说的晚年,经常爱对妻子古志求说这么一句话,这辈子他没给这个家带来好运不说,还全是霉运。妻子古志求安慰他,让他不要那么想,很多事怨不着谁,是个人能力无法决定的。袁家说那会儿安静得像个孩子,他望着妻子古志求,轻声地说:"还有,这辈子我也对不起你。"

袁家说退休之前,被分配到天津农业银行工作。那段时间在家里基本上看不到他的人,每天都是很晚了才回家。因为精神苦闷,袁家说经常抽烟、喝酒,身体也垮掉了。退休后,袁家说与外人交往不多,每天躲在家里读书写诗,有时候也帮妻子做做家务。有一次,袁家说把女儿袁忻叫到跟前,神情严肃地说:"我这一辈子太失败,没有做成过什么事,只能写写诗,填补生活的空虚。"袁忻一怔,父亲能这么坦诚地对自己说出他的内心世界,她感到幸福;但是父亲的内心世界那么满目疮痍、残破不堪,又让她感到难过。袁忻安慰父亲:"您一生经历了那么多事,还能坦然对待,这就是成功。"袁家说惨淡地笑了笑,没有再说什么。

袁家说去世后,袁忻帮父亲整理诗集,那段日子她感觉特别压抑。读着父亲的诗,似乎父亲又回到了人间,在与她对话。袁忻说,她的眼泪不知道流了多少回。

袁家说写了不少古体诗,却没有一首是写给妻子的,然而在现实生活中他对妻子的爱又是无与伦比的。这只能说明:这个内心敏感丰富的人,始终压抑着自己的情感,他就像龚自珍笔下的病梅,被无形的棕绳捆绑束缚着,很少向广袤的天地间尽情地做自由伸展。

杨大宁先生曾经解读过岳父袁家说的一首诗。诗题名叫《月圆》:

"夜月多或缺，今宵分外圆。异乡相与共，把酒祝云天。"大宁先生的解读词是："在压抑中挣扎一生的岳父，从来没有过前辈的闲适，好容易有心情写诗，感叹的是缺时苦多，圆时难得，家人星散，手足暌隔，月圆时都不能团聚，平时更加天各一方，只能举杯遥祝'但愿人长久，千里共婵娟'。诗情画意早被革命狂飙涤荡殆尽，只剩下家风熏陶下惨淡的一丝心愿。"大宁先生是懂诗之人，也是懂人心之人，他的解读十分到位。

具有嘲讽意味的是，悲苦一生的袁家说，到了晚年反倒成了退休干部（因为他参加工作时间早），这让袁家说有点受宠若惊。生命的最后时光，他意外享受到了人间本就该有的温暖，他的生活态度似乎也变得积极了许多。1993年，袁家说在天津家中去世，报纸上不让登讣告，家里人只好在报纸中缝刊登了一条消息，追悼会那天来了不少客人，有级别高的领导，更多的是他的好友和邻居。袁家说就这样走过了他普通的一生，细细回味，却又似乎并不那么普通。

下面来说说袁家诜的故事。

大约是2009年，秋天到来的时候，我的邮箱里收到了一封信。写信人是一位陌生的朋友，来自台湾，信末没有落名字，只有英文署名"Sam"。那位陌生朋友在信中写道：

张先生：你好。

敝人于1976年受教于袁家诜老师，学校是位于台湾南部的一所中学。

袁老师曾在课堂上叙述老家冬天时的童趣，这令我印象深刻。那时的她双脚不便，而我们教室又在二楼，我常在楼下等她上课，每每希望背她上楼，可袁老师从未让人背过一次，她总是艰辛地一步步撑着扶梯爬上楼……这么多年了，我仍记得她蹒跚的步履与坚定的眼神。

学校读了一年我就转学了，后来写了几封信给她，老师回信时写道：她曾在课堂上朗读我的信，竟未读完而泣不成声……对于年少的我，却也不知如何与长者联系感情，慢慢地就失去联系了。

  老师还在的话,也九十好几了吧?袁家诜老师是我在台湾第一次接触到的大陆籍师长,那时的民风让我很难想象北方冷冽的天地里,老师所描述的童年生涯,也第一次知道,原来历史人物是可以历历在目的。

  我不知道后来老师回到家乡了没?希望她的晚年是没有乡愁的……

Sam

  那位陌生朋友学生时代曾经听袁家诜讲述往事,但他少不更事,加上"那时的民风让我很难想象北方冷冽的天地里,老师所描述的童年生涯",所以并没有太往心上放。他写那封信的目的,是要打听袁家诜的消息及向袁老师问候,显然,Sam并不知道他的老师袁家诜已经不在人世了。

  他信中说的那句"原来历史人物是可以历历在目的",刹那间击中了我,心情一时竟难以平复。后来与袁忻通电话,我特别说到了这封信,并问及袁家诜的情况。袁忻说,她二姑袁家诜是在台湾当过老师,腿脚也是有些不方便,遗憾的是前些年已经去世了。袁忻还说,这些年,她继选编了《袁克权诗集》后,又选编了她父亲袁家说和二姑袁家诜诗集各一册,自费印刷,分送亲朋好友。

  袁家诜的诗疏朗淡远,有家父遗风。尤其是大胆剖析心迹的几首诗作,更是令人喜爱。与兄长袁家说的诗相比,她的诗少有拘束、自由开放,恐怕与她后来生活在台湾相对自由的经历有关。

  有首诗中是这样的:"盈衢缇骑避无力,四十年来逃罪忙;百代豪情光一瞬,三瓯薄名泪千行。悬悬微命身如蚁,赫赫淫威势若狼;回首江湖风暂歇,残躯犹得近篇章。"诗前小序中袁家诜如是说:"追怀四十年,自(民国)三十七年八月离家以来,由无业至有业;由无家至有家,由只身逃祸至携手奋斗,不觉已逾四十载矣。而今鬓星星,齿摇摇,精力就衰,豪情不再,追怀既往,尚喜残生幸保。今后唯有所记,有所述,庶吉光片羽,得付我手足及后辈,籍吾家三代以来逃杀、逃难、逃祸之苦,因之有以自立,不负先人尔。时民国八十年七月也。"

这样的文字和诗句,在袁家诶的诗集中比比皆是,真所谓"伤心人别有怀抱",家国兴衰,身世飘零,悄然化为无声的泪水滴落纸上,世间能有几人知?又有几人能读得懂?

袁忻告诉我,1988年,她二姑袁家诶、三姑袁家谓分别从台湾、美国回到天津探亲。那是她第一次见到二姑、三姑。在这之前,对于海外的二位姑母她知之甚少,由于政治上的原因,也无法和她们联系。那次见二姑袁家诶,给袁忻留下了深刻的印象。"家诶二姑个子不高,微胖,身着长衫,花白的头发盘成发髻,佩戴简单首饰。虽说穿戴朴素,却显出大家闺秀的端庄,又颇具知识女性的儒雅。"袁忻回忆说:"二姑口才极好,文采也极好,又是性情中人。每每即席赋诗,出口成章,让我们这些晚辈好不崇拜。"

袁家诶第二次回国探亲是1995年。当时袁家说、袁家誉已经辞世,袁家诶在四弟袁家谭的陪同下,先是去探访了她的兄弟们留下的两位遗孀——袁家说的妻子古志求(天津)、袁家誉的妻子(鞍山),接着又去陕西铜川四弟家谭的家中探访了四弟媳。袁家诶代表袁家向那些女性表达真诚的谢意,说这些年来她们跟着袁家吃苦受罪,却无怨无悔,做姐姐的感谢她们。

那次回乡探亲,袁家诶行程千里,旅途劳顿,引发了腰部旧疾,躺在床上动弹不得。后来还是她的学生沈素占小姐专程从台湾赶到天津,一路细心照料。袁家诶回到台湾后,身体状况时好时坏,直到2001年仙逝,那段浓浓的乡愁一直伴着她,这辈子也化不开。

袁忻说,二姑袁家诶葬礼那天,他们全家人朝着东南方向,深鞠躬四次,遥寄缅怀之情。她还说:"家诶二姑的灵魂终于摆脱了病弱之躯,自由自在飘向天际,与她的父母、手足相会去了。"

第十章 袁家的金山银山

◎

民国实业界的一颗新星

袁世凯的五姨太杨氏,是天津宜兴府人。她出生在一个殷实人家,祖上以种花卖花为业。这样的家庭环境使得杨氏的见识较广,史料上说她"聪慧灵气,处事玲珑",应该与她的成长环境关系密切。事实上,杨氏夫人自从进入袁氏家门之后,她的治家才能很快得到了袁世凯的欣赏,成为袁府后期家庭的中心掌权者。杨氏夫人心灵眼快,口齿伶俐,像是《红楼梦》中的王熙凤,袁府的日常生活被她安排得有条不紊,袁世凯的贵重财物,一般也是由她收藏保管。

杨氏夫人所生育的子女中,袁克桓是民国实业界的一颗新星。

袁克桓(1898—1956),字巽安,后改名心武。年幼时与袁克权、袁克齐一起随老师严修赴英国留学,回国后在京城北海静心斋总统府教育专馆继续读书,20 岁结婚,妻子陈征是江苏巡抚陈启泰的二女儿。

袁克桓走上实业这条路,与母亲杨氏夫人的家教影响关系极大。

袁世凯病逝后,袁家子弟经历了短暂的忧伤,有的人沉沦了,也有的人崛起了。袁克桓就是后者的代表性人物之一。在那个特殊的时候，他毅然站出来接受了命运的挑战，选择了办实业。

袁世凯在世时，大力支持周学熙创办了两个大型的官商合办的企业——开滦煤矿和启新洋灰公司。一度，政治嗅觉灵敏的周学熙感觉到民营之风将要在中国兴起，于是放弃官银号的优惠贷款，转向民间资本寻出路，将企业逐渐转变成私人股东，其中大量股票以"报效"的方式馈赠给了袁氏家族。当时袁氏家族如日中天，有袁世凯这棵大树撑着，钱财自然会滚滚而来，妻妾和子女们只负责花钱就够了，根本没有

袁克桓

人把这些股票放在眼里。袁世凯病逝后，袁家日暮途穷，才想起还有两个大型企业的股票压在箱子底。树倒鸟飞散，袁家众子弟各奔前途，纷纷将这些股票低价抵押、转让、出售，袁克桓却将这些花花绿绿的纸片统统收进囊中，然后拿这些纸片去和总老板周学熙谈判：他袁克桓也是大股东，有权决定企业的前途命运。

就这样，袁克桓进入开滦煤矿，接替大哥袁克定担任公司的常务董事。以前，公司内部事务（包括用人权等）都由担任总经理的英国人说了算，袁克桓提议说，既然公司是两家合营，那么中英方都得有人负责，最后袁克桓的意见被采纳，他的权力无形中增加了。

原来的启新洋灰公司，负责管理企业的全是周学熙的旧属亲信，清一色安徽人的天下，袁氏家族的河南系难以与之抗衡。袁克桓进入公司不久，即着手改变这种状况。他说通了八弟袁克轸（也是周学熙的妹夫），一起联手来扳倒这棵大树。在1924年新春召开的一次董事会上，袁克轸站出来率先发难，当面指责周学熙用人不当，把公司搞得一团糟，脸红脖子粗地说道："对待你的姑爷如此偏袒，为何对老姑爷我就不照顾照顾？"周学熙被他梗得说不出话，河南帮其他成员跟上助阵，会场乱成了一锅粥。周学熙原来在启新是八面威风的，现在老姑爷给他难堪，他也不便多计较，从此以后对启新公司的事也不愿多过问了。

这正是袁克桓所要的结果。1927年,启新公司改选董事会,以袁克桓为首的河南系占据了主要位置。1933年,袁克桓坐上了公司总经理这把交椅,一坐就是13年,直到抗战结束,风传何应钦将派人以"资敌罪"没收启新公司,袁克桓为保全公司存在,迫于各方压力,才不得不和启新洋灰公司脱离了关系。

后来,袁克桓还创办了湖北的华新水泥厂及南京的江南水泥厂,都是新中国成立前大名鼎鼎的大型企业。除了水泥厂外,他还办过玻璃厂、纱厂。据袁克桓的儿子袁复回忆说:"他一辈子都没叫过累。我父亲每天早晨七点钟准时起床,穿戴收拾好,八点准时到,工友还在打扫卫生呢!……我父亲没有别的嗜好,他就是应酬应酬、打打麻将。舞场、赌场、马场、妓院从来不去。舞场为什么不去呢?理由很简单,有一次他办完房子买卖,吃完饭,很早就回来了,我问其他叔叔呢,他说去舞场了。我问他为什么不去,他说,'手底下的人都去玩,我往那儿一坐,人家还玩不玩'?我父亲喜欢看历史,也喜欢讲历史。一生从来没有假期、星期天。我父亲一生没有私产房,地无一亩。全部精力都投入到搞实业中去了。"这一席话,将袁克桓勤奋、自律、好学的形象勾勒得准确而又生动。

后人曾经这样评点袁世凯的几个儿子:长子袁克定最有权;次子袁克文最有才;六子袁克桓最有钱。袁克桓的钱从何而来?答案是显而易见的:他的钱就是遵从母训,靠兴办实业积累起来的。一直到"文革"前,袁克桓都是中国北方屈指可数的大工商实业家之一。

2011年底,我在天津采访袁克桓的孙子袁弘宇,在他的记忆中,祖父袁克桓有两个特点:一是勤奋,二是慈爱。

袁弘宇说,爷爷那时候特别忙,很少有空回家,爷爷带着几个佣人,在南京一带的水泥厂里深入车间,也到矿山和乡野去探访,经常在毒太阳下跋山涉水,衣服上沾着一层层的汗渍,一看就是个民族企业家的形象。如果爷爷偶尔回到了天津,家里就像过节似的热闹,包饺子、煮汤圆,大家都忙得不亦乐乎。爷爷说话和气,一口半文半白的京腔,经常穿件蓝色的中山装,待人接物十分讲规矩。爷爷每次总是坐黄包车回家,口袋里装满了糖果,每见到一个孩子就弯下腰身来给几颗。爷爷回家后,等收拾停当了就端坐在厅堂里大声说:把孩子们引上来看看。不一会儿,一班大大小小的孙子辈的孩子们就被佣人们带出来,围着爷爷说说笑笑,爷爷的脸上始终挂着和蔼的笑容。

20世纪50年代初,袁克桓曾作为天津市副市长的候选人进入协商程序,但是最后还是被他自己给推掉了。袁克桓说,我是个办实业的,做不来官。让我做实业,比当副市长更合适,更能为新中国建设出力。

袁克桓死于1956年。据袁弘宇讲述,爷爷去世的时间正好是八月十五中秋节。那一天的月亮又圆又大,当时袁弘宇还在幼儿园里,佣人来接他时,小声告诉他,你爷爷病了,病得很重。少不更事的他吵闹着要吃月饼,家里人止住他,不让他再吵闹。那天晚上六点多钟,袁克桓离开了人世,周围弥漫着一片静寂肃穆的气氛。

读书明理,百业皆本

袁克桓与陈征结婚后,生有五女二男七个孩子。

袁克桓的后代说,当年袁家派了火车专列到长沙迎娶陈征。陈征属于思想比较开放的知识女性,年轻时曾多次乘飞机来往于北京、天津和上海之间。

袁克桓的长子叫袁家宸,幼年时受过良好的教育,国文基础很好。1947年,袁家宸考取了官费留学美国,在纽约大学研究院主修经济学。新中国成立后,他随同一批海外学者回到国内。本来是想要报效祖国,可是当时的情况是,一个接一个的政治运动接连不断,没有单位敢接收他。几经周转,还是由在天津工商附中当数学老师的三妹夫陈伯勇介绍他去了该校当代课老师。

袁家宸怀抱着满腔热情,并没有觉得当代课老师有什么不好,相反他还喜欢上了这份职业。这之后,袁家宸终身从事中学教学工作,没有再变动自己的职业。改革开放后,包括南开大学在内的一些院校想聘请他去任教,袁家宸都礼貌地回绝了。这个有着燕京大学学历、又经过了美国纽约大学研究院专门训练的人才,一辈子竭尽全力,乐此不疲地从事中学教育,十分难能可贵。

袁家宸的妻子叫王家璯。王家璯的父亲王迺斌民国时期曾出任北洋内阁农商林总长。他们是在天津耀华中学读书时认识的。在学校里，袁家宸和王家璯是全校瞩目的金童玉女，两人都是品学兼优的好学生，而且家庭条件相当，他们后来结为夫妻是为人所预料的。

袁家宸与王家璯的婚礼当年曾在天津轰动一时，许多大人物出席了，（中华民国）国务总理靳云鹏亲自到场，为他们宣读了证婚词。两人结婚后，妻子王家璯没有参加工作，一直在家做少奶奶。他们的家庭条件十分优越，与父母袁克桓、陈征住在一幢小洋楼里，用今天的话说是标准的富二代。

袁家宸与王家璯结婚后生下的大儿子就是袁弘宇。

据袁弘宇说，那个年代有个规矩，名门望族娶的媳妇不能出外找工作，要不然是很丢面子的。王家璯为这个规矩感到压抑，她年纪轻轻，却天天待在家里，像是关在笼子里的金丝鸟，苦闷到了极点。后来王家璯还是背着家里人出去找了份工作——在天津第十二中学当语文老师。这件事被袁克桓知道了，他让人把王家璯叫来，旧式家庭的封建等级制是很厉害的，王家璯胆战心惊，不敢抬头看对面的公公。

袁克桓开口了，声音不高却透着威严："家璯，你是没有钱花了吗？没钱花，我给你加钱。"

王家璯摇摇头，见情景实在难堪，还是开口把自己的心思说了："如今社会上需要老师，再说我反正也在家闲着。"她的声音越说越低，恐怕只有她自己能够听见。

没想到袁克桓的态度并没有她想象中的那么严厉。过了一会儿，袁克桓叹了口气说道："既然这样，你可以去当老师。但是先约法三章，不许太晚回家，不许在外喝酒。"这样的约法三章，实际上是大大开恩了。王家璯自然满口答应。

过了几天，香港的报纸上刊登了文章，大幅标题是：袁家的媳妇当上了人民教师！

袁家宸后来改名为袁复，对袁氏家族历史有比较深入的研究。

见识了那么多的人，经历了那么多的事，袁家宸依然保持着一颗纯真的赤子之心。"文革"后政府落实政策,把从袁家抄走的文物、图书退还给他。其中有阿拉伯国家赠送给袁世凯的宝刀和佩剑、有镶纯金线的制服一套、洹上村画稿一册、文函稿一册、养寿园奏议23册,等等,袁家宸无偿将这些东西捐献给了有关部门,这样的举动对于袁家宸来说已不是第一次了。早在1953年,袁家宸就与父亲袁克桓商议,决定将市区内的九亩私家宅地无偿地献给国家。那片土地,就是后来的天津市第十二中学的校址所在地。1958年,他又决定将北京香山上袁家先辈栽种的200棵马尾松献给国家。当时的北京市政府要给他一笔补偿,袁家宸坚持分文不收。

2002年11月11日,袁家宸病故,终年83岁。

袁克桓有个女婿叫柏均和,终生从事基础教育事业,是第九、第十届全国政协委员,民盟天津市委副主委。柏均和是满族出身,正蓝旗瓜尔佳氏。他的曾祖辈与李鸿章一起做过官。20世纪60年代初,柏均和进入袁克桓家族,他感觉日常生活中有两点很突出:一是这个家庭的成员交谈中爱引经据典,包括老祖宗的古训和诗词歌赋;二是中文和英文混杂使用,袁家人的英文都很好,对东西方文化均有了解。

2009年,我在天津见到柏均和先生时,他精神矍铄,对着摄像机镜头侃侃而谈,所谈及的袁克桓后代的家事让人耳目一新。后来,柏均和又专门撰写文章,讲述袁家三代旧事,发表在国内的一些刊物上。

据柏均和先生说,袁克桓的大女儿叫袁家英,是袁克桓最宠爱的一个女儿,她身上的贵族气息很重,雍容华贵。她嫁给了李国元。李家过去也是天津金融界的一个著名家族,李国元的父亲叫李肃然,在天津提起来无人不知。新中国成立后,李肃然把国内一些地方的房产捐给了政府。李国元年轻的时候就出国去创业了。1950年,袁家英也随之出国。先到香港,又到印尼,在印尼事业做得不错,李国元、袁家英夫妇已经在那里定居,李国元在一所大学里当校长。有段时间印尼排华反华,夫妻俩差一点丧命,慌乱中仓促逃出印尼,乘船去了美国。后来李国元对宗教发生了浓厚的兴趣,他上过神学院,专门研究过希伯来文,是美国著名的华人牧师。20世纪70年代的世界宗教名人录中,有他的业绩记载。李国元多才多艺,歌唱得好,舞也跳得好,钢琴、手风琴也是他的拿手好戏。遗憾的是天妒英才,58岁时就离开了人间。

袁克桓的二女儿叫袁家仙,一生没有结婚。年轻时袁家仙曾有一个自己喜欢的人,后来不幸故去了,这件事对她的打击很大,从此矢志不嫁。袁家仙喜欢穿男装,看上去别有一番风味。她学的是金融财会,曾经在天津航道局做过财会工作,是天津市的先进模范。虽然家庭条件好,家里有佣人,但是袁家仙却特别能吃苦。1964年,单位上派她到农村参加"四清"工作队,她经常和乡亲们一起参加劳动,对鼻涕满脸的乡下孩子,她也经常主动去亲他们。当时她的想法就是要和贫下中农打成一片,真心想改造自己。1980年,袁家仙去了美国,并已加入了美国籍。

袁克桓的三女儿叫袁家葉,以前是天津第三十四中学的数学教师。袁家葉性格真率开朗,遇事敢直言。她的丈夫陈伯勇,也是一名数学教师,工作单位是天津工商附中。因为他的三角学讲得好,人称"陈三角"。陈伯勇的父辈原来是天津民国年间一家金融机构的总办。他们生有三个儿子,学业都不错。改革开放后,袁家葉决定出国,把三个孩子都带走了。如今他们一家都是美国国籍。

袁克桓的四女儿叫袁家菽,当过全国政协第六、第七、第八届委员。袁家菽和妹妹袁家芯年轻时读书的学校是法国学校,学费十分昂贵,全部是外国老师来授课,课外活动时间也讲英语。所以她们的英语基础特别好,能用英文背诵《圣经》。袁家菽在天津大学主修的是建筑专业,学制五年。1957年毕业后,分配到北京管庄玻璃纤维研究院。袁家菽的丈夫诸葛瑞也是学建筑的,也分配到了这个单位。1965年,研究院分出一部分人员迁到南京,袁家菽和诸葛瑞一起南下,到南京玻璃纤维研究院工作。1981年,袁家菽希望能回到天津,跟妹妹袁家芯近一些。由柏均和牵头帮忙办调动事宜。先是把事情报到天津市委统战部,再报到中央统战部。与此同时,从美国回来探亲的袁家骝、吴健雄给主管科技工作的国务院副总理谷牧写信说到此事情。当时中央统战部副部长童小鹏,曾当过周恩来的秘书。谷牧和童小鹏碰了个头,都同意批准袁家菽调动工作的请求。1981年底,袁家菽全家从南京迁到天津,袁家菽被安排在天津市建筑设计院,当副主任设计师;诸葛瑞被安排在天津市规划设计院,后来担任总工程师。他们的三个孩子也都调回了天津,学业与工作都得到了妥善安排。袁家菽在天津工作期间,设计了天津的食品街、旅馆街、服装街等天津有名的建筑。1987年,袁家菽退休后赴美国定居。

柏均和的妻子袁家芯是袁克桓最小的女儿,柏均和说,她是姐妹中最朴素的一个,身上没有贵族气。袁家芯读大学时,学校位于天津马场道,就是现在的天津外国语学院。同学们看到袁家芯平时穿戴朴素,觉得她的家境不好,生活肯定困难,问她是不是要申请助学金。袁家芯微微一笑,摇了摇头。后来同学们才知道她家有漂亮的小洋楼,家里佣人就有十多个,不仅不穷,还不是一般的富。袁家芯为人低调,平时不摆阔,做事不张扬,她对名利看得很淡。袁家芯是天津第一中学的数学教师,教学上很出色,是学校里的名师。业余时间袁家芯喜欢听京剧、越剧和曲艺,特别是京韵大鼓,百听不厌。年轻时她也有一些戏曲界的朋友。平时喜欢赋诗填词,整理一些名人资料,包括报纸上有关袁家的各种报道。柏均和与袁家芯结婚后,两个人约定不要孩子。理由在今天听起来有点好笑:他们担心孩子生下来后会因为出身不好受到歧视。到了1973年,国家形势有所好转,他们还是生下了一个儿子,取名柏翊。这一年袁家芯已经快40岁了。

说说袁家财产

袁世凯的一生,从他手中过的银子不计其数。他出手大方,向来把钱财看得轻,一生从不为钱财所累,更不是葛朗台式的守财奴。

据曾经帮袁家管理财产的王锡彤说,袁世凯病重时召见他,案头置一单,所有存款、股票共约二百万元,"余之家产尽在于斯"。袁世凯能捞钱,但他所捞的钱几乎全部用在了政治投资上,对一家之私很少谋划。另外,袁世凯从小养成大手大脚的习惯,这个习惯伴随了他一生。

关于袁氏家产,他的女儿袁静雪在《我的父亲袁世凯》一文中说得更具体:"我们家里的人在我父亲安葬以后不久就分家了。大哥克定,因系嫡出长子,独分四十万,其余庶出的儿子,每人各分二十万元。他们所分的钱数,除了现金以外,还有折合为银元的股票(包括开滦煤矿、启新洋灰公司、自来水公司等股票)在内。我约略记得,他们弟兄每人还分得有十条金子,这是否也包括有上述的钱数在内,因事隔多年,已记不甚清了。女儿们每人只给嫁妆费八千元。我娘和各个姨太太都不另分钱,各随他们的儿子一起过活。当分家的时候,我父亲生前的贵重衣物,大部分都没有了……在分家的时候,按着房头,每房分了一只皮箱,箱内只盛了半箱的衣服,那还都是我父亲生前穿过的。每只箱子里都放有一件皮衣,有的是皮袍,有的是皮斗篷。我母亲分的那一件,却是极其陈旧的了。"

袁氏生前所置的房产,大部分均由袁世凯所认的本家袁乃宽负责管理,计有:北京锡拉胡同两所,炒豆胡同一所,宝钞胡同一所,海滨挂甲屯一所;天津胜利路大营门"袁氏老宅"六栋大楼,河北区地纬路一所,原英租界十号路一所,成都道两宜里一所;河南安阳九府胡同一所及洹上村养寿园宅邸。除去房产,袁世凯还在河南老家彰德、汲县、辉县等地购置了一些田地,大约有四万亩。

民国时期,袁克定曾在天津主持过袁氏家族的第二次分家,此次所分是北京、天津两地卖掉的五所房产,以及彰德、辉县的各一处房产。此时袁克藩(十六子)已夭折,剩下的十六个克字辈的兄弟平分,各得伪联币二十四万八千四百元。当时伪联币一角钱可买两个烧饼。袁世凯的房地遗产一直由袁家老大克定掌握,据说他曾与袁乃宽合谋,将天津海河东岸平安街的一处楼房变卖私分,十子袁克坚闻讯后,找袁克定当面质问,闹得很不愉快。另外传闻袁世凯在一家法国银行存有法郎二百万元,后来不知去向。

袁世凯的丧事,原由民国政府拨款十万元承办,但是在北京就用了将近九万元,其后的移灵、购置坟地、墓园建筑、典置祭田及安葬费用等,据估算需要五十万元左右。袁世凯的好友旧属徐世昌、段祺瑞、王士珍等八人联名发出公启,请求当朝要人名流解囊相助,共收到捐赠二十五万,这才完成了袁世凯的丧事和葬礼。由此也不难看出袁氏家族晚期经济状况之一斑。

与袁家财产有密切关系的一个人是袁乃宽。

许多文学作品及江湖传说中,都把袁乃宽说成是河南项城人,是袁世凯的亲侄子。其中有这么一个传说:袁世凯在天津小站练兵期间,有一天到操场上去巡视,看见排列整齐的队伍前排有一个士兵站得笔直。袁世凯上前一问,那个士兵目不斜视,回答说是河南项城人,姓袁。能在天津认识这么个老乡,袁世凯十分高兴,于是将那个士兵召至身边,后来成了袁府的大管家。

——实际上这些都是误传。

据相关史料载:袁乃宽(1867—1946),字绍明,河南正阳县人,家住正阳城关镇椿树巷。他的父亲袁有智是一名小武官(千总),在与捻军的作战中死于陈州,当时袁乃宽才9岁,随母亲张氏扶柩回到家乡,家道衰落。

袁乃宽从小也和所有的士子一样,想走科举考试成才之路。他考取了庠生(秀才),然而在后来的会试中一再失利,灰头土脸的他对科举之路再无信心。1893年,袁乃宽打听到一个机会,在朝鲜任官的袁世凯需要招募兵员,于是袁乃宽前往应试,一考即中。这一年袁乃宽26岁,袁世凯34岁。袁乃宽为人精明,八面玲珑,虽然他只比袁世凯小8岁,却自称是表侄。袁世凯对这个姓袁的侄子很是喜欢,让他管理档案,签收文件。两年后,袁世凯从朝鲜回国,到天津小站练兵,袁乃宽始终跟随在袁世凯身边,被袁世凯提拔为新建军粮饷局提调帮办、财政总汇处军政股长、武卫军营务处会办等职。

辛亥革命后,袁世凯就职中华民国大总统,任命袁乃宽为拱卫军军需总长,补授镶红旗蒙古副都统。次年,授陆军中将衔,任拱卫军粮饷局督办。

从这个人的履历中可以看出,他的一切都是袁世凯所给予的。因此,袁乃宽对主人袁世凯的态度也是毕恭毕敬,死心塌地。洪宪帝制期间,袁乃宽任庶务主任,负责一切后勤杂务,登基所需资金也由他四处为之张罗。价值80万元的龙袍、12万元的玉玺、五枚共60万元的金印及御座、御冠、祭天仪式等,全都由袁乃宽负责操办。

袁乃宽跟随袁世凯多年,既是袁世凯的军需官,又是管家,还是许多钱财事务的具体经办人。袁乃宽十分善于利用手中的权术,在这一二十年的时间里,他置田买房,仅在河南正阳县就买地300多顷,比项城袁寨、袁张营、袁阁村这三个村庄中袁氏家族的田地总和还要多。

发迹后他在正阳县仿照宫殿样式兴建袁宅,有假山、泳池、马场、花园等,富丽堂皇,应有尽有。在河南西平、确山、信阳、鸡公山等地,袁乃宽有房产700余间。

史料中对袁乃宽修建的"南袁寨"是这么描述的:

袁乃宽修建南袁寨时,当地十八个围窑出的砖还不够奠扎院墙的根基。袁家大院模仿北京故宫的建筑结构,东南西北四个寨门,寨门的门闩是用巨大的原木松树制成的。寨门四角各有一高大的角楼。袁家大院内部建筑采用层层环扣,一共四层。如果没有熟悉的人带路,进去后会迷失方向,根本找不到出口。最外墙高10多米,护寨河宽阔。大院里的雕刻精美秀丽,参天的百年银杏树巍巍壮观,成行的松柏郁郁葱葱。大院的南北东三个门建成后,四角搭起高高的戏台,连续唱了半个多月。大戏开唱的前三天,免费供应所有人的茶饭。

袁乃宽如此富有,他的钱财从何而来?这是一个谜。

据袁静雪在《我的父亲袁世凯》一文中介绍,袁世凯的各房姨太太,每月的月费是80—100元。袁乃宽的月收入,不会比袁世凯的姨太太更高,也就是说他的年收入即便一分钱不花,一年也不会超过一千元。而袁乃宽后来的财产数量却大得惊人,不能不说他的敛财手腕极其高明。

河南驻马店市的文史资料中说,与周边其他地方相比,驻马店市是最早发电的城市,其历史能追溯到1913年。当时正阳人袁乃宽,购置五千瓦发电机和蒸汽机各一台,在袁家大院里夜间发电,方圆数十里的乡民百姓前来观看,人们奔走相告。

而在《冯玉祥自传》中,提到袁乃宽的财产时是这样写的:"信阳有几间大宅,封建气味尤为浓厚。其中最大的是袁乃宽的宅子,叫袁家大院,堂皇富丽,巍立于小小的街道上,极惹人目。那院落非常敞大,层层楼房恍若宫殿。花园里的牡丹花之类,到冬天用火烘暖,在朔风大雪的时候,还能凌寒开放。可是房主人长年躲在租界里,并不来住。"

袁乃宽的钱财到底有多少？这恐怕没有人能说得清楚。在天津,袁乃宽的房产至少有三处,其中海河东路39号的一处最为瞩目。那幢楼房建于1908年,占地三千多平方米,由英国和德国设计师负责设计,楼房风格是欧洲古典式,面向海河的一侧为山墙,装饰着哥特式的雕饰。主楼共有大小房间20余间,这处故居已被列入天津市文物保护单位。

另外,袁乃宽在北京至少有两处大宅,均系前清王府。一处在西城石驸马大街,另一处在西城太平湖附近,有山水亭台。每年袁乃宽做寿时,就会请来京剧名角演出,梅兰芳、杨小楼、马连良、余叔岩、谭富英、龚云甫、李多奎、姜妙香等人都曾来演过堂会。

袁乃宽暴富之后,也曾在北京和他的家乡河南正阳县办过教育。据地方文史记载,袁乃宽在北京办的学校名叫"河南中学",他自任董事长,每逢新学期开学,他都要到学校操场上对学生们训话,态度温和,平易近人,鼓励学生好好学习,立志救国;袁乃宽在正阳县城办的学校是"绍明小学",学生毕业后,择优保送到北京的"河南中学"继续深造,每名学生每学期发给一百元大洋补贴,由袁乃宽个人出资,为家乡培养了一批人才。

第十一章 随风飘荡的种子

◎

含泪忍辱出国门

袁世凯去世后,大家庭分家,袁氏家族不可避免地走上了没落之路。在"克"字辈那代人中,能够为袁家把舵的只有袁克定,然而由于他太子梦失败,威信和地位跌落千丈,他的号召力远不如前。次子袁克文是个名士,对袁府大厦之将倾,既无心也无力支撑。其余十几子,也没有一个能挑起袁府大梁的。一片茂密的树林被砍倒了,原先栖息林中的鸟儿四处纷飞,去寻找新的安身之地。

袁家到了"家"字辈这一代,大多数人都开始了为生计操劳的生活,辉煌的建功立业,对于他们来说成了一个遥不可及的梦想。新中国成立以后,由于众所周知的原因,袁氏家族更是成了众矢之的,人生目标一再降低,能做个正常公民都难,遑论其他?有的甚至连维持基本生计也变得困难。这时"家"字辈后代共有48人(孙子23人,孙女25人),大体上分作两支,一支留在国内,沦落到社会最底层,忍受着生活的艰辛、屈辱和磨难;另一支流落到了海外,默默耕耘播种,内心深处藏着一个愿望,期待袁氏家族的再一次收获。

在海外发展的袁家后代中，以袁克文的三子袁家骝的成就最为显著。

袁家骝（1912—2003），这位后来成为著名高能物理学家的美籍华人，是名士袁克文之子。他的生母花元春是妓馆校书，也就是妓馆中的才女，她比袁克文长6岁，英雄不问出处，美女不问年龄，薄施粉黛，依然楚楚动人。花元春怀上袁家骝后，袁克文才感到应该负责任，提出纳花元春为妾，夫人刘梅真坚决不让他纳进门。花元春得知消息，生下袁家骝后重病一场，不久便衔怨离开了人世。

大概是因为这个原因，夫人刘梅真感到有愧于花元春，待袁家骝如同己出，从幼时即进行良好的启蒙教育。袁家骝天生聪慧，又领略了世间炎凉，从小就懂得自律。在袁克文辑录的诗文集《豕尾集》中，就有三子袁家骝的习作，那时他才十四五岁，可见其出众才华。

年龄稍长，袁家骝进入天津南开中学读书，后转入由英国伦敦教会开办的新学书院。对于袁家骝来说，进入新学书院就读是他人生中的一个重要选择，这个选择对他后来的道路有着决定性的影响。该校校长是剑桥大学科学博士哈特，在课程上新开设了物理课，引发了袁家骝对物理学的浓厚兴趣。

袁家骝的舅舅刘懋颐毕业于天津北洋大学，在新学书院教书，每年寒暑假，刘懋颐都要给袁家骝补习三角、几何、微积分等课程。因此，袁家骝一直是班上的优等生，1928年考入天津工商大学工学院，1930年转入燕京大学物理系三年级插班就读，1932年毕业获学士学位，1934年又获该校硕士学位。

在袁家骝身上，依然残留着他父亲袁克文的影子，只不过兴趣爱好的方向不同。比如说，袁克文爱追赶时髦，对一切新奇的东西兴趣盎然，袁家骝也是如此，在燕京大学读书期间，他狂热地迷上了无线电，空中电波的神秘感驱使他孜孜不倦，在知识的迷宫中求索。不过，袁家骝的定性比他父亲强多了，他的身上多了几分学者的沉稳之气。

当时在燕京大学迷上无线电的还有一些伙伴，其中有个大名鼎鼎的"无线电友"名叫司徒雷登，是燕京大学的校长。其父是美国到中国的第一批传教士，司徒雷登从小在中国的社会环境中长大，是个标准的"中国通"。新中国成立前夕，他当过美国驻中国大使，被毛泽东的一篇文章《别了，司徒雷登》点名，成为家喻户晓的人物，如今 50 岁以上的人提到这个名字，没有一个不知道的。

司徒雷登是个幽默有趣的老顽童，对一切新奇的东西兴趣浓厚，他经常将袁家骝等人叫到家中研究无线电，家庭布置得像个无线电沙龙。他对袁家骝的才华也十分欣赏，二人结成了忘年交。袁家骝从燕京大学毕业后，到唐山开滦煤矿干了一年，有一天忽然接到一份奇怪的电报，是司徒雷登发来的，嘱他迅速进京，有要事相商。袁家骝收拾行装来到燕京大学，司徒雷登告诉他，美国加州大学伯克利分校有一个奖学金，问他有无兴趣。

袁氏家族已经衰落，能去美国留学，无疑是很好的选择。袁家骝回天津和父亲商量，父亲袁克文天天泡在花丛中，点了点头，含混不清地说了几个字，袁家骝也没听清，倒是养母刘梅真为他着想，帮他筹措了 40 美金的旅费，送他到塘沽海港登船启程。

那一年袁家骝 24 岁，他人生中第一次漂洋过海，站在船舷上，望着一望无边的湛蓝色大海，心中翻腾起百般滋味。他买的是一张三等舱的船票，在船舱里颠簸了 16 天，船终于到了旧金山。

袁家骝在美国读的第一所大学是加州大学伯克利分校，这里聚集着一大批年轻有为的物理学家，有发明并建造了"回旋加速器"的劳伦斯和被称作"原子弹之父"的奥本海默等明星级人物，袁家骝幸运地生活在一个良好的学术环境中，靠奖学金读完了第一学期的课程。

1937 年，日本发动侵华战争，美国开始对亚洲人采取歧视政策，取消了中国留美学生的奖学金。为了继续学业，袁家骝试着给加州理工学院寄了一份入学申请。很快，院长密立肯教授亲笔回信，欢迎他到该校学习，并答应给他一笔奖学金。密立肯教授是享誉世界的大学者，曾因测出电子的带电荷量而获得过诺贝尔奖，他的回信给了袁家骝极大鼓舞，进入加州理工学院后，他更加勤奋学习，以优异成绩获得了博士学位。

在这期间，袁家骝还有一个最大的收获：认识了才貌超群的吴健雄，并最终结成伉俪，共同走过了富有传奇色彩的一生。

1933年，袁家骝（右一）在燕京大学读书时与同学们的合影

两颗行星的相遇

吴健雄是胡适先生最得意的女弟子之一。

1912年，吴健雄出生在江南太仓的一个书香门第，父亲吴仲裔毕业于南洋公学（上海交通大学的前身），该校由清末洋务派首领盛宣怀发起，目的是培养新型人才，适应洋务实业的需要。吴仲裔是个很有意思的人，身在学堂，心忧天下，在学校组织的游行集会等活动中，经常是他走在队伍最前头。这种热血的风格，一直在他身上存留，大学毕业回乡，他还曾主动带领商团武装攻打土匪并将之消灭。给儿女们取名字也不例外，"健"字辈按"英雄豪杰"排序，分别是健英、健雄、健豪、健杰，四个子女中只有健雄是女儿。

吴健雄对她父亲极为崇拜，在一次回答记者采访时她说："父亲是一生中给我影响最大的人。"走遍世界许多地方，接触过不少杰出人物，直到临近晚年了，吴健雄仍然认为，像她父亲那么优秀的男人并不多。恋父情结跟随了她一辈子，这也说明父亲确实是女儿心目中的一个偶像级人物。据苏州地方史料记载，吴仲裔老先生兴趣广泛，无线电、手风琴、狩猎、唱歌、吟诵古典诗词等,均有相当造诣,比如玩矿石收音机,他不仅给自己家中安装了一台,还安装了好几台送给乡邻,使乡亲们除了茶馆生活外,又多了一个了解外部世界的渠道。夏天的时候,吴老先生还经常到上海租电影拷贝盘带回家乡放映。从这些记叙来看,吴老先生真是多才多艺的复合型优秀人才,思想开明,生活有趣,十分难得。

1923年,11岁的吴健雄进入苏州第二女子师范读书,这所学校在江南很有名气,除了聘有许多优秀的老师教授新式课程外,还经常邀请著名学者进行学术讲座。给吴健雄留下深刻印象的是胡适的一次演讲,题目是《摩登的妇女》。吴健雄以前在报纸杂志上看过胡适的文章,这次演讲校方又安排她做记录,因此她听得格外认真。胡适在演讲中举例说,假若中国一个穷得不得了的老太太,拾荒为生,无意间在垃圾堆里捡到一包钱,她是无论如何不会送人的。所以说道德标准与生活水准有关。胡适这种深入浅出、浅入深出的演讲,给了吴健雄很大的启发。

1929年,吴健雄进入中国公学继续深造。这是我国第一所私立大学,是几个留日学生愤恨日本人歧视、集体退学回国创办的。聘请胡适先生担任校长,胡亲自讲授一门文化史的课程。胡适是有名的洋才子,知识广博,风度翩翩,是青年学生们追捧的偶像,每当他讲课时,学校都要开一间最大的教室,即便这样也是挤得满满的,连教室外的走廊上都站满了人。吴健雄心目中的崇拜对象,除了他父亲外,又多了胡适先生。

有一次考试,三个小时的考试时间,吴健雄只用了不到两小时便头一个交卷。胡适拿起试卷一看,万没想到这个女学生思维如此清晰,对他所授的课理解得如此透彻。在教务处办公室里聊天,胡适谈到了这件事:"我班上一个学生,对清朝三百年思想史剖析得么深邃,真不简单,我给了她一百分。"恰逢大历史学家杨鸿烈、著名社会学家马君武在座,也说自己班上有个学生,每次考试都是一百分,三位大学者将名字拿出来一对,居然是同一个人:吴健雄。

吴健雄在中国公学及后来的中央大学读书期间,结识了几个手帕姐妹:张兆和,出生于安徽合肥的望族之家,后来嫁给了作家沈从文;孙多慈,祖籍安徽寿县,中国早期著名的女油画家之一,她与徐悲鸿的一场师生恋闹得沸沸扬扬,后来嫁给了浙江省教育厅长许绍棣;朱汝华,江苏太仓人,后到美国留学,被推举为美国化学家协会主席,也是第一位获此荣耀的女科学家,其侄子朱棣文是1997年诺贝尔化学奖获得者;董若芬,和吴健雄同乡,后来成为美国化学家协会副主席;还有一个是曹诚英,安徽绩溪人,比胡适小10岁,是胡适二嫂同父异母的妹妹,才情出众,她与胡适之间曾发生过一段感情,双方当时都已有了家庭,相互约定离婚。曹诚英离婚后,胡适却因太太江冬秀哭吵打闹没能离成。多了这么一种关系,吴健雄与胡适接触的机会更多了,对这位明星老师的理解,也比常人更深了一层。

1962年2月,受胡适邀请,吴健雄和丈夫袁家骝赴台湾参加"中央研究院"院士会议,她没有想到,这竟是与明星老师的永诀。那天胡适兴致很高,在招待酒会上饶有兴趣地说:"我常常对人讲,我是一个对物理学一窍不通的人,但我却有两个学生是大物理学家:一个是北京大学物理系主任饶毓秦,一个是曾与李政道、杨振宁合作验证'对等律之不可靠性'的吴健雄女士。"当时在座的还有一位著名物理学家吴大猷,吴是饶毓秦的学生,又是李政宁、杨振宁的老师,论资排辈的话,胡适还是祖师爷呢。众人说笑起来,感叹世事变幻,岁月沧桑。

谁也没有料到的是,胡适是在大病初愈后不久参加这次酒会的,由于酒会上过度兴奋,多讲了几句话,导致心肌梗死,遽尔病逝。吴健雄眼眶红润,百感交集,泪水顺着脸颊无声地流了下来。

1936年8月,吴健雄和同学董若芬一起,搭乘"胡佛总统号"海轮去美国留学,亲戚朋友来为她送行,那天母亲哭得特别伤心,仿佛是一场生离死别,她也站在船上不停地抹眼泪,直到海天一色,岸上的亲人渐渐消失得无踪无影。而事实上,这一去37年,吴健雄再也没能回到故乡,再也没能见到她的父母双亲。

到了美国,吴健雄始终保持着她特有的中国式品位,尤其是在衣着穿戴上,总是身穿一袭暗红色镶花边的高领旗袍,气质高贵典雅,令人注目。女油画家孙多慈在一篇文章中,对她的同学吴健雄这么描述:"远在民国二十年,即1931年,我们同在中央大学读书,那时的健雄是一个娇小玲珑、活泼矫健的女孩子。她是江苏太仓人,一双神采奕奕的眸子,灵巧的嘴唇,短发,平鞋,朴素大方但剪裁合身的短旗袍。在两百左右的女同学中,她是那样的突出,当然她也是一般男孩子的追求目标,不仅男孩子,女孩子竟也有为她神魂颠倒的呢!"

这样的东方古典美人,周围自然不乏追求者,袁家骝即为其中之一。听说袁家骝是袁世凯的孙子,吴健雄用好奇的眼光打量他,并没有感到有什么特别。在袁家骝身上,没有纨绔子弟的任何影子,相反看到的却是刻苦用功、生活俭朴、乐于助人等良好的品德,这使吴健雄对其留下了不错的印象。

吴健雄的追求者并不只是袁家骝一个,比如后来在美国高能物理界享有盛名、创立了美国费米国家实验室的威尔森,就是有力的一个竞争者。在舞场上,威尔森彬彬有礼地向美丽的吴健雄发出邀请,吴健雄落落大方,随同他的舞步优雅地起舞,配合默契自然。在威尔森的记忆中,年轻的吴健雄像传说中的"东方公主",既高贵典雅,又有几分神秘,伯克利物理研究所的国际学舍中,几乎每个男生都被她所吸引。

吴健雄的追求者中还有一位名叫史丹利·法兰柯,他是犹太后裔,天性聪慧,热情开朗,是个活泼好动的年轻人。史丹利虽说也是加拿大伯克利物理研究所的一位年轻的科学家,但是他的天性中充满了犹太人的浪漫气质,又不乏严谨务实的学风,是那种平时看起来并不怎么用功,但是每次考试成绩都特别优异的学生。他骨子里喜欢一切新奇的事物,热情地教吴健雄开汽车,沿着海滨公路疯狂奔驰;租橡皮艇到海上冲浪,迎着扑面而来的浪花发出快乐的尖叫声。那段时间,吴健雄几乎快被他俘虏了。

1941年,吴健雄获得了博士学位,开始在加州大学伯克利分校物理系做博士后研究。这年5月初,指导教授、著名的物理学家劳伦斯建议她到美国东岸看看,领略美国各地的风光和民情。她乘坐火车从旧金山出发,横越美国大陆,穿过洛杉矶山脉大峡谷,沿途经过芝加哥、圣路易斯,到达美国首都华盛顿,后来又到了纽约、波士顿等地方。一路上,吴健雄参观访问各地著名的大学,结识美国物理学界杰出人物,使得她眼界大开,学养益丰。

在这次旅行中,吴健雄也对自己的感情世界进行了一次认真的梳理。她和史丹利之间的情感,曾经开放出绚丽的花朵,但是东西方文化的差异,使她决定就此止步。1941年8月,吴健雄在给她最要好的女友阿蒂娜的一封信中,透露了一个重要信息,她与袁家骝的那层关系,将由秘密逐渐转为公开:"在假期中,我希望利用整个上午来念书,只有下午和晚间才和你在一起,不知你介不介意?……袁先生十分想见我,但是我实在分身无术。如果你不介意,也许我们可以请他和我们一块儿度假,他确实是一个相当沉静不多话的人。"在信的末尾,吴健雄将袁家骝的地址给了阿蒂娜,让阿蒂娜去约袁一起来度假。

阿蒂娜对袁家骝一直印象良好,从见到他第一眼起,阿蒂娜就附在吴健雄耳边悄声说:"基基(吴健雄的英文名昵称),这就是适合你的那个人!"阿蒂娜对好友吴健雄的选择给予了十二万分的支持,接到吴健雄的信后,她立即去叫了袁家骝,极力要促成这件美事。吴健雄的其他几个女友也认为,选择袁家骝是正确的,袁家骝沉稳可靠,是能与吴健雄终身厮守的合适伴侣。

1942年5月30日,这是一个星期天,也是吴健雄30岁生日的前一天,吴健雄与袁家骝在加州理工学院所在的洛杉矶帕沙迪纳举行了结婚典礼。仪式安排在袁家骝的指导教授密立肯家中进行。密立肯是因测量出电子的带电荷而获得过诺贝尔奖的大物理学家,家中的住宅十分豪华,当时正值第二次世界大战,袁家骝、吴健雄远在中国的亲人无法参加婚礼,由密立肯当他们的主婚人,婚礼举行得既庄重又不失热烈气氛。婚礼之后,密立肯太太特别为这对新人在花园里办了一场婚礼晚宴,袁家骝、吴健雄的许多同学好友前来祝贺,当时也在加州理工学院求学、担任中国同学会会长、后来在中国发展导弹卫星计划中做出了巨大贡献的钱学森,还为这次婚礼婚宴拍摄了一部八厘米的电影。

婚后,吴健雄和袁家骝在洛杉矶南部一个叫拉姑纳海滩(Laguna Beach)的海滨休息了一周,然后袁家骝到美国东岸 RCA 公司从事国防研究工作,吴健雄也接受了东岸史密斯女子学院的聘请。在初到东岸史密斯学院的日子里,吴健雄十分思念在加州的旧友,经常写信给阿蒂娜,倾诉友谊,讲述她新婚后的状况,从那些信中可以看出,吴健雄新婚伊始的生活非常快乐,她和袁家骝的感情也十分甜蜜。1942年9月19日,吴健雄在寄给阿蒂娜的信中写道:"在三个月共同生活中,我对他了解得更为透彻。他在沉重的工作中显现的奉献和爱,赢得我的尊敬和仰慕。我们狂热地相爱着。"

这两颗相遇的行星,以各自特有的魅力吸引对方,一起闪烁出色彩斑斓的光芒。

大西洋彼岸的事业与家庭

1942年6月,美国的原子弹计划正式启动。总部开始设在纽约市曼哈顿区,因此叫作"曼哈顿工程区域计划",由"二战"传奇人物马歇尔将军主持。负责这个计划的科学主持人(实验室主任),由著名物理学家奥本海默担任。

吴健雄参与"曼哈顿工程区域计划",源于这么一次机缘:有一天,在伯克利的物理学家想听听原子核分裂的新发展,奥本海默知道吴健雄在这方面钻研很深,便请她来讲。当时对于刚刚起步的原子核分裂发展,吴健雄已经做了许多研究,并有深刻独到的认识,她先讲了一个小时关于原子核分裂的纯物理,然后提到连锁反应的可能。演讲相当精彩,赢得了在场的物理学家们的一片赞扬,也让奥本海默对这位来自东方的女性刮目相看,此后每次开会讨论核分裂及原子弹相关问题时,奥本海默总是会说"去叫吴小姐来参加,她知道所有关于中子吸收截面的知识"。

在美国和西方物理学界,已经有人将吴健雄称为"东方居里夫人"。伯克利研究所的所在地奥克兰郡有份《奥克兰论坛报》曾刊登了一篇报道,标题是《娇小中国女生在原子撞击研究上出类拔萃》,下边刊登了一张大幅照片,吴健雄明眸皓齿,秀丽的脸上透出自信坚定的神情,十分优雅迷人。

在"曼哈顿工程区域计划"中,奥本海默向美国国防部大胆推荐了这位"东方居里夫人"。吴健雄当时到美国只有五六年时间,而且不具备美国国籍,能以这样的身份,参加到原子弹试验这种具有国家头等机密的核心计划中,确实是出乎很多人意料的。

1945年7月16日,在美国新墨西哥州的一个沙漠地带,人类第一颗原子弹试爆成功。它惊人的威力和巨大的蘑菇云,象征了一个新时代的降临。1945年8月,美国将两颗原子弹投到日本广岛、长崎,促成了第二次世界大战的结束。

原子弹给世界带来的灾难和罪恶是有目共睹的,它所展现的悲惨景象和毁灭性后果不仅使世人惊骇,也使许多参与实验的科学家有屠杀生灵的内疚和罪孽感。但是美国在进行原子弹计划之时,德国也在进行类似计划,这些科学家认为,万一纳粹德国先获得成功,对人类恐怕是一场更大的浩劫。

在面对邪恶时,应该采取一种什么样的态度?这是一道颇难解的哲学命题。吴健雄有一颗善良的心,提到参与原子弹制造一事,她心中就会泛起一阵伤痛,谈起原子弹巨大无比的摧毁性,她会锁紧眉头,轻轻地闭上眼睛,用一种近乎恳求的口吻说:"你认为人类真的会这样愚昧地自我毁灭吗?不,不会的,我对人类有信心,我相信有一天我们都会和平地共处。"

简单说说袁家骝。1942年,"二战"进入对峙阶段,美国作为同盟国参战。有着深厚物理学素养和丰富无线电实践经验的袁家骝,受命到美国RCA公司从事国防军事设施连波雷达的研制工作。这种雷达的研制成功,使飞机的飞行高度及飞机间的距离可以自动控制,战后被应用于民间,大大增强了民航飞机与轮船的安全系数。

第二次世界大战结束后,袁家骝先后在美国国家科学实验室和普林斯顿大学长期从事基础物理研究,他与合作者们共同取得了很多重要成果,在中子的来源、高能质子加速器、共振物理学等领域,都有新发现和新成就。1959年以来,他曾获得全美华人协会杰出成就奖、驻美工程师协会科学成就奖等,曾受邀担任欧洲、法国、苏联等许多国家和地区的核物理、高能物理研究机构与大学的访问教授,先后被中国南京大学、东南大学、中国科技大学等十余所高等院校聘为名誉教授。

袁家骝、吴健雄的中国梦一天也没有中断过。许多次想回来报效祖国,可是"二战"刚结束,又是三年内战,吴健雄的父亲看到局势混乱,写信要他们暂缓动身,正逢吴健雄怀孕,1947年生下儿子,回国的事就搁了下来。新中国成立后,袁、吴二人的家庭背景成了他们回国的极大障碍,尤其是袁家骝,谁不知道他是"窃国大盗"袁世凯的孙子!不久朝鲜战争爆发,中美关系跌至冰点,美国国务院对赴共产党国家的科学家条件非常苛刻,袁家骝、吴健雄的回国梦再次化为泡影,祖国的优秀儿女无奈地选择留在异国他乡。1954年,他们申请加入了美国籍,斯时他们在美国已工作生活了18年。

从1950年起,袁家骝夫妇就住在哥伦比亚大学一所高级公寓里,他们家庭始终保持着浓郁的中国情调:红木家具、绣花地毯、墙壁上挂着郑板桥、张大千、徐悲鸿、吴作人、董作宾等名家的字画。这对科学家夫妇的原则是实验第一、生活第二,袁家骝曾这么说:"家庭生活对我们来说是第二位的,吃穿住都很简单。做起实验来,家里人有时几个礼拜都不见一次面。这几十年我们工作的地点经常是分开的,她忙她的,我忙我的,只有周末才回到纽约这个家。"袁家骝的生活态度和生活做派,与他父亲袁克文截然不同。

在家务活上,袁家骝不愧为模范丈夫,吴健雄整天沉迷于实验工作,许多家务事自然落到了袁家骝身上,不过如果有时间,吴健雄也会亲自下厨,她做的狮子头、炒鸡块和馄饨很有特色,色香味俱佳,是吴氏厨艺的代表作。吴健雄在一次记者采访时谈到了她的家庭生活:"我总是有大量的东西要看,同时还得写信及处理与我的研究相关的其他事情。我有一个很体谅我的丈夫,他也是一个物理学家。"值得注意的是,在介绍到她丈夫袁家骝先生时,吴健雄只用了"他也是一个物理学家"这句话,并没有提及中国历史上无比显赫的袁世凯及袁氏家族。是的,在袁氏家族"家"字辈这代人的生活中,袁世凯这个名字已经距离他们很远了,但那是心中的难言隐痛。

结婚那年吴健雄30岁,又过了5年,才生下了他们的儿子——也是他们家庭中唯一的一个孩子。

他们为儿子取名袁纬承。从小生长在美国，又是美国国籍，袁纬承对遥远的中国有种陌生感，甚至不会说中文，连吴健雄也觉得奇怪："他可以学会法语，但是却忘掉了中文，我所有朋友的孩子都有同一个问题，他们都忘掉了中文。"对于父母亲念念不忘的"根"，这些孩子们缺乏感性认识，只有当他们长大成人，理解了人世间的各种生存方式，理解了历史是人类永远挣脱不了的脐带，他们才会对父母生活的那块土地发生兴趣。

父母亲都是著名科学家，一星期才能看见一回家长的身影，袁纬承便从小养成了独立的个性。他在纽约哥伦比亚大学读书时，选择的也是物理学专业，大学毕业后继续读研究生，指导老师是曾获得1988年诺贝尔奖的李德曼教授。

1974年，袁纬承与露西·尼恩结婚。这是一位标准的美国小姐，好在袁纬承生活习惯和文化观念已经完全美国化了，他们在一起生活得很幸福。1978年生下一个女儿，名叫婕塔。有意思的是，这个美国女儿竟然承接了她曾祖父袁克文的某些基因，对写作有着浓厚的兴趣，在耶鲁大学读书时，是校园文学社的活跃分子，毕业后进入《纽约》杂志担任编辑，业余时间喜欢文学创作，有时还写写时评和社论。

为了袁家的荣誉

20世纪70年代，中国乒乓球队赴日本参加世界锦标赛后，邀请美国乒乓球队来中国参观访问，"乒乓外交"的旋风席卷世界，中美关系二十多年的冰层随之松动。1971年，美国国家安全顾问基辛格秘密访问中国。第二年，美国总统尼克松访问中国，一个对话取代对抗的新时代悄然开始了。

回到中国是袁家骝、吴健雄多年以来的梦想，然而真正要跨出那一步时，他们的心情仍然十分复杂。诺贝尔奖得主杨振宁博士是第一个打破这层坚冰的，1971年春天，他回中国在北京、上海等地停留了一个月，回到美国后，成了那些从中国来美的科学家们心中的政治明星，他们围着杨振宁问这问那，游子想回到祖国的复杂心情，难以用语言表达。第二年，杨振宁再次访问大陆，这次同行者中多了个李政道，获得诺贝尔奖的两位重量级人物访华,对那些旅居海外的华人科学家无疑是巨大的诱惑。

1973年9月,袁家骝、吴健雄夫妇终于开始了他们的第一次故乡之旅。

1973年,袁家骝、吴健雄夫妇在北京,与袁克桓的长子袁复(左)、袁克文的女儿袁家袆(右)在北京八达岭长城合影

国务院总理周恩来在北京人民大会堂接见了袁家骝、吴健雄夫妇。有个细节,可以说明周恩来极为细致的工作作风:袁家骝是河南人,吴健雄是江苏人,周恩来把接见地点安排在安徽厅,安徽是位于河南与江苏中间的省份。事后袁家骝夫妇私下议论,天天操心无数国家大事的周总理,竟然对这等细微小节也考虑周到,让人不能不打心眼儿里敬佩。

袁家骝、吴健雄夫妇长年生活在美国,对中国国情的了解,主要是通过看报纸、听广播及亲戚间的私下交流而得出的综合印象,他们说话仍是小心翼翼地。周恩来似乎懂得他们心中的隐情,对"文革"中把吴健雄父亲的坟毁掉一事,主动向她表示歉意。

但是,回到宾馆房间里,倾听亲人们半遮半掩、欲说还休的讲述,面对亲人们抑制不住掉下来的眼泪,他们隐约能猜到这个国家曾经发生了什么。亲人们讲到痛心处,甚至会抱头痛哭,那些场面让人一辈子也忘不了。庆幸的是,这个灾难深重的国家尽管当时还是步履跟跄,毕竟已经在朝前赶路了。走出宾馆，袁家骝夫妇脸上又洋溢起阳光般的笑容，这可以理解为他们对中国国情的熟悉和服从，也可以理解成他们向前看的积极姿态。这次故乡之旅，他们到了袁家骝的老家河南安阳，吴健雄的老家江苏太仓，还到了杭州、洛阳、昆明、长沙、桂林等地，一共逗留了五十三天。

这之后袁家骝、吴健雄夫妇多次回到中国参观访问，1984年9月那一次，当时任中顾委主任的邓小平接见了他们，并进行了长时间的亲切交谈。

袁家骝、吴健雄夫妇对故乡的感情十分深厚。两位老人将毕生积攒的500万美元捐赠给江苏太仓市吴健雄的母校，建起了一个实验设备齐全的现代化学校；将他们珍藏的一些古玩、字画、奖品捐给了东南大学吴健雄纪念馆；还拿出200万美元成立了"袁家骝基金会"，用来聘请世界著名的科学家来中国讲学，促进中西学者互访交流。

1997年2月16日，著名的实验物理学家、中国科学院外籍院士、美国哥伦比亚大学美籍华裔教授吴健雄女士因中风去世，享年85岁。妻子的去世，对高龄的袁家骝打击非常大，追悼会上，他轻抚着妻子的骨灰盒，想起那些相濡以沫、共同走过的岁月，泪流满面。国内外许多著名的政治家、科学家都发来了唁电，当时的美国总统克林顿也送了花篮。

人生最后几年的路程，袁家骝老人是单独一个人走过的。他的身上，其实还依稀残存着父亲袁克文的影子，比如他晚年用的名片，上面"袁家骝"三个字就是用的袁克文的字迹。他常常爱使用一把黑丝绸面折扇，扇面画的是几节竹子，题字为"高风亮节"。有时候，老人还爱听听京剧，跟着悠缓的曲调摇头晃脑，偶尔还哼唱几句。血浓于水，家族的痕迹是任凭什么也抹不掉的。

在他生命最后的日子里，老人最思念的是爱妻吴健雄。由于记忆力衰退，袁家骝似乎经常忘记妻子已经病故，言谈中不时会提到吴健雄："健雄在哪？我能不能去看看她？"有一天，医院的护士问他饿不饿，袁家骝脱口而出："我不饿，健雄饿了。"护理人员将袁、吴夫妇早年的一段纪录片放映给他看，当看到自己和妻子的画面时，袁家骝老人眼中立刻有了异样的神采，对着电视喃喃地自言自语："健雄，你好吗……"看到这个情景，在场工作人员无不为之动情。

2003年2月11日,袁家骝老人走到了他人生的尽头,陪伴在他身边度过最后时光的有匆匆从美国赶来的儿子袁纬承、儿媳露西·尼恩和孙女儿婕塔(中文名袁先洁)。他们伫立在北京协和医院的病榻前,看着老人安详的面容,哽咽着说不出一句话。按照袁家骝老人的遗愿,将他的骨灰盒运送到江苏太仓,和妻子吴健雄安葬在一起,永远不分离。

第十二章
融入大江大海的水珠

◎

家族记忆已成图腾

袁世凯的后人,从"克"字辈以后日渐走下坡路。扣在袁世凯头上的那口大黑锅,不仅压得袁世凯翻不了身,也压得袁氏家族后代喘不过气来。无论担当何种社会角色,他们都奉行低调做人、踏实做事的原则,像是进入了蛰伏期,一般人从外界很难看出其家族内部的动静。由于众所周知的原因,有关袁世凯后代情况知道的人并不多,事实真相和传说演义交织在一起,更是给袁氏家族史罩上了重重迷雾。

袁家后人中,有个人一直有志于袁氏家族史的研究。他叫袁家诚,是袁世凯第十子袁克坚的次子。

2011年12月初,我赴天津采访袁家诚。和煦的阳光从阳台上照进来,投射到他家的书柜上。我发现书柜里存放着不少与袁世凯、袁氏家族有关的书籍和资料。袁家诚说,他对祖父这个人,年轻时了解不多,只听见许多人当着他的面骂袁世凯是窃国大盗。后来学了近代史,对祖父的故事了解渐渐多了,发现历史并不是像教科书上写的那样,祖父袁世凯孝

袁氏宗亲省亲恳谈会,河南项城市政府、市政协领导与袁氏家族成员一起座谈

顺父母,忠于国家,都是他所敬佩的。后来,随着对历史了解得愈加深入,他对祖父的敬重之情就愈加深厚。

袁家诚生于1938年。出生时袁氏家族已经没落,他心目中的榜样人物是物理学博士袁家骝。他甚至还有个单纯的想法:袁家骝在美国读博士,他要在中国读博士,兄弟俩比一比。几十年以后他才发现,这个单纯的想法是如何不切实际,莫说读博士,他就连上大学都很困难。说起来很荒唐,袁家诚辅导的学生一个个都考取大学了,而他的大学梦不知在何方。为了避爷爷袁世凯的嫌,他改名袁杰,然而无济于事,大学之门永远可望而不可即,若干年后,他才进了夜大,总算圆了多年的梦想。

前面说过,袁世凯的后代,一支跨越大西洋彼岸,在美国、加拿大等地生活;还有一支留在国内,主要栖息地是天津,算来有上百人之多。从小生活在这样的环境里,袁家诚有个愿望:要把袁家这些后代的经历、故事搜集归纳起来,通过一部家族史,来透视社会中某些带有规律性的东西。这是一项很有意义的工作,然而做起来并不容易。

他被安排在一家医院药房里工作了几年,根据"六二六指示"要把医疗卫生工作的重点放到农村去的精神,袁家诚随医疗队远离城市,下放到了内蒙古。有一天,医疗队分配到了一个指标,要求有人去学习 X 光放射技术,那时候人们对 X 光心存疑虑,担心会影响生育能力,便把这个差事让给了袁家诚。于是他成了一位放射科专业医生。

在内蒙古一直干到 20 世纪 80 年代初,袁家诚才回到了天津。

袁家诚喜欢运动、唱歌,以前在内蒙古的时候,每天都要坚持打一个小时以上的篮球,还参加了几次内蒙古自治区的行业篮球比赛。他有一子一女,儿子为硅谷一家芯片公司驻上海的副总裁,女儿是中央电视台英文翻译。

对袁氏家族深入研究后,他的评价相对而言比较公允客观。比如说对人物的评价,他认为袁克定在帝制活动中起了推波助澜的作用,无论是对中国历史,还是对袁氏家族,袁克定都负有责任。对于袁世凯签订的《二十一条》,国人公认是丧权辱国,是袁世凯意欲复辟帝制,以出卖国家利益换取日本人支持的罪恶勾当,袁家诚认为袁世凯从在朝鲜时就和日本人打交道,他骨子里是仇恨日本的,一直拖延到最后时刻才签订了这份臭名昭著的条约,说明袁世凯也有难言的苦衷。在谈到袁家的历史时,袁家诚说他并不是要做什么翻案文章,只希望不带偏见地对待袁世凯。他对袁家长辈的这些评价,在史学界并不是唯一的声音。

袁家诚的哥哥袁家熹,新中国成立后一直是个"问题人物",精神长期压抑,郁郁寡欢,经历了几次政治风波之后,更是对自己的前途感到绝望,在一个寒冷的冬夜跳进海河自杀了。

人生漫漫坎坷路

袁氏家族后裔的命运,随着国家政治运动的波动而沉浮。这方面袁家倜的生活经历颇有代表性,她是袁世凯四子袁克端的女儿,虽然出生前爷爷袁世凯已去世,但她从出生的那一刻起,身上就留下了罪恶的烙印。

小时候读书,最怕的是上历史课,老师讲到清末的那几个章节,全班同学的眼光自然就落到她身上,目光中有神秘好奇,更多的是嘲讽和鄙夷,甚至还有仇恨。没有同学敢和她交往,上学、回家都是孤零零的一个人。这个背负着屈辱的女孩,不解地望着这个世界,不知道自己做错了什么。

随着年龄增长,她已经习惯了屈辱,仿佛生下来就是末等公民似的,不再抱怨社会不公,而是学会了默默忍受,在社会的缝隙中努力寻找适合的生存方式。"文革"后期,袁家佩已经46岁,还是没能逃脱全家下乡的厄运,和老伴丁竹波及三个儿子下放到天津市郊的西青区大寺乡王庄子生产队,女儿则去了甘肃祁连山建设兵团。袁家佩的丈夫丁竹波,也是资本家出身,新中国成立后曾担任过天津市工会主委,1957年多说了几句话,成了右派。这么两个苦命人,很快熟悉了农村生活,学会了养猪、割草、剖苇子等农活,还学会了掺野菜做饭、节省粮食。回忆这些生活经历时,袁家佩乐观地说:"农村生活使我切身感受到了农民的勤劳、善良和坚忍,这对我的一生都有好处。"

生产队实在太穷太苦了,一天累死累活干下来,十个工分才挣一角五分钱,而十个工分的标准是一个硬劳动力干一天的工作量,一般妇女干一天,只能计八个工分,折合人民币一角二分钱。那时候袁家佩心中始终有个"念想":一定要好好活下去,把几个孩子带回天津。所以想尽一切办法来维持最低生活标准。为了生计,袁家佩晚上收工后,就着油灯微弱的灯光为老乡们织毛衣、毛裤,每织一件,乡亲们付给她一元五角钱手工费,拿不出钱也会用八到十个鸡蛋抵。即使在如此艰苦的环境中,袁家佩夫妇仍然保持着乐观向上的生活态度,坚持读《马恩选集》《毛泽东选集》等政治书籍。

值得一提的是,王庄子生产队的干部很有经济头脑,听说丁竹波以前在天津工会当过干部,主动上门找他商量:"老丁,我们生产队想办个电镀厂。"丁竹波一愣,说现在不是到处都在割资本主义的尾巴吗?你们还敢顶风上?生产队长笑笑说:"没办法,实在太穷了!"见生产队的干部态度这么硬,老丁应承下来,帮助他们搞外交、搞技术、拼智慧,艰苦奋斗三年干下来,居然赚到四十多万。生产队的工分由原来的十个工分一角五分变成了八角五分,还盖了几排大瓦屋,也给袁家佩夫妇分了两间。搬进宽敞亮堂的瓦屋里,袁家佩夫妇心里忽然涌起一阵莫名的激动。

"文革"结束后,袁家骝夫妇回国访问,袁家佩的生活也随之出现转机。深圳市原市委书记李浩、市长吴小楠邀请袁家骝夫妇去南方参观访问，有心想请袁老先生当高级顾问。袁家倜陪同前往，后应邀担任深圳市经济发展顾问，在深圳特区工作了六年。当时袁家倜已经62岁，但是心中创业的热情不亚于年轻人，曾参与国内最大的度假村香密湖度假村的建设，吃在工地、住在工地，虽说吃了不少苦，却开阔了眼界，学到了深圳人特区建设的那种执着、拼搏、奋斗精神及他们先进的管理理念。

有趣的是，当时深圳政府号召市民买股票，支持国家经济改革试点，很多人将信将疑，不敢将人民币变成花花绿绿的股票，袁家倜响应号召，买了一些"深发展"的原始股票，没想到财运来了挡也挡不住，股票上市后坐着火箭直往上升，等到袁家倜准备返回天津老家时，卖掉股票一算账，银行存款折上竟有了七十多万元。这是她从商海里打捞的第一桶金，担心放在身上不安全，跑到邮局去汇款，不知什么原因，邮局工作人员嫌钱多不让汇，最后还是用一只大口袋装着带回了天津。

这时袁家倜已经69岁，常言道，人生七十古来稀，操劳奔波了一辈子，现在是静下心来享福的时候了。但是这位老人，认为她的人生之路这才刚刚开始。回到天津后，她想和几个朋友合作搞房地产开发，正好遇到袁家骝夫妇又一次回国访问，她去征询哥嫂的意见，袁老先生摇摇头说："不要搞公司，要搞就搞一家餐厅，收入稳当，而且持久。"吴健雄也认为办餐厅好，民以食为天，人活在世上，谁也离不开"吃饭"二字，再说天津是中国最早开埠的城市之一，有爱吃西餐的传统，建议办一家高档次的西餐厅。袁家倜听从哥嫂的意见，利用自家原来的住房进行扩展，创办了一家苏易士西餐厅，并由袁家骝题写了匾额。

创业初期是很辛苦的，只有八张餐桌，包括经理、会计、厨师、服务员在内仅七人，尽管如此，还是设立起了各项规章制度，其中为约束子女，还专门设立了一条：所有子女、亲属来进餐一律付现金，不许签单。可见规矩之严格。十几年来，靠着严格的管理、良好的服务、幽雅的环境和地道的西餐风味，苏易士西餐厅越办越红火，中央领导、天津市领导经常光顾，京津两地的社会名流纷至沓来，如著名京剧表演艺术家梅葆玖、相声表演艺术家马季和姜昆等，只要到天津必定光顾。天津经济技术开发区和保税区的许多外宾也慕名而来,苏易士西餐厅成了天津市的一个著名品牌。

创办苏易士西餐厅并取得了成功,袁家倜觉得应该回报社会了。她找到天津市民委,又与天津市统战部商量,联系了天津市最困难的蓟县孙各庄满族乡第一小学结成了帮扶对子,对十个家庭的优秀生给予每个孩子每年五百元的资助,从小学一年级一直到六年级毕业。打那以后,袁家倜每年都要去孙各庄乡满族小学看望这些孩子,给他们带去衣物、书包及学习用品。看着孩子们阳光般的笑脸,听着甜甜的"袁奶奶"的叫唤,她的心不由得醉了。

袁家倜是社会公益事业的热心人,为报答周恩来总理对袁氏家族的关怀,她曾赞助天津市举办世界乒乓球锦标赛和世界体操锦标赛。长江流域等地抗洪救灾,她前后捐款十万余元。袁家倜是天津市政协委员,积极为地方建设献计献策,发挥自己的余热。

对于钱财,袁家倜有她独特的看法,她最佩服的是袁家骝、吴健雄哥嫂,尽管成就斐然,声名显赫,生活上却异常节俭,去实验室几天往往只带几个面包。他们的孩子满了18岁,就赶回去让其自立,不给他任何财产。后来袁家骝夫妇向中国捐赠美元几百万,硬是没有将财产留给儿子。有一次袁家骝对堂妹袁家倜推心置腹说了一番话:"我不能给子女钱财,也不能给亲戚钱财,那样是害你们。我给你知识,把你领进新的道路,这就是最好的财富。"

袁家倜说,爷爷袁世凯临危之际,留下了不少财产,结果仍然被叔叔、大爷那辈人花光了,到了我们这一辈非常破落,与其留下万贯家财养出几个纨绔子弟,不如留下做人的优良品质。毕竟是大彻大悟的过来人,这样的肺腑之言,在如今喧嚣浮躁的世界上,足以让很多人清醒。

袁氏后裔中的革命者

在袁氏家族史上,袁羿(jiǎ)承也是一个另类人物。他的父亲是袁克文的长子袁家嘏,母亲是方地山的女儿方庆根。袁羿承出生于1926年,他依稀还记得天津地纬路老家袁宅的模样,虽然家境开始衰败,仍然比穷人家要强得多。高中还没毕业,他就嚷着闹着要去当兵,父母亲袁家嘏、方庆根都是新派人士,思想很开明,送他去部队报名,第三天来了消息:袁犀承被国民党海军部队录取了。

从天津塘沽港乘坐海轮,袁犀承到了山东威海刘公岛,这是一座面积不足4平方公里的海岛,但是战略位置十分重要,汪伪海军总部成立的威海要港司令部就设在这个小岛上。为了加强对威海汪伪海军的控制,日军在要港司令部内设立了辅导部,辅导部主要人员均为日本人,他们是威海要港部的实际控制者。

随着抗日战争形势的发展,伪军投诚、起义事件不断发生,刘公岛上的日军加紧了对汪伪海军的控制。他们把辅导部设在小岛的一个制高点上,那里是一幢豪华的英式别墅,居高临下可以看清楚兵营、码头及舰艇上的一切活动情况。此时岛上的海军士兵已经意识到日军即将失败,决定发动一次大规模的起义。这次起义的领导者是山东烟台人郑道济,经过一段时间的准备,他们将起义时间定在1944年11月5日,这天是星期天,日伪军官们像往常一样三三两两乘船出岛。下午1点30分,郑道济按原定计划将起义骨干和部分士兵集合于第二兵舍,分三个突击队行动,正式宣布起义。

这支起义部队登陆后,即被胶东半岛中共地方党组织获悉,很快报告了八路军东海军分区,八路军立即派人与他们联系,经过一番工作后,这支队伍整体加入了八路军。刘公岛汪伪海军起义的消息在当时震动很大,胶东《大众报》印发了号外,上面的大字标题格外醒目——威海卫刘公岛伪海军六百人反正。延安新华社、美国旧金山电台都转播了这则消息,《新华日报》还专门做了长篇报道,题目是《我军事政治攻势下山东威海卫刘公岛伪海军反正》,这支队伍后来被改造成了陆军部队,补充了五百名新战士后奉命开赴东北作战。脍炙人口的小说《林海雪原》其生活原型就是这支队伍中一个小分队的队员。

袁犀承参加起义时才18岁,当年便加入了中国共产党,此后一直跟随这支队伍南征北战,先后在辽南纵队二支队一团、牡丹江军区二团参加了吉林、长春战役,在长达三年的战斗中俯冰卧雪,枪林弹雨中与敌人厮杀,屡建奇功。1948年,袁犀承所在的四野在辽沈战役后,随所属四野十纵队独八师三团参加平津战役。北京、天津解放后,进驻北京。后来他所在的部队改编为公安部中央警卫师,袁罕承在中南海警卫一师任管理股长。

天津解放那天,地纬路袁宅忽然来了一个陌生的客人,身穿旧军装,头戴狗皮帽,腰间还别着一支小巧的手枪,身后跟着一个警卫员。他在附近街道上徘徊了一阵,来到袁宅门前,举手敲门:"三姑,开门——"(三姑即袁家骏、袁家骝的胞妹袁家祉)家里人打开门扇,看了他好一会儿,终于认出是袁罕承,迟疑地说道:"你还活着?不是有人捎信来说,你已经牺牲了吗?"袁罕承笑了笑:"我参加了解放军,怕家里人受连累,故意传回消息说我死了。"这一次袁罕承在家里住了三天,又跟随部队出发了。

1949年,新中国第一支海军部队诞生,23岁的袁罕承调至华东军区海军。

1951年,任中国人民解放军海军第六舰队护卫舰"西安舰"副舰长。

1952年,任东海舰队六支队三大队副大队长兼"开封舰"舰长。

1955年,29岁的袁罕承调入中国人民解放军军事学院学习,当时的院长是叶剑英元帅。在这所军队的最高学府里,袁罕承刻苦勤奋,钻研理论,成绩优异。

1959年,袁罕承从军事学院毕业,分配到哈尔滨军事工程学院任战术教员,享受副教授待遇。

1963年,调入中国人民解放军海军学院,继续担任战术教员。

1966年,袁罕承转业到中共上海市委工业政治部工作,"文革"期间下放"五七干校",1972年返回上海,分配到上海石化总厂任接待处处长、办公室主任。

1979年退休后,居住在上海虹口区。妻子名叫吴园,女儿袁虹,也在上海居住。

袁氏家族中,加入中国共产党的不只是袁罕承一人,据不完全统计,在袁氏家族"家""承"(启)两个辈分中,中共党员人数达十多人,如袁世彤的孙女袁文辉,曾是河南开封某校退休干部;袁世彤曾孙袁晓林,原为河南省项城市政协副主席;袁世彤外孙女付佩玉,原为山东某大学教授;

袁克文孙女袁印承,原为上海某职大校长;袁克文另一位孙女袁符承,原为成都某单位负责人;袁克文外孙段夔,原为天津某企业负责人;袁克有之子袁家兴,14岁参军入伍,参加过抗美援朝,曾在广州军区文化部门工作;等等。

关于袁克有之子袁家兴,这里简要叙述一下。

袁克有是遗腹子,生活过得十分拮据。袁家兴作为袁克有之子,从小也体味到了生活的艰辛。

袁家兴是袁克有的长子,生于1935年2月11日,14岁参军入伍,参加过豫西剿匪。当我看到他履历表上这段经历时,似乎看到了他瘦小身躯背后的那段异常艰辛的生活经历。1950年10月,袁家兴随中国人民志愿军入朝鲜作战。在朝鲜战场,袁家兴虽然年龄小,但却十分机灵。他参加过朝鲜有名的几大战役,扛过炮弹,运送过伤员,立过三等功。在朝鲜战场上,袁家兴参加过多场宣传演出,受到指战员们的热烈欢迎。

朝鲜停战后,袁家兴于1953年随最后一批志愿军部队回国。按照部队建制,他回国后一直在中国人民解放军四野42军125师文工团工作。在此期间,袁家兴先后荣立三等功两次。

"文革"中,袁家兴受家庭出身牵连,离开部队,复员到生产建设兵团化州农垦场劳动。在偏僻的山区,他怀着一腔热血,去从事最原始、最笨重的体力劳动。"九一三"事件后,部队落实政策,袁家兴调到了文化单位——广州歌舞团。

袁晓林评价他说:家兴自幼聪明好学,从他出生那一天起,可以说没有沾袁家一点光,相反因为姓袁受到了不少牵连。家兴是自己一步步成长为一个优秀人才的,我们应当感谢解放军这所大学校。

1983年,袁家兴与妻子张淑琴先后加入了中国共产党。当时,全国的二十多家报纸媒体都予以了报道,标题是"袁世凯家族的共产党员"等。

1996年,袁家兴因癌症医治无效病故,年仅61岁。

一百年了,仍难跨过这道坎

第七章讲述过袁克定的故事,这里来讲讲袁克定的孙子袁始。

袁始原名叫袁缉燕,父亲袁家融是袁克定的独生儿子。我曾先后多次见过袁始先生,他温文尔雅的风度给人留下了美好的印象。我的朋友、远在美国的高伐林也对袁始先生做了系列采访,写的文章曾在国内外报刊上刊发过,有较大的影响。

袁家融与袁克定的父子关系有点僵,但是孩子们感觉不出来,袁始幼时的印象中,那个想当"皇太子"的爷爷袁克定不怒自威,每天从外边散步回家,坐在书房里,孙子们吃完早点还得进去给他请安。袁克定脸上没有什么表情,用鼻子哼一声,仍然看他的书。有时候他也会放下手上正看的线装书说一声:"好,你们去玩吧。"

对于历史中的袁世凯,袁始感到十分陌生,有人议论袁世凯这样那样,他仿佛觉得是在议论一个不相干的人。和袁氏家族所有留在大陆的孙子一样,袁始也害怕上历史课,讲到晚清戊戌变法这一节,他低着头手足无措,眼睛不知该往何处看。有一次放学回家,听到爷爷袁克定似乎在自言自语:"袁世凯有些事并不像外界传说的那样子。"袁始用一种古怪的眼神看着爷爷,隐约感觉到那个遥不可及的历史,和他的命运息息相关。

袁始的兄弟姐妹有七个(二男五女),他是二儿子,比哥哥小8岁。因为他父亲那一辈子女特别多,因此表兄妹堂兄妹不少,仅在天津一地就有上百人之多。袁始说,生活在大家族中,兄弟姐妹的关系比较淡,就像巴金的《家》《春》《秋》中所描写的那样,体会不到多少手足之情,不像一般小家庭,家人之间彼此牵肠挂肚。

小时候袁始跟随父亲到处漂泊,先后在北京、武汉、天津等地读书。1959年,袁始考取了河北省美术学院专攻油画,早期受苏联画风影响大,如苏里科夫《近卫军临刑的早晨》、列宾《伏尔加河上的纤夫》等,都曾经是他的最爱。毕业后分配到中国科学技术协会展览馆,后来调到北京市第二轻工业局装潢设计室,虽说工作性质和他所喜爱的油画相去甚远,但是那些产品的包装设计也还属于创造性劳动,能从中找到乐趣。

"文革"时期,政治的扭曲达到了巅峰,以前填政审表,袁始谨慎地在家庭出身这一栏填上个"职员",后来被人发现了,训斥他说"你这种臭名昭著的家庭，怎么好意思填职员"，只好改填成"官僚资产阶级"。到了"文革"后期，单位决定遣送"黑五类"家庭出身的袁始回原籍——实际上是他从未见过一面的老祖宗袁世凯的原籍河南项城，袁始当时年轻气盛，索性不再上班，算是自动离职了。

后来袁始干过很长一段时间的临时工，烧过锅炉，当过搬运工，最让他感到满足的是发挥专长，在墙壁上写红字标语、画巨幅油画《毛主席去安源》等，既过了美术瘾还有一笔收入，这个临时工的技术含量足，他比较乐意干，心中有成就感。袁始说，真得好好感谢一下他的太太，在他最困难的时候，那个名叫罗蕴华的女子悄然来到他的身边，在一个冬天的早上，帮他系好脖子上的围巾，冲他点头微笑，那一刻，袁始心中感觉特别温暖。为了这份爱情，她放弃了中学教员的职位，降格当了小学老师。

家庭生活虽说过得寒碜，但是精神上却感到快乐。小两口靠罗蕴华百十来块钱的工资生活，最大的开支是买颜料、画布、调色油。逢到周末，一起骑上自行车，带着画板、干粮和水壶出去写生。1968年他们家庭添了个孩子，在要不要这个孩子的问题上，他们思想上曾斗争了很久，生活如此拮据，社会环境又是这样压抑，生个孩子只不过又多了个"袁世凯的孝子贤孙"，何必让新的生命到这个世界上来受罪呢？后来在罗蕴华母亲的一再劝告下，总算把孩子生了下来，取名叫袁仿吾。

袁始后来的经历也和国家的政治走向有关。"文革"结束后，经朋友介绍，在国防工业系统主办的《神剑》文学月刊当美术编辑。1982年，袁始与他太太辞职下海，成立了一家"原始装潢设计室"，从这个时间起，他改名袁始，意思是要有个新的开始。旅美作家高伐林曾经对袁始进行过采访，袁始说，他对钱财并不太看重，生在那样一个大家族中，又见过太多的世事无常，多少富丽堂皇转眼成泡影的例子，使他对人生看得很透彻。袁始有个舅舅，以前是天津著名的实业家，过惯了锦衣玉食的生活，"文革"中独自一人死在一个地下室里，想到那个凄惨的景象，袁始说他有种刻骨铭心的痛。

20世纪80年代末，袁始夫妇到加拿大定居，与一个合伙人开了家公司，从事引进、外贸方面的业务。不过他最爱的还是画画，以前喜欢印象主义的作品,现在画风上更倾向于中国古典泼墨写意,他评价自己的油画风格时说:"表面上看起来粗糙,但是把握从下笔到收笔的连贯性,精神始终饱满,无论大幅小幅都力争一气呵成。"

袁始的画曾参加过北京、纽约、香港、日本、加拿大、新加坡等地的画展,有较大的影响。他在接受采访时再三表示:希望读者更多关注他本人艺术追求的山重水复,创作造诣的优劣得失,而不是只把他当作袁氏家族余脉中的一环。作家高伐林在采访结束后感慨地说:"历史上越著名的人物,光芒会越长久地投射于其后人身上,其阴影随之也会越长久地笼罩于其后人身上。有志气的后人,往往要用很长的岁月去挣脱这种光芒和阴影,开拓属于自己的人生。"

结篇 项城袁氏家族文化的启示

◎

项城袁氏家族第一次崛起于清咸丰年间，以袁甲三为代表的袁氏兄弟、父子、叔侄联手拼搏，家族平步青云，一步步登临到了荣耀的殿堂。晚清至民国，袁世凯接过接力棒，更使得项城袁氏家族极尽荣耀，随着袁世凯政治地位的不断上升，成为中华民国第一任正式大总统，这个家族也被人称作"民国第一家"。

洪宪帝制失败，袁世凯陷入四面楚歌的惨境，他急火攻心，并发尿毒症，不久即病逝于中南海居仁堂。袁世凯死后，他的一生被描述为"丑恶的一生"，各种谩骂声不绝于耳，犹如一道峭壁断崖，项城袁氏家族也出现了断层，他们似乎从这个世界上销声匿迹了。直到"文革"后期，美籍华人袁家骝回国探亲的消息经媒体披露后，项城袁氏家族才又露出了冰山一角。

项城袁氏家族不仅是一个在近代史上具有一定影响力的家族，也是一个历史悠久、文化沉淀深厚的家族。归纳这个家族的文化特征，至少有以下几点启示。

深深扎根于中原文化沃壤

从某种意义上说,中原文化就代表着中国传统文化。在中国历史上,中原自上古到唐宋一直是中国政治、经济、文化中心,文化源远流长、博大精深。袁氏家族以河南项城为起点向四周扩散,自然带有鲜明的中原文化的印记。

在袁甲三考中进士之前,袁氏家族一直是农耕之家。吃饭全靠自己在田野里耕耘,穿衣全靠自己在家里纺线织布,他们的生活形态相对而言处于封闭状态,家族内部团结,由于中原地区土地肥沃、雨水充沛,他们有优越感和满足感,很少向外扩展。然而一旦有什么事触碰到整个家族的名誉和利益,这个小团体所迸发出的能量也是巨大的。他们明白,整个家族是一条绵长延续的生物链,必须保护这条生物链的正常繁衍,不允许有任何损毁。

这个家族的道德伦理支撑是"五伦":父子有亲,君臣有义,夫妇有别,长幼有序,朋友有信。在中原文化中,"五伦"概括了以自然经济为基础的传统社会的主要伦理关系,标识着以儒学价值取向为核心的人伦关系的文明化和规范化倾向,堪称广大民众的生活教科书。"五伦"既是儒家伦理意识"五常"(仁、义、礼、智、信)在家庭与社会生活中的具体表现,也是对"五典"(父义、母慈、兄友、弟恭、子孝)这类家庭道德规范的社会性拓展。这类规范诉诸人道自觉,激发人的道德与审美心理情感,规约人的行为举止,使之合乎社会事理与情理,消解人类原始时代蒙昧粗野的社会关系,开启了人类农耕文明的曙光。

在袁氏家族发展史上,这类故事有许多:袁保庆无子,兄弟袁保中将四子袁世凯过继给保庆,传承一脉香火;袁保庆去世后,年方15岁的袁世凯在社会上闯荡,像是随波逐流的无根浮萍,叔父袁保恒、袁保龄将他带到京城,聘请数位名师授课,为这匹野马套上笼头;袁世凯发迹后,多次写信给项城诸亲,为家族健康延续出谋划策,指点迷津。诸如此类,不胜枚举。

袁甲三考中进士之后,项城袁氏家族从农耕家庭向官宦世家转化。

在这一过程中,袁氏家族始终坚持以农耕文化为核心的传统治家思想,每个家族成员从小接受儒家理学的熏陶,自觉地维护中原文化的种种道德伦理底线。

袁氏家族成员中,曾经多次出现过割肉疗亲的画面。袁世凯二姐袁让为了病重的母亲早日康复,割掉自己的小指头煨汤给母亲喝;郭老夫人一百岁寿诞,袁保恒、袁保龄专程回乡操办祖母的百岁喜宴,修建袁家祠堂,铸造铁牌家谱等;袁世凯出任山东巡抚,将生母刘氏夫人接到济南,一日三次到母亲房中请安问候,亲侍汤药,尽心照料。即便袁世凯生母刘氏夫人去世后,袁氏兄弟之间为刘氏的墓葬事宜(刘氏夫人是否可与袁保中同穴)吵得不可开交,也不能不说是深受中原文化伦理习俗的影响。

袁世凯在清末民初的政治立场,主要倾向于维新改革派一边。但是他从骨子里深受中原儒学等传统封建理念影响,也影响到了他的思维方式和行为准则。

治家严,重视家规与家风

曾子在《大学》中论述:"欲治其国者,先齐其家。家齐而后国治,国治而后天下平。"中国有古话说:治家严,家乃和;居乡恕,乡乃睦。项城袁氏家族深谙此理,无论是早期的农耕家族时期,还是后来的官宦世家时期,这个家族都以治家严而著称,他们重视家规与家风,在不同时期制定了各种家规家训,规范家人,约束子女。

袁耀东病逝后,其妻子郭氏夫人不仅自己辛勤劳作,更重要的是她对几个子女的严格管束和精心教育,才使得袁氏这一脉在中原大地上崛起。在丈夫袁耀东的灵牌前,郭氏夫人拿起教鞭,对跪在地上的袁树三、袁甲三、袁凤三、袁重三训话:"如果谁不发愤读书,就不是你爹的儿子!"几个儿子眼里噙着眼泪,一边跪在地上朝父亲的灵牌磕头,一边聆听母亲的教诲。郭氏夫人虽然严厉,却有一颗慈母心,在她的严厉管束和教育下,那几个儿子果然很争气,每天闻鸡起舞,用功读书。在古代,对于想有所作为的人来说,科举之路是他们唯一的途径,然而这条路又是那么狭窄、拥挤和艰难。可是袁甲三一试而中进士,其子袁保恒接踵而来,也中进士。

子孙们向上奋力攀登的背后,处处都能看见郭氏夫人的身影。换句话说,袁氏家族的两次崛起,都与其治家严、重视家规与家风密切相关。

项城袁氏家族搬迁至袁寨后,袁甲三、袁保恒、袁保龄、袁保庆等人在外地做官,家族里几十口人,加上男女用人和雇工,袁寨里的人口过百,主持家政的是袁世凯的生父袁保中。袁保中十分注重培植大族家风。无论是以孝为首的家庭伦常,还是清俭廉洁的持家之风,或者是督促子弟读书育人,他都颇用心。他要求家族子弟"在乡则睦族里,在官则笃忠义"。正是在袁保中制定的严格家规的约束下,从咸丰年间到"民国初年"的几十年里,袁府从未给本族为官者添乱子,与地方官府及周边四邻也能和睦相处,相安无事。袁保中治家有方,在其中起了重要的作用。

袁世凯秉承袁氏家风,也是治家严厉。如果有人违反家规,轻者受罚,重者用鞭子打。袁克定伪造《顺天时报》一事暴露后,就挨过父亲袁世凯的鞭子。即便是对于名士派头很浓的袁克文,袁世凯也是严格要求,《袁世凯家书》中有一封"示次儿书"是专门写给袁克文的,那时克文才10岁,袁世凯即对他进行严格要求:"近闻你行事喜效名士,此非具有真才实学者……安得将所读之经史子集,尽记头脑,以充腹笥,准有勤动笔多思一法。于读书时,将典故分门别类,摘录于日记簿,积久汇成大观。"他还为袁克文拟定了一份非常细致的立身课程表,可见袁世凯严归严,却也有一片慈爱之情。

务实与创新相结合,传统与现代相结合

袁世凯早期是个稳健的维新派,无论是在朝鲜当钦差大臣,还是天津小站练兵,或者是出任山东巡抚、直隶总督期间,他都充分展现了杰出的任事之才、治军之能。他牵头训练出了第一支新式军队,废除了沿袭千年的科举制度,在天津成立了第一支警察部队,兴办教育和实业,通商开埠等,实为近代中国少见的干练能臣。

在袁世凯身上我们能清晰地看到袁氏家风的影子。他没有什么系统的思想和理论,唯有务实精神终身相伴,务实却又不忘创新,传统与现代相结合,是袁世凯办事的主基调。

袁世凯自幼喜爱兵法，常常不惜重金在坊间搜罗各种版本的兵书战策，对小伙伴们夸海口说："三军不可夺帅，我手上如果能掌握十万精兵，便可横行天下！"如果把这句话当作袁世凯的雄心壮志的话，那么他并不是夸夸海口、吹吹牛皮就了事的。在袁世凯后来的人生轨迹中，他始终把练兵当作一个重要目标。驻扎朝鲜期间，袁世凯帮助朝鲜操练了一支新军，赢得了朝鲜国王的敬重和厚爱。天津小站练兵更是中国近代军事史上的一段佳话。更为难得的是，袁世凯在务实的同时不忘创新，从德国、日本等国聘请了优秀的军事教练，以德国军制为蓝本，制定了一整套以近代陆军的培养制度、训练制度、教育制度、招募制度、粮饷制度等为内容的建军方案，基本上摒弃了八旗、绿营的旧制，注重武器装备的近代化和标准化，强调实施新法训练的严格性，建立起了近代第一支新式军队。

在袁世凯一生所办的实业中，处处都能看到务实而创新的痕迹。

即便在家庭内部的子弟教育上，也能体现出袁世凯既务实又创新、既传统又现代的科学态度。他在任直隶总督期间，将袁氏家族子女集中起来，创办家庭专馆，聘请最优秀的老师授课，设立国文、算术、英语、体育等课程。在坚守传统的同时，又积极适应现代的发展需要，将袁氏子弟送出国去留学，接受西方文明的教育和熏陶。只有当现代文明渗透到传统世界的日常生活中去，才会出现一个真正有活力的传统。在袁氏家族中我们看到，所谓传统教育与现代教育并不是对立的，而是相辅相成、互为补益的。传统不是一个必须割舍的精神负担，传统成了他们应对现代生活的精神资源，是袁氏家族生物链上的一节链条。

品质传家，薪火相传

在做人方面，袁世凯秉承了中国儒家文化的传统，对上司忠心耿耿，对朋友心怀善意。

天津小站练兵期间，袁世凯的顶头上司是荣禄。荣禄欣赏袁世凯能做事，官场上夸夸其谈的人多，能做事的人少，荣禄的赏识不无道理。反过来，袁世凯对荣禄的忠诚也是路人皆知。他在给徐世昌的信中说，自己与荣禄"相待甚好，可谓有知己之感"。

对朋友心怀善意，百般提携，是袁世凯做人的另一个准则。早年徐世昌赴京赶考缺少路费，袁世凯解囊相助，毫无保留地支持徐世昌走科举之路。赵秉均本来是个街头摆摊杂货的，其父与袁世凯有段交情，当赵秉均拿着父亲的亲笔信来投奔袁世凯时，他只说了一句话"你交给我的事情总能办好"，就打动了袁世凯，后来成为袁的心腹亲信。在对段祺瑞、冯国璋、杨士琦、阮忠枢等人的任用上，袁世凯都是坚持用人不疑的原则，开明大度，施以援手。

项城袁氏家族的品质中还有一个元素是韧性。一旦目标确定之后，做事坚韧不拔，不达目的不罢休，持之以恒地坚持，直至到达成功的顶点。在与清廷的较量中袁世凯曾经有个形象的比喻，他把那种较量比喻是"拔大树"，袁世凯说："专用猛力去拔，是无法把树根拔出来的。过分去扭，树一定会折断。只有一个办法，就是左右摇撼不已，才能把树根上的泥土松动，不必用大力一拔而起。清朝是棵大树，还是三百多年的老树，要想拔起这棵又大又老的树，不是一件容易的事。闹革命的，都是些年轻人，有力气却不懂得拔树；闹君主立宪的，懂得拔树，却又没有力气。我今天的忽进忽退就是在摇撼大树，现在泥土已经松动，大树不久也就会拔出来。"

用所谓成功学的思维来考察，项城袁氏家族（尤其是袁世凯）无疑是失败的。袁世凯的一生因为称帝而遭受世人唾骂，家族后裔为避祸而纷纷隐居，有的甚至改名换姓，苟且一生。然而先贤的智慧掩埋在荒草尘土中，总是在不知不觉中被后人默默传承。袁世凯的后代中，还是崛起了以袁家骝为代表的一大批杰出人才。项城袁氏家族的品质传家、薪火相传，还会继续一代代传承下去。

参考书目

[1]《中国近代史资料丛刊·北洋军阀》,来新夏主编,上海人民出版社,1993年版。

[2]《北洋军阀统治时期史话》,陶菊隐著,三联书店,1957年版。

[3]《北洋军阀史话》,丁中江著,中国友谊出版公司,1996年版。

[4]《北洋军阀史料·袁世凯卷》,天津古籍出版社,1992年版。

[5]《古春风楼琐记》,高拜石著,作家出版社,2003年版。

[6]《近代中国史事日志》,郭廷以著,中华书局,1987年版。

[7]《文史资料选辑》(合订本1—40辑),中国文史出版社,1986年版。

[8]《辛丙秘苑·寒云日记》,袁克文著,山西古籍出版社,1999年版。

[9]《洹上私乘》,袁克文著,上海古籍出版社,1985年版。

[10]《古红梅阁笔记》,张一麐著,上海书店出版社,1998年版。

[11]《北洋述闻》,张国淦著,上海书店出版社,1998年版。

[12]《袁世凯家书》,中央书店,民国二十五年版。

[13]《袁氏当国》,唐德刚著,广西师范大学出版社,2004年版。

[14]《张謇传记》,刘厚生著,上海书店,1985年版。

[15]《世载堂杂忆》,刘成禺撰,钱实甫校,中华书局,1960年版。

[16]《洪宪纪事诗本事簿注》,刘成禺著,山西古籍出版社,1997年版。

[17]《新华秘记》,许指严著,山西古籍出版社,1999年版。

[18]《骆宝善评点袁世凯函牍》,骆宝善著,岳麓书社,2005年版。

[19]《清末民初政情内幕——〈泰晤士报〉驻北京记者、袁世凯政治顾问莫理循书信集》,[澳]骆惠敏编,刘桂梁等译,知识出版社,1986年版。

[20]《八十三天皇帝梦》,袁静雪等著,文史资料出版社,1983年版。

[21]《抑斋自述》,王锡彤著,郑永福、吕美颐点注,河南大学出版社,2001年版。

[22]《筹安会"六君子"传》,陶菊隐著,中华书局,1981年版。

[23]《一个日本记者笔下的袁世凯》,[日]佐藤铁治郎著,孔祥吉、[日]村田雄二郎整理,天津古籍出版社,2005年版。

[24]《中国近代史上的关键人物》,苏同炳著,百花文艺出版社,2000年版。

[25]《洪宪帝制》,张华腾著,中华书局,2007年版。

[26]《袁世凯幕僚》,张学继著,中国广播电视出版社,2005年版。

[27]《京华名士袁寒云》,王晓华编著,中国社会科学出版社,2004年版。

[28]《百年家族袁世凯》,侯宜杰著,河北教育出版社,2002年版。

[29]《袁世凯家族》,周岩著,中国青年出版社,1991年版。

[30]《袁世凯家族》,张永久著,重庆出版集团,2007年版。

[31]《魂断紫禁城——袁世凯秘事》,吴长翼著,中国文史出版社,2001年版。

[32]《甘簃随笔》,陈灨一著,中共中央党校出版社,1998年版。

[33]《往事并不如烟》,章诒和著,人民文学出版社,2004年版。

[34]《许姬传七十年见闻录》,许姬传著,中华书局,1985年版。

[35]《吴健雄》,江才健著,复旦大学出版社,1997年版。

[36]《追寻古代名人的后代》,吴东平著,湖北人民出版社,2006年版。

[37]《春游记梦》,张伯驹著,辽宁教育出版社,2006年版。

[38]《淡出豪门的逝水流年》(自印本),袁晓林编著,2010年版。

[39]《洹上钓客——袁世凯安阳养疴前后》,李自存著,河南人民出版社,1996年版。

[40]《百年迈不出这一步》,高伐林,原载《多维时报》,2005年版。

[41]《最后的皇太子:袁世凯长子袁克定的晚年》,张传彩口述,李菁执笔,原载《三联生活周刊》2006年12期。

此外,本书在写作中还参考了河南省项城市政协编印的《袁世凯和项城袁氏家族》《袁世凯轶事》等书。